LES SERVICES DE GARDE EN MILIEU SCOLAIRE

S T E V E   M U S S O N

LES SERVICES DE GARDE EN MILIEU SCOLAIRE

DIANE BERGER EST L'AUTEURE DES CHAPITRES 1, 3 ET 7

Traduction de Christine Fiset

Adaptation de Diane Berger et Jocelyne Martin

Ouvrage réalisé en collaboration avec le Centre collégial
de développement de matériel didactique

LES PRESSES DE L'UNIVERSITÉ LAVAL
1999

Le Centre collégial de développement de matériel didactique a apporté un soutien pédagogique et financier à la réalisation de cet ouvrage.

Les Presses de l'Université Laval reçoivent chaque année du Conseil des Arts du Canada et de la Société de développement des entreprises culturelles du Québec une aide financière pour l'ensemble de leur programme de publication.

Nous reconnaissons l'aide financière du gouvernement du Canada par l'entremise de son Programme d'aide au développement de l'industrie de l'édition (PADIÉ) pour nos activités d'édition.

Données de catalogage avant publication (Canada)
Musson, Steve
    Les services de garde en milieu scolaire
    Traduction de : School-age care.
    « Ouvrage réalisé en collaboration avec le Centre collégial
    de développement de matériel didactique ».
    Comprend des réf. bibliogr.
    ISBN 2-7637-7621-3
    1. Garde des enfants d'âge scolaire. 2. Garderies en milieu scolaire. I. Berger,
Diane. II. Martin, Jocelyne, 1952- . III. Centre collégial de développement de matériel didactique. IV. Titre.
HQ778.6.M8714 1999   649'.124   C99-941208-6.

Traduction : Christine Fiset
Révision linguistique : Christine Fiset
Responsabilité du projet pour le CCDMD : Sylvie Charbonneau
Collaboration spéciale : Charlotte Walkty (Manitoba)
                         Huguette Van Bergen (Ontario)
Dessins : Stéphane et Colin Marquis-Rose
Photographies : pages 34, 294, 301, courtoisie de Steve Musson ; page 171 : Catherine Moro ;
                page 105 : Louise Paquette ; pages 102, 117, 145 : Johanne Phaneuf ;
                pages 141, 156, 178, 229, courtoisie de Peter Robins
Document de la couverture : Alain Plourde, *Vive la récréation*, acrylique sur toile.
L'œuvre de M. Plourde est exposée à l'école Joseph-de-Sévigny, à Longueuil.
Maquette de couverture : Chantal Santerre
Mise en pages : Diane Trottier
12e tirage : 2010

Les Presses de l'Université Laval
Pavillon Maurice-Pollack
2305, de l'Université, bureau 3103
Québec (Québec) G1V 0A6
CANADA

www.pulaval.com

Le plus beau métier

Lorsqu'on me demande où je travaille et que je réponds « à l'école primaire », l'air vaguement déçu de mon interlocuteur me donne souvent envie de m'exclamer :

Y a-t-il un autre endroit où un beau garçon me prendrait dans ses bras en me déclarant : « Tu sais que je t'aime ? » Où je pourrais remettre des rubans dans les cheveux et assister chaque jour à un défilé de mode ? Porter les mêmes vêtements jour après jour et entendre répéter chaque matin que c'est beau ?

Y a-t-il un autre endroit où j'aurais le privilège d'arracher les dents lorsqu'elles bougent assez ? Aider à former ses premières lettres une petite main qui écrira peut-être un jour des livres ? Oublier mes petits malheurs à force de m'occuper de tous ces doigts et genoux écorchés, de tous ces gros chagrins ?

Y a-t-il un autre endroit où je serais obligée de rester jeune parce que mes petits élèves sont si facilement distraits qu'il me faut toujours avoir un « sac à malices » dans ma manche ?

Y a-t-il un autre endroit, enfin, où je verserais une larme en quittant ceux avec qui j'ai partagé tant de moments heureux pendant toute une année ?

C. Davison

Table des matières

Chapitre 9

QUELQUES MOYENS POUR PRÉVENIR LES PROBLÈMES EN SGMS

Chapitre 10

COMMENT INTERVENIR DANS LES SITUATIONS CONFLICTUELLES

Préface

Le réseau des services de garde en milieu scolaire, qui aura bientôt vingt ans, est considéré comme un secteur en émergence dont le développement s'est opéré rapidement. En 1999, 1 100 écoles primaires ont leur service de garde. Ensemble, elles reçoivent plus de 120 000 enfants sur tout le territoire québécois.

Ces services sont devenus indispensables si l'on considère que plus de 70 % des mères d'enfants âgés de 5 à 12 ans sont sur le marché du travail. Compte tenu que ces jeunes passent en moyenne 25 heures par semaine en service de garde, et ce, parfois pendant six à sept ans, il est nécessaire de leur offrir un milieu sécuritaire et éducatif qui favorise leur développement global.

Cela suppose une qualité qui ne s'improvise pas, mais qui, au contraire, repose sur plusieurs composantes dont il est précisément question dans le présent document.

Écrit dans un langage simple et accessible, abondamment illustré d'exemples concrets tirés du milieu, cet outil pédagogique traduit bien la connaissance qu'ont les auteurs des services de garde en milieu scolaire ainsi que leur préoccupation relative à la qualité de vie dans ce milieu.

Cet ouvrage a le mérite d'être le premier à être aussi complet, c'est-à-dire à traiter de toutes les dimensions humaines, sociales, psychologiques, physiques et organisationnelles de la garde scolaire. Il sera sans conteste d'une grande utilité pour les étudiantes et étudiants qui s'orientent vers les services de garde en milieu scolaire et aussi pour les éducatrices et éducateurs qui travaillent déjà auprès des 5-12 ans.

Je me réjouis d'une telle initiative et je dis bravo aux auteurs. Cela est un pas de plus vers la reconnaissance de cette belle profession !

Brigitte Guy
Présidente
ASGEMSQ

Remerciements

Ce livre a pu voir le jour grâce aux encouragements de plusieurs personnes, que nous tenons à remercier.

En premier lieu, nous voulons souligner la contribution de Raynald Trottier, des Presses de l'Université Laval, qui nous a soutenues avec sa très grande générosité et toutes ses compétences afin de mener ce projet à terme.

Pour la traduction de plusieurs parties du volume original de Steve Musson, *School-Age Care, Theory and Practice*, et la révision de nos textes, nous remercions Christine Fiset.

Nous exprimons notre gratitude à Michelle Marquis, qui était présente dès le début de cette aventure : son apport a été inestimable. Elle a, entre autres, su guider les deux artistes des bandes dessinées, Stéphane Galipeau et Colin Marquis-Rose. Merci également à eux pour leur contribution et leur talent.

Merci à Brigitte Guy, présidente de l'Association des services de garde en milieu scolaire du Québec, qui a accepté de signer la préface.

Nos remerciements vont aussi à l'équipe des Presses de l'Université Laval.

Merci à Hélène Lepage et à Danielle Shéridan, que nous avons sollicitées pour leur commentaires précieux et constructifs sur certaines parties du livre.

Merci à nos alliés de nos départements de techniques d'éducation à l'enfance pour leurs encouragements et leurs conseils.

Nous ne pouvons passer sous silence toutes celles et ceux qui, à leur façon, ont fourni l'élan nécessaire pour poursuivre ce projet, surtout les personnes qui œuvrent au jour le jour dans les services de garde en milieu scolaire : les responsables des services de garde, les éducatrices sur le terrain, les parents utilisateurs et les enfants dont les suggestions et témoignages incitent à travailler continuellement à améliorer la qualité des services offerts pour mieux répondre à leurs nombreux besoins. Merci aussi aux étudiant(e)s en techniques d'éducation à l'enfance qui, par leurs questionnements et la qualité de leurs travaux tant dans les cours que dans les stages, nous ont stimulées à produire ce document.

Enfin, un gros merci à nos conjoints, Steven Harding et Daniel Grenier, et à nos enfants, Louis-Joseph Cabana, Benoit et Marianne Grenier, pour leur soutien, leurs encouragements et leur patience tout au long du travail de rédaction.

Diane Berger et Jocelyne Martin

Avant-propos

À titre d'enseignantes en techniques d'éducation à l'enfance, il nous apparaissait important de créer un outil pédagogique pour améliorer la qualité de la formation de nos étudiant(e)s.

Nous désirons, avec cet outil, les préparer adéquatement à leur rôle éducatif et social auprès des enfants de 5 à 12 ans. Comme cet instrument pédagogique explore les différentes facettes des services de garde en milieu scolaire, il devient ainsi une référence relative à chaque sujet traité en cours d'apprentissage.

Nous souhaitons, en outre, qu'il puisse servir de référence à tous les intervenants qui gravitent autour des services de garde en milieu scolaire : ils peuvent aisément consulter ce livre selon les thèmes ou les chapitres qui répondent le mieux à leurs besoins et à leurs intérêts respectifs.

À partir de la traduction de certaines parties du livre de Steve Musson, *School-Age Care, Theory and Practice*, nous avions, au départ, l'idée de faire un « petit ouvrage », mais cette mission a été impossible ! Il y avait trop à dire, à ajouter, à adapter, à enrichir et à créer.

Les services de garde en milieu scolaire compte donc 10 chapitres distincts. Le premier montre l'évolution et la spécificité des services de garde en milieu scolaire. Le deuxième porte sur la profession d'éducatrice : les qualités et les compétences requises. Le troisième traite de la collaboration entre les adultes qui œuvrent auprès des enfants. Les chapitres 4, 5 et 6 touchent le développement global des 5-12 ans (physique, sexuel, affectif, social, moral et cognitif). Le chapitre 7 dresse un inventaire des ressources physiques et matérielles nécessaires à un environnement stimulant. Le chapitre 8 aborde une programmation éducative variée et de qualité tout en étant complémentaire à celle de l'école. Les deux derniers chapitres proposent des interventions appropriées pour prévenir les conflits (chapitre 9) et gérer les moments difficiles (chapitre 10) afin que la vie de groupe en service de garde en milieu scolaire soit la plus agréable possible. Chaque technique présentée vise non seulement à régler le problème immédiat, mais aussi à développer le concept d'autodiscipline chez les enfants.

Enfin, nous espérons que ce livre reflète les préoccupations et les réalités des nombreux milieux et que ces derniers pourront adapter nos propos à leurs couleurs.

Notre seul souci : améliorer la qualité des services offerts aux 5-12 ans en précisant l'importance du rôle d'accompagnement que jouent les éducatrices dans ce bout de chemin aux frontières de l'enfance et de la préadolescence.

Étant donné que ce sont surtout des femmes qui travaillent dans les services de garde en milieu scolaire, nous avons délibérément choisi d'utiliser le terme éducatrice afin d'alléger la lecture du texte.

Toujours dans un but utilitaire, le sigle **SGMS** est employé au lieu de « services de garde en milieu scolaire ».

Diane Berger et Jocelyne Martin

Les services de garde en milieu scolaire (SGMS) : naissance et évolution

DIANE BERGER

OBJECTIFS

- Rappeler l'historique des services de garde au Québec.

- Analyser les perspectives de développement à la lumière des récents changements.

- Situer la mission éducative de ce type de services dans le contexte scolaire.

- Établir l'importance de leur place au sein de la société actuelle.

- Expliquer sommairement la législation en vigueur.

- Présenter un portrait des services offerts dans les milieux scolaires francophones au Québec, en Ontario et au Manitoba.

L a disponibilité des services de garde en milieu scolaire au Québec est relativement récente, puisqu'elle date de la fin des années 1970. Pour comprendre comment les services de garde en milieu scolaire sont devenus nécessaires, il faut remonter dans le temps et suivre l'évolution des structures sociales. Ces dernières ont subi de profondes transformations qui ont modifié la définition même de la cellule familiale.

1.1   LE PORTRAIT DE L'ÉVOLUTION DE LA FAMILLE

Au début du siècle, les familles sont nombreuses. Il n'est pas rare que les enfants soient entourés de frères, de sœurs, de grands-parents, de tantes et d'oncles, tous sous un même toit. Les conjoints sont unis pour la vie. Les femmes ont une vocation précise : celle de procréer, d'élever et d'éduquer les enfants. À cette époque, les hommes et les femmes sont peu scolarisés. Les comportements sont souvent dictés par la religion et par des règles strictes d'honneur et de soumission. La religion favorise un modèle familial traditionnel bien établi.

Au cours de la Deuxième Guerre mondiale, les hommes quittent leur famille pour aller au front. Les femmes doivent déserter leur foyer pour les remplacer dans les usines et les entreprises et contribuer à l'effort de guerre. La paix revenue, les soldats rentrent chez eux, reprennent leur travail ; les femmes réintègrent le foyer, mais pas toutes ! Ces années leur ont permis, bien malgré elles, de s'émanciper, et le mouvement est irréversible.

L'après-guerre est caractérisé par un essor économique et démographique formidable. L'industrialisation s'accélère et cause l'exode rural et une urbanisation de plus en plus grande. L'Église perd de l'influence. Au Québec, la Révolution tranquille amorce un changement de société. Les années 1960 voient la commercialisation de la pilule contraceptive. Pour la première fois dans l'histoire de l'humanité, les femmes sont plus libres de disposer de leur corps. Cette liberté crée, au cours des années 1970, un autre phénomène : la libération sexuelle. Les valeurs et la famille sont remises en question. Le taux de natalité diminue. Les femmes commencent à envahir le marché du travail. Dorénavant libérées de la maternité forcée, elles peuvent envisager des études, une carrière, en plus d'avoir une famille. Cependant, les hommes et les femmes doivent réinventer leurs relations de couple afin de s'adapter à cette nouvelle réalité. Le nombre des divorces augmente, causant l'éclatement de la famille. Avec les deux parents qui travaillent à l'extérieur du foyer et l'augmentation du nombre des familles monoparentales se crée un besoin de services de garde organisés et accessibles. C'est à la fin des années 1970 que naît le réseau des services de garde en milieu scolaire. Sa création se heurte à de nombreuses réticences, en particulier de la part de ceux qui y voient un encouragement de plus pour la femme à délaisser son rôle de mère et de ménagère. Mais en fait, il s'agit de combler une lacune dans la société dans le but de permettre aux parents de concilier leurs vies familiale et professionnelle et d'intervenir plus tôt dans l'éducation et la socialisation de l'enfant.

1.2　L'ÉVOLUTION DU CONTEXTE SCOLAIRE

Au début des années 1900, les communautés religieuses occupent tout le champ de l'éducation au Québec. Au cours des années 1950, la hausse de la natalité et de l'immigration nécessite l'augmentation des effectifs et l'embauche d'enseignants laïques. En 1950, la durée moyenne des études ne dépasse pas huit ans. Dix ans plus tard, elle a augmenté de deux années. En 1961, l'école devient obligatoire jusqu'à l'âge de 15 ans.

En 1964 paraît le « Rapport de la commission royale d'enquête sur l'enseignement dans la province de Québec », mieux connu sous le nom de Rapport Parent. Véritable jalon dans l'histoire québécoise, il marque le début d'une effervescence incroyable dans le monde de l'éducation. Il propose, entre autres, l'établissement d'un réseau public d'écoles maternelles et la mise en chantier d'une école primaire active privilégiant une pédagogie centrée sur « l'être qui désire apprendre pour de vrai », une pédagogie axée sur l'enfant.

Cette même commission réserve une place majeure aux maîtres : elle préconise une formation approfondie de niveau universitaire et un renouveau éducatif. Le changement sonne le glas du cours classique au profit des collèges d'enseignement général et professionnel, les cégeps.

Fait important à souligner, les auteurs du Rapport Parent recommandaient déjà à cette époque une meilleure préparation aux études : « Dans une première étape, il fallait donner l'éducation préscolaire à tous les enfants de 5 ans que les parents voulaient inscrire à la maternelle et étendre, ensuite, le service aux enfants de 4 ans. »

Ce n'est qu'en **1981** que le ministère de l'Éducation publie son programme d'éducation préscolaire. Depuis la mise en place de ce réseau public de maternelles, tous les enfants âgés de 5 ans avant le 1er octobre de l'année scolaire en cours peuvent bénéficier des services d'éducation préscolaire. Les groupes sont formés d'une vingtaine d'enfants qui, selon une formule d'alternance, fréquentent la maternelle soit le matin, soit l'après-midi, à raison de cinq demi-journées par semaine. Bien que la quasi-totalité (98 %) des enfants participent, la fréquentation n'est pas obligatoire. Depuis leur création, ces services d'éducation préscolaire ont été adaptés à divers autres groupes d'enfants. Ainsi, des maternelles d'accueil à temps plein pour les enfants de 5 ans, non francophones, nés à l'extérieur du pays, et des maternelles de francisation à demi-temps pour les enfants de 4 ans, non francophones, nés au pays, ont été instituées lorsque la demande l'a justifié. De même, des services d'éducation préscolaire ont été offerts aux enfants de 4 ans en difficulté d'adaptation et d'apprentissage ou venant de milieux socioéconomiquement faibles.

La participation des parents

À partir de 1987, une disposition de la loi 107, loi sur l'instruction publique, permet à l'école de s'ouvrir à la diversité des milieux en se donnant un projet éducatif, c'est-à-dire un plan général d'action en concertation avec les parents, les élèves, la direction et le personnel.

On y fait la distinction entre participation individuelle et participation collective des parents. Sur une base individuelle, les parents peuvent suivre le cheminement de leur enfant : l'école apprend ainsi à mieux connaître le milieu familial de l'enfant et à mieux tenir compte de ses besoins particuliers. Par ailleurs, la participation collective des parents s'obtient par la constitution d'un conseil d'orientation, d'un comité d'école et d'un comité de parents.

Le conseil d'orientation

Une autre disposition de la loi 107 prévoit l'établissement dans chaque école d'un conseil d'orientation de six membres formé de parents d'élèves qui fréquentent l'école, d'enseignants et de représentants du personnel professionnel non enseignant et du personnel de soutien. Le conseil peut également élire un représentant de la communauté.

Le conseil d'orientation doit être consulté par la commission scolaire quant à l'organisation, dans les locaux de l'école, de services sportifs, socioculturels et de garde. De nombreux responsables de services de garde siègent à ce comité à titre de représentants des membres du personnel de soutien. Il devient tout aussi important pour le service de garde d'assurer la présence de parents utilisateurs au sein du conseil d'orientation puisque ce conseil doit adopter le projet éducatif de l'école et qu'il est consulté relativement à l'utilisation des locaux et aux services de garde. Le rôle des parents dans la gestion de l'école est donc consultatif. Ce n'est qu'à partir de 1997 que les parents acquièrent un pouvoir décisionnel avec le conseil d'établissement[1].

Le comité d'école

Le comité d'école est doté d'un pouvoir consultatif seulement. Son rôle vise à rapprocher les parents et l'école et à établir des liens entre les parents, les enseignants et la direction d'école. Il permet ainsi aux parents de mieux connaître ce qui se passe à l'école, d'orienter l'éducation donnée à leurs enfants et d'améliorer les services éducatifs. Composé de parents, d'enseignants et de la direction d'école, ce comité constitue un noyau influent et représentatif du milieu, dont il exprime les besoins. Il est consulté au sujet de l'organisation des services de garde pour les élèves de l'éducation préscolaire et de l'enseignement primaire.

Le comité de parents

Un comité de parents joue auprès de la commission scolaire un rôle semblable à celui du comité d'école auprès de la direction d'école. Un représentant du comité de parents est élu pour siéger au comité exécutif de la commission scolaire. Avant le 20 mai de chaque année, chaque comité d'école délègue un de ses membres au comité de parents de la commission scolaire.

1.3　LA PETITE HISTOIRE DE LA GARDE EN MILIEU SCOLAIRE AU QUÉBEC

L'histoire des services de garde au Québec et particulièrement celle de la garde en milieu scolaire nous permettent de mieux comprendre le présent et d'entrevoir l'avenir en identifiant les questions qui retiendront l'attention de demain. Comme nous l'avons vu précédemment, la nouvelle réalité des femmes a créé un besoin de garde des enfants.

---

1. Voir les changements administratifs plus loin dans le chapitre.

1.3.1 LA NAISSANCE DES GARDERIES

Les premières garderies au Québec apparaissent avec la venue de l'industrialisation et de l'urbanisation. Les Sœurs de la Providence et les Sœurs Grises ouvrent des salles d'asile dans les quartiers pauvres de Montréal et dans certaines petites villes de la province. Alors que la main-d'œuvre féminine est nécessaire et indispensable, la Deuxième Guerre mondiale incite le gouvernement fédéral et quelques provinces[2] à mettre sur pied des garderies pour les enfants dont la mère occupe un emploi reconnu comme essentiel à l'effort de guerre. Mais à la fin de la guerre, les femmes sont invitées à retourner au foyer et il faudra attendre la Révolution tranquille pour que le Québec intervienne à nouveau dans le secteur des garderies. À cette époque, le ministère de la Famille et du Bien-Être social définit une nouvelle politique de l'enfance qui met l'accent sur la primauté de la famille comme milieu éducatif pour l'enfant.

En 1967, le gouvernement fédéral forme une commission d'enquête sur la condition des femmes au Canada. La commission Bird, du nom de sa présidente Florence Bird, publie son rapport en 1970. Faisant valoir le besoin de garderies à l'échelle du pays, elle en recommande la création de divers types : pouponnières, garderies de jour, garderies en milieu de travail, en milieu familial ainsi que des maternelles et des centres pour recevoir les écoliers pendant les heures de travail des parents. Elle demande aussi que le gouvernement fédéral prenne des mesures, conjointement avec les provinces, pour adopter la Loi sur les garderies en vertu de laquelle les frais seraient partagés entre Ottawa et les provinces.

En 1972, seuls le Québec, l'Île-du-Prince-Édouard et le Nouveau-Brunswick n'ont pas encore élaboré de normes sur la question des garderies. Au cours de cette période, un certain nombre d'entre elles, avec l'appui des centrales syndicales, se regroupent et forment le Comité de liaison des garderies populaires (CLGP) pour assurer la survie des garderies existantes. Par la suite, ce comité devient permanent et revendique auprès de l'État l'établissement par les usagers d'un réseau permanent de différentes formes de garderies populaires telles que pouponnières, haltes-garderies, garderies de jour, centres postscolaires et autres, répondant aux besoins du milieu, autogérées par les parents et le personnel et subventionnées par l'État. Le mouvement féministe s'organise et des organismes gouvernementaux tels le Conseil du statut de la femme (CSF) au Québec et le Conseil consultatif canadien de la situation de la femme (CCCSF) à Ottawa revendiquent aussi la nécessité d'un réseau de garderies.

---

2. En Ontario, 42 centres pour les 6-16 ans ont vu le jour à cette époque et cette province légifère en matière de services de garde depuis 1946.

Par ailleurs, toujours à la même époque, le gouvernement fédéral, afin de pallier le chômage chez les jeunes, accorde des subventions pour la mise sur pied de projets communautaires. Des programmes comme Perspectives jeunesse et Projet d'initiatives locales (P.I.L.) permettent de créer 70 garderies entre 1972 et 1974. En 1971, on dénombre 93 015 enfants de moins de 14 ans dont la mère travaille à l'extérieur du foyer. En 1976, cela grimpe à 144 365 et, toujours en 1976, on compte 250 garderies, mais aucune en milieu scolaire.

L'année **1974** est marquée par le plan Bacon[3] qui propose un programme de subventions à deux volets :

– une aide financière aux parents dont les enfants fréquentent une garderie ;

– une subvention de démarrage pour faciliter l'implantation de garderies à but non lucratif.

Ce plan soulève d'importantes questions concernant le rôle des garderies. Le CLGP fait valoir que l'éducation des enfants est une responsabilité sociale alors que le ministère des Affaires sociales (MAS) est d'avis que les parents sont les premiers responsables de la garde de leurs enfants et qu'ils doivent jouer un rôle prépondérant dans le financement des services de garde.

Avec le plan Bacon, les garderies populaires vivent une période difficile : les subventions directes étant coupées, il faut compter sur une augmentation de la contribution financière des parents. À l'automne **1974**, 54 des 70 garderies ont déjà fermé leurs portes. Le mouvement S.O.S. garderies naît en réponse à cette situation. Sous la pression de différentes instances et organismes, madame Bacon annonce la création du Service des garderies du MAS pour favoriser l'implantation de nouvelles garderies et fournir une aide technique aux garderies existantes.

En novembre **1976**, le Parti québécois prend le pouvoir. Pour la première fois, on parle d'instaurer un réseau public de garderies et de centres de jour. Au printemps **1977**, le ministre Denis Lazure augmente l'aide financière et les subventions d'aménagement et d'équipement. Il annonce l'octroi de subventions de démarrage de garderies sans but lucratif dans les milieux défavorisés, institue un fonds de dépannage et accorde une subvention spéciale pour faciliter l'intégration des enfants handicapés. Il annonce aussi la création d'un comité interministériel sur les services d'accueil à la petite enfance. Ce comité a le mandat de définir une politique d'ensemble pour établir un réseau de services de garde mieux adapté aux besoins de la population.

---

3. Du nom de l'auteure, Lise Bacon, ministre d'État aux Affaires sociales.

FIGURE 1.1
Structures scolaires du comité interministériel (1978)

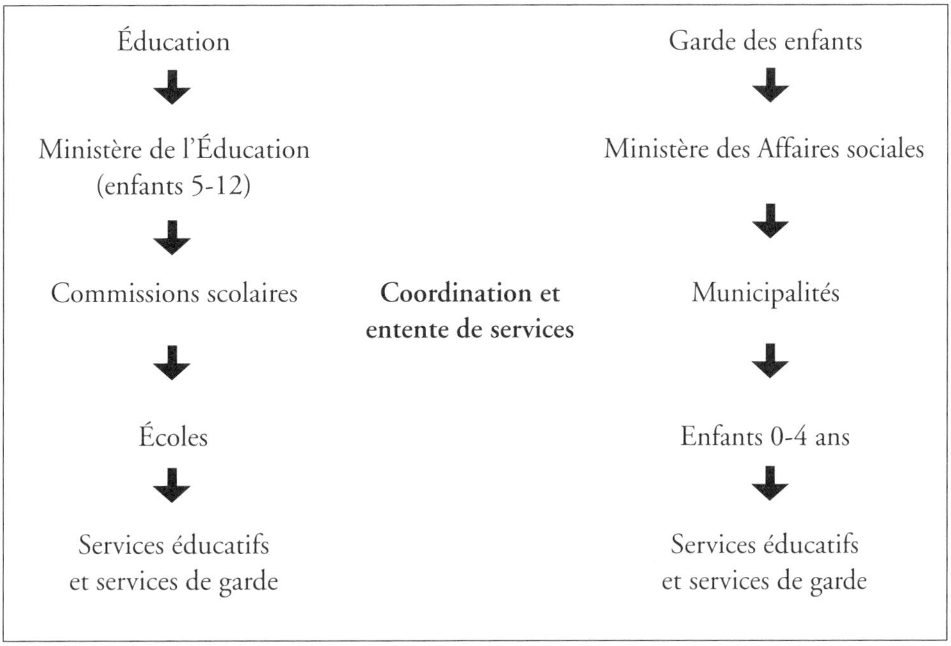

Éducation	Garde des enfants
⬇	⬇
Ministère de l'Éducation (enfants 5-12)	Ministère des Affaires sociales
⬇	⬇
Commissions scolaires	Municipalités
Coordination et entente de services	
⬇	⬇
Écoles	Enfants 0-4 ans
⬇	⬇
Services éducatifs et services de garde	Services éducatifs et services de garde

Au cours de la même année, dans une nouvelle « politique Marois/Lazure » sur les services de garde, on reconnaît aux parents le choix du mode de garde qui convient le mieux à leurs besoins. On y mentionne que le système est financé par l'État et par les parents, selon leurs revenus. La politique annonce une diversification des modes de garde, incluant notamment l'organisation de services en milieu familial et **de services pour les jeunes enfants d'âge scolaire**. On entend privilégier le développement de sociétés à but non lucratif avec la participation des parents usagers de la garderie.

Cette politique permet l'augmentation du budget prévu, l'indexation de l'aide financière aux parents, des subventions pour les fonds de roulement, l'aménagement de locaux, le renouvellement d'équipement et le démarrage de garderies sans but lucratif. Toutefois, elle contribue peu au développement du réseau.

1.3.2 LA CRÉATION DES SERVICES DE GARDE
EN MILIEU SCOLAIRE

Des parents regroupés en corporation et appuyés par la municipalité et la commission scolaire commencent à organiser, durant les années 1970, des services de garde en réponse aux phénomènes des « enfants clé au cou » et du « gardiennage-voisinage » qui manque de fiabilité.

Au cours de cette même période, le ministère de l'Éducation donne l'autorisation aux commissions scolaires d'organiser à l'école la surveillance du dîner pour les enfants qui bénéficient du transport scolaire, et ce, seulement durant les jours de classe. Pendant ce temps, les écoles privées offrent cafétéria et surveillance après l'école (aide aux devoirs et leçons et activités parascolaires). C'est ainsi que la garde en milieu scolaire voit le jour.

En novembre 1978, un budget de 140 000 $ est alloué à la garde parascolaire. De décembre 1978 à mars 1979, 13 commissions scolaires implantent à la demande des parents des services de garde dans 37 écoles. Ils obtiennent une subvention de démarrage de 2 500 $ pour un ratio de 20 à 25 enfants de 6 ans et plus. Aucune aide financière n'est accordée pour les enfants de 5 ans.

En **1979**, le ministre Denis Lazure réévalue le programme de subventions des garderies. C'est alors que, pour la première fois, une subvention de fonctionnement par place et par jour est accordée aux garderies. Le gouvernement crée l'Office des services de garde à l'enfance qui chapeaute les garderies, les services de garde en milieu familial, les services de garde en milieu scolaire, les haltes-garderies et les jardins d'enfants. Le fait que les services de garde scolaire relèvent de l'Office et que les commissions scolaires aient la responsabilité de les organiser d'une part, et que, d'autre part, leur financement dépende du ministère de l'Éducation laisse entrevoir un certain nombre de problèmes, notamment beaucoup de confusion.

Au cours de la même année, proclamée Année internationale de l'enfant, la loi 77 accorde aux commissions scolaires le pouvoir de dispenser des services de garde et consacre de nouveaux droits aux enfants, notamment celui de recevoir un service de garde à l'école où ils sont inscrits. La loi 77 définit ainsi la garde en milieu scolaire : « service de garde fourni (non obligatoire) par une commission scolaire aux enfants à qui sont dispensés dans ses écoles les cours et services éducatifs du niveau de la maternelle et du primaire » (chapitre 1, article 1, p. 4). Elle ajoute de plus que :

Un enfant a le droit de recevoir jusqu'à la fin du niveau primaire des services de garde de qualité, avec continuité et de façon personnalisée, compte tenu de l'organisation et des ressources des organismes et des personnes qui fournissent ces services (chapitre 1, article 2, p. 4).

Dans bien des cas, ce sont les parents qui convainquent, forcent même, les commissions scolaires à organiser des services de garde en dehors des heures scolaires. En effet, les commissions scolaires se montrent réticentes, faisant valoir le risque de perdre du budget et de manquer de financement en raison des besoins spécifiques importants des enfants de la maternelle. Le partage mi-temps à la maternelle, mi-temps au service de garde nécessite des allocations différentes parce que les enfants de la maternelle passent plus d'heures au service de garde comparativement à la clientèle scolaire. Par ailleurs, certaines directions d'école trouvent un peu dérangeante la venue d'un service de garde dans leur école.

À la rentrée scolaire de **1981**, 60 commissions scolaires mettent sur pied des services de garde dans leurs écoles, dont bénéficient 7 300 enfants. En février 1982, un rapport interministériel soulève certains problèmes ayant trait à la syndicalisation, au statut mal défini du personnel des services de garde, au mode d'allocation des ressources financières qui seraient mal réparties selon les différentes clientèles, etc.

En **1985**, un colloque est organisé dans la région de Hull. Les personnes y participant fondent l'Association des services de garde en milieu scolaire du Québec (ASGEMSQ), dont les objectifs sont énumérés au chapitre 3. Son premier geste consiste à demander au ministère de l'Éducation et à l'Office des services de garde d'offrir, à la requête des parents, des services de garde en milieu scolaire tous les jours, incluant les journées pédagogiques et la semaine de relâche.

En **1988**, Monique Gagnon-Tremblay, ministre déléguée à la Condition féminine, dépose le texte « Pour un meilleur équilibre » identifiant les axes de développement suivants, dont plusieurs ont été initiés par l'ASGEMSQ) :

- l'accélération du développement des services de garde ;

- l'autorisation pour les commissions scolaires de prévoir dans leurs plans et devis de construction d'écoles ou de réaménagement un local pour les services de garde (allocation de crédits) ;

- la révision du financement ;

- la modification de la Loi sur l'instruction publique et de la Loi sur les services de garde à l'enfance afin de permettre la disponibilité des services lors des congés scolaires et des vacances estivales ;

- l'extension des services durant les congés de l'année scolaire, dans la mesure où les ressources le permettent ;

- l'aide à la mise sur pied avec les municipalités, les organismes de loisirs et autres intervenants d'un plan d'intervention apte à répondre aux besoins particuliers de garde des enfants du deuxième cycle du primaire durant l'année scolaire et de tous les enfants durant les congés et les vacances estivales ;

- l'élaboration du matériel susceptible de soutenir les activités du personnel auprès des enfants ;

- l'élaboration des instruments de soutien sous forme de guide à l'intention des commissions scolaires.

1.3.3   LES CONSTATS DE LA PREMIÈRE DÉCENNIE

La lenteur du développement des garderies (0-5 ans) au Québec est attribuable principalement aux enjeux socioéconomiques concernant les femmes sur le marché du travail, à l'influence du clergé et aux préjugés voulant que l'enfant souffrirait nécessairement de l'absence de la mère qui travaillerait à l'extérieur du foyer. Les bienfaits que retire l'enfant utilisateur d'un service de garde étaient méconnus. Heureusement, de nombreuses études, recherches et recommandations ont par la suite démontré le contraire et créé une volonté sociale et politique de développer ce type de services. On s'est aussi rendu compte que la qualité du temps qu'on accorde à un enfant est plus importante que la quantité de temps passé avec lui.

Au cours des dix premières années d'implantation, les garderies (0-5 ans) ont fait face à de nombreux problèmes concernant le financement, l'absence de normes de qualité, la faible participation des partenaires et une certaine confusion quant à la responsabilité de ces services. Plus tard, les services de garde en milieu scolaire connaîtront les mêmes problèmes durant leurs dix premières années d'existence.

Les parents qui, dans les années 1970, s'étaient battus pour créer un réseau de garderies, se retrouvaient avec les mêmes problèmes de disponibilité des services de garde lorsque leur enfant commençait l'école. Ce sont, en règle générale, ces mêmes parents qui, afin de répondre à leurs besoins, ont forcé la création de ce qui n'existait pas encore : la garde scolaire, que l'on appelait à l'époque la garderie parascolaire.

Après dix ans d'existence, tous les acteurs peuvent constater que ces services sont là pour rester, contrairement à ce qu'on pouvait croire au début. C'est un nouveau milieu de vie entre l'école et la maison et la mission éducative de ce type de services se précise davantage. Parallèlement, on sent que les mentalités évoluent et que certaines craintes et résistances s'estompent. Enfin, le personnel est conscient de l'importance de son rôle éducatif bien que son statut soit sous-estimé.

1.4   LES CHANGEMENTS RÉCENTS

En 1997, 40 pour cent des écoles primaires offrent le service de garde en milieu scolaire.

1.4.1   LES DISPOSITIONS DE LA NOUVELLE POLITIQUE FAMILIALE

Les modifications récentes apportées à la politique familiale traduisent une volonté politique de suivre l'évolution de notre société. En effet, afin de favoriser le mieux-être des familles, le gouvernement a modifié en **1997** sa politique familiale en instaurant les trois mesures suivantes :

1. allocation unifiée pour l'enfant : les familles à faible revenu reçoivent une aide financière qui remplace les allocations familiales ;

2. régime d'assurance parentale qui indemnise le congé de maternité ou de paternité, le congé parental partageable entre le père et la mère auquel s'ajoute un congé d'adoption partageable entre le père et la mère ;

3. services éducatifs et de garde à la petite enfance : avec l'adoption du projet de loi 145[4], nous assistons à la création du ministère de la Famille et de l'Enfance qui a pour mission de valoriser la famille et l'enfance et de favoriser leur plein épanouissement.

Cette loi introduit la notion de centre de la petite enfance (élaboré à partir des garderies sans but lucratif), un établissement offrant des services de garde éducatifs à la fois en installation et en milieu familial, et établit les règles qui s'y rattachent en matière de délivrance de permis et de financement. Les **centres de la petite enfance** s'adressent principalement aux enfants de 0 à 4 ans. La garde en milieu familial est dorénavant

---

4. Loi sur le ministère de la Famille et de l'Enfance.

coordonnée par les centres de la petite enfance qui, en fait, remplacent les agences de services de garde en milieu familial.

Depuis septembre 1997, la maternelle est accessible à temps plein. Toutes les commissions scolaires l'offrent, mais sa fréquentation n'est toutefois pas obligatoire. Par ailleurs, de nombreuses places ont été créées pour les enfants de 4 ans et moins dans les centres de la petite enfance. Une contribution de 5 $ par jour, par enfant, est demandée aux parents. Quant aux enfants de 4 ans des milieux défavorisés, des services éducatifs gratuits leur sont offerts dans les prématernelles à demi-temps des centres de la petite enfance.

Fait nouveau, la garde en milieu scolaire est désormais régie par la Loi sur l'instruction publique et par la Loi sur l'enseignement privé. Elle relève du ministère de l'Éducation du Québec.

1.4.2   LA RÉFORME DE L'ÉDUCATION

Dans la foulée des États généraux sur l'éducation, le ministère de l'Éducation a procédé à une réforme, rendue publique en 1997. Parmi les grandes orientations, on retient deux changements importants qui affectent directement les services de garde en milieu scolaire : d'abord, l'implantation de maternelles à temps plein ; ensuite, la répartition des pouvoirs entre l'école, la commission scolaire et le ministère. Comme c'est dans chaque établissement que se joue, au quotidien, la réussite des élèves, le gouvernement désire allouer plus de pouvoir à l'école et lui donner plus d'autonomie.

A) Les répercussions directes sur les SGMS

L'accessibilité à la maternelle à temps plein a eu de nombreuses répercussions sur les services de garde en milieu scolaire. Auparavant, les demi-journées de présence des enfants de la maternelle au service de garde permettaient au personnel d'avoir des heures de travail continu. Depuis, avec la perte de cette clientèle, les éducatrices doivent se plier à des horaires coupés. Elles ont l'impression d'effectuer un retour en arrière, à l'époque où aucune mesure n'existait pour les enfants de 5 ans, alors qu'on n'accueillait au service de garde que les enfants du primaire.

Aussi, pour combler les besoins de la maternelle à temps plein, certains services de garde ont dû céder des locaux pour lesquels ils ont souvent dépensé de l'argent en aménagement.

Par ailleurs, les maternelles à mi-temps sont maintenues pour les enfants de 4 ans qui ont des besoins particuliers, notamment pour ceux qui sont handicapés ou issus de milieux défavorisés. Des services éducatifs gratuits dispensés par le personnel des services de garde en milieu scolaire sont offerts durant l'autre demi-journée. De plus, moyennant certains frais, des services de garde peuvent être offerts à ces enfants le matin, le midi et le soir toujours à l'école. Là où les maternelles sont inexistantes, les centres de la petite enfance, sous la responsabilité du ministère de la Famille et de l'Enfance, offrent aux enfants issus des milieux défavorisés des services éducatifs gratuits à raison de 23,5 heures par semaine. L'implantation de ces services s'est faite de façon graduelle, d'abord dans la région métropolitaine, puis dans les milieux économiquement faibles et, enfin, sur l'ensemble du Québec.

Depuis septembre **1998**, une contribution de 5 $ par jour, par enfant, est demandée aux parents pour le service de garde en milieu scolaire, comme c'est déjà le cas depuis 1997 dans les centres de la petite enfance. Cette mesure permet l'accès au service à un plus grand nombre d'enfants du préscolaire et du primaire.

Le nombre des services de garde en milieu scolaire augmente partout au Québec. Entre 1998 et 1999, 172 ont été mis sur pied, créant ainsi 30 000 places pour les 5-12 ans. Cette addition porte le nombre de services de garde à 1 099 pour un total de 120 063 places. Cela s'est traduit par une augmentation importante de la clientèle dans presque tous les services existants et par une embauche massive de personnel dans les services de garde en milieu scolaire.

Par contre, on constate une certaine baisse de la qualité des services en raison du manque d'espace, de la pénurie de personnel formé et du ratio enfants/éducatrice parfois fort élevé et, enfin, de l'augmentation des tâches de gestion de la personne responsable du service de garde.

B) Les changements administratifs

Le ministère de l'Éducation reconnaît la capacité de chaque école d'adapter ses services aux besoins et aux caractéristiques de la population qu'elle sert. Un nouveau partage des responsabilités entre l'école, la commission scolaire et le ministère s'avère donc essentiel.

La loi 180 modifie les structures administratives de l'école et elle lui donne des pouvoirs accrus. Afin de consolider son autonomie et de renforcer ses liens avec la communauté, le conseil d'établissement, institué dans chaque école, remplace dorénavant le conseil d'orientation et, dans certains cas, le comité d'école, dont les rôles sont presque exclusivement consultatifs. Le nouveau conseil est formé de parents et de représentants de la communauté, d'enseignants, de membres du personnel professionnel et de soutien, de représentants des élèves (pour le second cycle du secondaire) et de la direction de l'école. Une place est aussi réservée au personnel du SGMS. Les fonctions et les pouvoirs dévolus à l'école sont, pour l'essentiel, exercés par ce conseil, sur la proposition de la direction de l'école et après consultation du personnel enseignant. La loi précise aussi les responsabilités de la direction de l'école relativement à la qualité des services éducatifs, au bon fonctionnement de l'établissement et à l'application des dispositions qui le régissent.

En juillet **1998**, le gouvernement procède à une réduction du nombre des commissions scolaires et à une modification de leurs territoires pour qu'ils correspondent mieux à ceux des municipalités régionales de comté (MRC). Ce redécoupage territorial se fait en tenant compte de l'intention gouvernementale d'implanter des commissions scolaires linguistiques. Cette opération permet de réduire les coûts administratifs : des 157 commissions scolaires existantes, il en reste 72.

1.5   VERS UNE DÉFINITION DE LA GARDE EN MILIEU SCOLAIRE APRÈS 20 ANS D'EXISTENCE

Avec l'avènement de tous ces nombreux changements, il convient de dire que le service de garde a sa place dans la société. C'est un milieu éducatif entre l'école et la maison, soucieux du développement global de l'enfant, de son bien-être, de son épanouissement et de ses besoins. C'est une ressource précieuse pour les parents sur le marché du travail, qui ont des horaires souvent incompatibles avec ceux de l'école. Pour le bien-être de l'enfant, le service de garde répond à cette réalité en veillant sur lui, en dehors des heures de classe, entre l'école et la maison. Par son programme d'activités, le service de garde répond à des besoins que la famille ne peut offrir et que l'école ne peut dispenser. Les parents sont appelés à occuper une place importante dans la gestion et le programme d'activités.

Vous trouverez en annexe à ce chapitre le règlement sur les services de garde en milieu scolaire, tel que cité dans la Loi sur l'instruction publique et adopté en octobre 1998.

FIGURE 1.2
Structures administratives (1999)

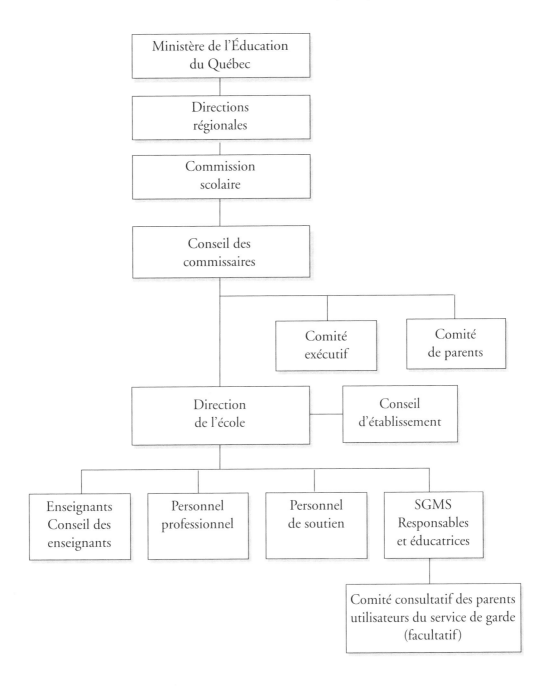

1.5.1 UN MILIEU D'ÉDUCATION
DANS UN AUTRE MILIEU D'ÉDUCATION

Ce qui caractérise le service de garde en milieu scolaire, hormis l'âge des enfants, c'est que ce milieu de vie évolue dans un autre milieu de vie. Il ne peut y avoir d'harmonie si cette cohabitation n'est pas prise en compte. Celle-ci doit tendre vers une complémentarité, une harmonisation des services et des programmes offerts tant aux enfants qu'aux familles de ces enfants.

Pour que chacun y trouve sa place, il importe qu'il y ait une grande collaboration entre les divers intervenants : éducatrices, enseignants, personnel professionnel, direction, enfants. Chacun intervient à des niveaux différents, mais tous visent la même finalité : le bien-être et le développement global de l'enfant. Tous les aspects de ce développement sont nécessaires et ils ont la même importance les uns par rapport aux autres. Qu'elles soient formelles ou non, les activités ludiques, sportives, d'expression, d'art, de gestion de relations humaines entre enfants ont une grande valeur pédagogique, vécues dans une salle de classe avec l'enseignante ou dans le local du service de garde avec l'éducatrice. Dans un milieu d'éducation comme celui de l'école incluant le service de garde, seule la qualité de vie offerte à l'enfant doit primer, qu'elle soit scolaire ou récréative.

Reconnaître l'importance de cette complémentarité et travailler à sa finalité, c'est déjà reconnaître la grande mission d'une institution d'enseignement : **celle de placer l'enfant au cœur de ses priorités, qu'il soit à l'école ou au service de garde.**

Pour faire sa place, le service de garde ne doit surtout pas être un endroit de « transit » entre la classe et la famille ni un centre de gardiennage genre « parking d'enfants » en attente des parents. Il a une mission bien à lui et, en ce sens, ses objectifs éducatifs doivent figurer en complément de ceux de l'école dans son projet éducatif. S'il passait à côté de sa mission, c'est toute la communauté qui en porterait la responsabilité : démotivation et perte d'intérêt de l'enfant pour l'école et pour le service de garde, désengagement face à son milieu, etc.

Pour mener à bien cette mission, le cadre offert aux enfants qui fréquentent un SGMS doit être différent de celui de l'école. Ce milieu de vie doit aussi tenir compte du passage de l'enfant d'une structure d'accueil à l'autre, soit l'école, le service de garde et sa famille. Il doit aussi répondre le plus positivement possible aux nombreux besoins des enfants en dehors des heures de classe : besoin de vivre dans un cadre plus souple et plus ouvert, c'est-à-dire une espèce de séparation psychologique entre les heures scolaires et les heures para ou extrascolaires ; besoin d'une période de transition pour liquider le vécu scolaire, en parler, échanger ; besoin de bouger. Nous reviendrons sur ces besoins importants dans les chapitres qui suivent.

1.5.2   LA MISSION ÉDUCATIVE ET SOCIALE DES SGMS

À la suite des changements amenés par la réforme de l'éducation, nous assistons à la création de nombreux services de garde en milieu scolaire, et ce, même dans les milieux ruraux. Les services déjà existants ont pour la plupart doublé, voire triplé, leur clientèle à certains endroits. L'extension des services de garde en milieu scolaire à coûts minimes vise à faire profiter tous les enfants, qu'ils soient de milieux défavorisés ou nantis, d'abord d'un milieu de vie sécuritaire et ensuite d'un encadrement qui favorise leur développement. Le service de garde est dorénavant accessible de façon universelle aux enfants québécois et il leur évite de rentrer chez eux seuls, la clé au cou[5], après la classe. Nul doute que de nombreux dangers guettent les enfants sans surveillance après la classe. Un grand nombre d'entre eux, âgés de 5 à 12 ans, sont livrés à eux-mêmes pendant plus de 4 heures par jour dans l'attente de leurs parents, et cela, sans parler des journées pédagogiques, de la semaine de relâche, des congés et des vacances estivales.

En ce sens, le service de garde en milieu scolaire a une mission préventive. Les enfants ont besoin d'un encadrement adulte, de confidents qui les écoutent et les sécurisent ; ils ont besoin de bâtir leur confiance en se réalisant dans divers projets, de se faire des amis, de vivre en groupe sainement, de sortir de leur isolement. Le service de garde devient un terrain où l'on peut facilement dépister les difficultés de toute nature : problèmes de solitude, d'apprentissage, de comportement, de rejet. Il peut ainsi prévenir le vandalisme et la délinquance.

En continuité avec les centres de la petite enfance, le SGMS est un complément de l'école et de la famille par sa grande mission éducative : contribuer au développement des 5-12 ans en dehors des heures scolaires par un programme d'activités riche et souple où l'enfant pourra apprendre à mieux se connaître, à se réaliser, à s'investir et à s'engager pour acquérir une meilleure perception de lui-même, pour se découvrir à travers les autres par ses réalisations, pour vivre une relation privilégiée avec l'éducatrice et ses pairs et pour acquérir un sentiment d'appartenance à son milieu de vie. Ce mode de garde est important non seulement pour l'enfant, mais également pour l'école, la famille et la communauté.

---

5. L'enfant à clé est le terme utilisé pour désigner l'enfant qui reste seul à la maison, sans supervision, après les heures de classe.

1.6 LES SERVICES DE GARDE OFFERTS DANS LES MILIEUX SCOLAIRES FRANCOPHONES EN ONTARIO ET AU MANITOBA

Pour conclure ce premier chapitre, il nous a semblé intéressant de donner un aperçu de la façon dont sont organisés et gérés les services de garde francophones en Ontario et au Manitoba. Le tableau 1.1 fournit quelques informations ayant trait à l'organisation des SGMS dans ces deux provinces d'une part, et à celle qui prévaut au Québec d'autre part.

1.6.1 LES SERVICES DE GARDE EN MILIEU SCOLAIRE EN ONTARIO

Au début des années 1970, des groupes de parents des grands centres urbains ont décidé que les classes vides, une conséquence de la baisse de la clientèle, pourraient abriter des services de garde. En 1973, on comptait douze services de garde en milieu scolaire pour les enfants de la maternelle. Présentement, ces services sont disponibles dans presque toutes les écoles primaires. Depuis 1988, chaque nouvelle école possède son service de garde en milieu scolaire pour les enfants de 3 ans et 8 mois à 12 ans. Les commissions scolaires sont tenues d'offrir à tous les enfants de 4 et 5 ans la maternelle à demi-temps et elles peuvent aussi en permettre l'accès aux enfants qui ont atteint l'âge de 3 ans et 8 mois.

Les SGMS sont aussi désignés comme « services parascolaires ». Trois types de services existent pour les enfants qui fréquentent les écoles élémentaires. Le premier, offert dans les centres communautaires, est parrainé par les municipalités et par le ministère des Loisirs et de la Récréation. Le personnel est composé de moniteurs ayant souvent une formation en animation. Le deuxième, offert dans les écoles, est parrainé par les associations de parents et d'enseignants. Le personnel est généralement composé de parents ou de jeunes adolescents ou des deux. Le troisième, également offert dans les écoles, est autorisé par le ministère des Services sociaux et communautaires. Il se définit comme étant « …le service avant et après l'école et les journées alternatives ». Les journées alternatives s'adressent aux enfants de la maternelle (4 ans) et du jardin d'enfants (5 ans) qui fréquentent l'école tous les deux jours. Cela signifie une journée complète à l'école et une journée complète à la garderie. Ce système ne fonctionne que dans les deux commissions scolaires francophones. Le système d'alternance n'est pas en vigueur dans les conseils scolaires anglophones.

TABLEAU 1.1

Particularités des services de garde en milieu scolaire au Québec, en Ontario et au Manitoba

	Formation et exigences à l'embauche	Conditions de travail	Syndicalisation	Horaire de travail	Utilisation des locaux	Financement et gestion
Québec	Une vingtaine de cégeps décernent des diplômes d'enseignement collégial (DEC) ou des attestations d'études collégiales (AEC). La commission scolaire est l'employeur. Il existe deux catégories d'emplois : responsable et préposé. Pour travailler dans un service de garde, il faut : • avoir 18 ans ; • avoir complété le secondaire 5 ou l'équivalent ; • avoir deux années d'expérience pour les préposés ; • les responsables doivent détenir un diplôme d'enseignement collégial. ou • posséder un diplôme d'enseignement collégial (DEC) ou une attestation d'études collégiales (AEC) ou un diplôme en psychologie ou dans un secteur apparenté.	L'échelle salariale compte sept échelons pour les éducatrices et douze échelons pour les responsables. Chaque année d'expérience donne droit à un échelon supplémentaire.	Le personnel est syndiqué et affilié à la CSN, à la FTQ, à la FEMSQ ou à la CSQ.	À l'exception des journées pédagogiques, le personnel travaille à temps partiel le matin, le midi et le soir. Il doit effectuer deux des périodes suivantes : • le matin, au moins 30 minutes avant les classes ; • le midi ; • l'après-midi, après les heures de cours, au moins jusqu'à 17 h ; • une demi-journée pendant les heures de cours s'il y a des enfants de 4 ans.	Le local du service de garde est habituellement situé dans l'école. On peut profiter des services tels le gymnase, la bibliothèque, la salle polyvalente, la cafétéria, la cour extérieure, etc.	Contribution financière des parents de 5 $ par jour pour un maximum de 5 heures de garde par jour durant les jours de classe et de 10 heures par jour durant les journées pédagogiques.

	Formation et exigences à l'embauche	Conditions de travail	Syndicalisation	Horaire de travail	Utilisation des locaux	Financement et gestion
Ontario	Vingt-cinq collèges communautaires offrent une formation sur deux ans menant à l'obtention d'un diplôme en Garde éducative à l'enfance. Pour travailler dans un service de garde, il faut : • détenir un diplôme en éducation préscolaire d'un collège d'arts appliqués et de technologie ; ou • détenir un autre diplôme universitaire jugé équivalent.		Le personnel d'une seule garderie est syndiqué (région d'Ottawa-Carleton).	L'horaire du service de garde est le même que celui de l'école. L'enfant peut fréquenter le service de garde avant et après l'école. Durant les vacances d'été le service de garde fonctionne de façon partielle.	Idem	Les municipalités jouent un rôle important dans l'administration des garderies. Il n'y a pas de loyer à payer. En 1998, 1 096 places étaient agréées du côté francophone. De ce nombre, 510 étaient subventionnées. **Ratio par adulte** Maternelle 4 ans : 10 enfants pour un total de 16 enfants par groupe. Jardin d'enfant : 12 enfants pour un total de 24 par groupe. Chez les 6-12 ans : 15 enfants pour un total de 30 enfants par groupe.
Manitoba	Le collège universitaire de Saint-Boniface offre un programme de formation sur deux ans après la formation secondaire. La Fédération provinciale des comités de parents organise des ateliers et des journées de formation pour le personnel des pré-maternelles et des garderies francophones.		Le personnel n'est pas syndiqué.	L'horaire du service de garde est de 7 h à 18 h.	Dans les centres communautaires, les écoles, les églises et autres locaux de la communauté.	Certains services de garde reçoivent des octrois d'exploitation. Un financement est accordé aux parents, qui peuvent se faire rembourser par le gouvernement, selon leur revenu. **Ratio par adulte** Le même qu'en Ontario.

Que ce soit en milieu urbain ou rural, le service de garde en milieu scolaire gagne en popularité. L'enfant préfère le SGMS, où il peut demeurer avec ses amis après l'école, plutôt que la garde à domicile. Pour sa part, le parent préfère que son enfant demeure à l'école, ce qui limite le nombre de déplacements durant la journée.

La région d'Ottawa-Carleton profite de la présence de l'Association des services de garde préscolaires et parascolaires d'Ottawa-Carleton (ASPOC). Cet organisme assure la concertation en ce qui concerne la programmation et la planification des besoins des services de garde. Sa mission principale consiste à offrir à une clientèle principalement composée d'éducateurs et de coordonnateurs de services de garde des services de perfectionnement professionnel, d'information, de consultation, de coordination et de représentation.

1.6.2   LES SERVICES DE GARDE AU MANITOBA

Au Manitoba, selon des données de 1998, 94 organismes détiennent un permis pour offrir des services de garde à des enfants d'âge scolaire, ce qui équivaut à 3 897 places en garderie. Quatorze de ces services sont situés en milieu rural, les autres, dans les centres urbains. La communauté francophone compte six services de garde scolaires dont deux en milieu urbain et quatre en milieu rural.

La Fédération provinciale des comités de parents du Manitoba, un organisme provincial à but non lucratif, a été fondée en 1976 pour intervenir dans toutes les questions qui touchent l'éducation en français au Manitoba. Elle œuvre auprès des regroupements de parents, des garderies, des prématernelles et des Mini-franco-fun. Par l'intermédiaire de son Centre de ressources éducatives à l'enfance (CREE), elle œuvre également auprès de douze mini-centres du CREE, en milieu rural et auprès d'un réseau provincial de garderies familiales. Le CREE est aussi un centre de documentation et d'animation qui offre un appui pédagogique aux services de garde pour enfants de 0 à 12 ans. Les services de garde du Manitoba sont réglementés par la Loi sur les garderies d'enfants. Ils relèvent soit du bureau des Services de garde à l'enfance, un bureau sous la responsabilité du ministère des Services à la famille, soit des conseils scolaires.

QUESTIONS DE RÉVISION

1. Au regard de l'évolution de la société au cours des trente dernières années, identifiez et expliquez les principaux changements qui ont affecté la famille durant cette période.

2. Citez les grands bouleversements qui ont marqué l'évolution du contexte scolaire.

3. Identifiez les principaux facteurs correspondant aux changements dans le mode de vie qui ont amené l'organisation des services de garde.

4. Pourquoi le dossier de la famille a-t-il pris tant d'ampleur sur les plans social et politique au cours des vingt dernières années ?

5. Soulevez les problèmes rencontrés durant les dix premières années d'existence des services de garde en milieu scolaire.

6. Les changements récents apportés par la nouvelle politique familiale et par la réforme de l'éducation ont entraîné des modifications majeures concernant les services de garde en milieu scolaire. Situez ces changements et leurs répercussions.

7. Quelle serait votre définition personnalisée d'un service de garde en milieu scolaire et quels seraient ses propres enjeux ?

8. Si vous aviez le mandat de revoir la première réglementation (en annexe) sur les services de garde en milieu scolaire, quels ajouts y feriez-vous ?

ANNEXE

RÈGLEMENT SUR LES SERVICES DE GARDE EN MILIEU SCOLAIRE

Loi sur l'instruction publique
(L.R.Q., c. I-13.3, a. 454.1 ;
1997, c. 58, a. 51 ; 1997, c. 96, a. 132)

CHAPITRE I

Nature et objectifs des services de garde

1. Les services de garde en milieu scolaire assurent la garde des élèves de l'éducation préscolaire et de l'enseignement primaire d'une commission scolaire, en dehors des périodes où des services éducatifs leur sont dispensés.

2. Les services de garde en milieu scolaire poursuivent les objectifs suivants :

1° Veiller au bien-être général des élèves et poursuivre, dans le cadre du projet éducatif de l'école, le développement global des élèves par l'élaboration d'activités tenant compte de leurs intérêts et de leurs besoins, en complémentarité aux services éducatifs de l'école ;

2° assurer un soutien aux familles des élèves, notamment en offrant à ceux qui le désirent un lieu adéquat et, dans la mesure du possible, le soutien nécessaire pour leur permettre de réaliser leurs travaux scolaires après la classe ;

3° assurer la santé et la sécurité des élèves, dans le respect des règles de conduite et des mesures de sécurité approuvées par le conseil d'établissement de l'école, conformément à l'article 76 de la Loi sur l'instruction publique (L.R.Q., c. I-13.3) édicté par l'article 13 du chapitre 96 des lois de 1997.

CHAPITRE II

Cadre général d'organisation

Section I

Accès

3. Les services de garde sont offerts pendant toutes les journées du calendrier scolaire consacrées aux services éducatifs, mais à l'extérieur des périodes consacrées à ces services, suivant les modalités, tel l'horaire, convenues par la commission scolaire et le conseil d'établissement de l'école, conformément à l'article 256 de la Loi sur l'instruction publique remplacé par l'article 91 du chapitre 96 des lois de 1997.

   Cette commission scolaire et ce conseil d'établissement peuvent aussi convenir d'offrir des services au-delà des journées du calendrier scolaire consacrées aux services éducatifs, notamment pendant les journées pédagogiques et la semaine de relâche.

4. Lors de l'inscription d'un élève au service de garde d'une école, le directeur de l'école doit s'assurer que le parent de cet élève reçoit un document dans lequel sont clairement établies les règles de fonctionnement du service, notamment celles relatives aux jours et aux heures d'ouverture du service ainsi qu'aux coûts et conditions de paiement.

Section II

Personnel

5. Les membres du personnel d'un service de garde doivent être titulaires d'un document, datant d'au plus trois ans, attestant la réussite :

   1° soit d'un cours de secourisme général d'une durée minimale de huit heures ;

   2° soit d'un cours d'appoint d'une durée minimale de six heures visant la mise à jour des connaissances acquises dans le cadre du cours mentionné au paragraphe 1°.

Section III

Hygiène, salubrité et sécurité

6. Le nombre d'élèves par membre du personnel de garde dans un service de garde en milieu scolaire ne doit pas dépasser vingt élèves présents.

7. Lorsqu'il n'y a qu'un membre du personnel de garde présent dans un service de garde, le directeur de l'école doit s'assurer qu'une personne est disponible pour remplacer ce membre, si ce dernier doit s'absenter en cas d'urgence.

8. S'il survient une maladie ou un accident sérieux, un membre du personnel du service de garde doit réclamer immédiatement l'assistance médicale nécessaire, notamment en communiquant avec un médecin ou en se rendant à l'établissement offrant des services d'urgence le plus près.

   Il doit avertir le plus tôt possible le parent de l'élève ou toute autre personne que ce dernier a désignée dans la fiche d'inscription de cet élève.

9. Le responsable du service de garde doit entreposer sous clé, dans un espace de rangement prévu à cette fin qui se trouve hors de la portée des élèves et à l'écart des denrées alimentaires, les médicaments, les produits toxiques et les produits d'entretien.

10. Le responsable du service de garde doit afficher près du téléphone une liste des numéros de téléphone suivants :

    1° celui d'un médecin ;

    2° celui du centre hospitalier situé le plus près du lieu où est situé le service de garde ;

    3° celui du centre local de services communautaires sur le territoire duquel le service de garde est situé ;

    4° celui du Centre anti-poison du Québec ;

    5° celui d'un service ambulancier ;

    6° celui du service Info-Santé.

    Il doit aussi s'assurer que sont conservées à proximité du téléphone :

    1° une liste des numéros de téléphone des membres du personnel régulier et de remplacement, s'il y a lieu ;

2°   une liste des noms et numéros de téléphone du parent de chacun des élèves et ceux, suivant les fiches d'inscription, des autres personnes à rejoindre en cas d'urgence.

11. Lors des sorties à l'extérieur des lieux où est situé le service de garde, le directeur de l'école doit prendre des mesures particulières afin d'assurer la sécurité des élèves, dans le respect des règles de conduite et des mesures de sécurité approuvées par le conseil d'établissement, conformément à l'article 76 de la Loi sur l'instruction publique.

12. Le directeur de l'école s'assure que les locaux, l'équipement, le mobilier et le matériel de jeux utilisés par le service de garde sont en bon état.

13. Le directeur de l'école s'assure que les membres du personnel du service de garde disposent d'une trousse de premiers soins gardée hors de la portée des élèves.

14. Les membres du personnel du service de garde doivent s'assurer que chaque élève quitte le service avec son parent ou toute autre personne autorisée à venir le chercher, à moins que ce parent ait consenti, par écrit, à ce que celui-ci retourne seul à la maison.

Section IV

Fiches d'inscription et d'assiduité

15. Le directeur de l'école s'assure de la tenue d'une fiche d'inscription pour chaque élève qui fréquente le service de garde et de sa mise en tout temps à la disposition des membres du personnel de ce service.

Le responsable du service de garde doit tenir et mettre à jour quotidiennement une fiche d'assiduité pour tous les élèves qu'il reçoit.

Le responsable du service de garde doit donner communication écrite ou verbale de ces fiches, ou en faciliter l'accès, au parent qui lui en fait la demande.

16. La fiche d'inscription doit contenir les renseignements suivants :

1°   les nom, adresse et numéro de téléphone de l'élève ;

2°   les nom, adresse et numéro de téléphone du parent ainsi que ceux d'une personne autorisée à venir chercher l'élève et ceux d'une personne à rejoindre en cas d'urgence ;

3°   le nom de l'enseignant de l'élève et son degré scolaire ;

4° la date d'admission de l'élève au service de garde et les périodes de fréquentation prévues par semaine ;

5° les données sur la santé et l'alimentation de l'élève pouvent requérir une attention particulière et, le cas échéant, les noms, adresses et numéros de téléphone du médecin et de l'établissement où l'élève reçoit généralement des soins.

17. Les fiches d'assiduité des élèves doivent contenir les renseignements suivants :

1° le nom de chaque élève ;

2° ses périodes de fréquentation prévues par semaine ;

3° ses dates et heures de présence.

Section V

Comité de parents du service de garde

18. Le conseil de l'établissement peut former un comité de parents du service de garde composé du responsable du service de garde et de trois à cinq parents élus par et parmi les parents d'élèves qui fréquentent ce service.

Ce comité peut faire au directeur d'école, au conseil d'établissement et à la commission scolaire toutes les représentations ou recommandations sur tous les aspects de la vie des élèves du service de garde, notamment sur l'obligation du conseil d'établissement d'informer la communauté que dessert l'école des services qu'elle offre et de lui rendre compte de leur qualité.

Section VI

Dispositions transitoire et finale

19. Les membres du personnel d'un service de garde embauchés avant la date de l'entrée en vigueur du présent règlement doivent se conformer aux dispositions de l'article 5 dans les douze mois qui suivent cette date.

20. Le présent règlement entre en vigueur le quinzième jour qui suit la date de sa publication à la *Gazette officielle du Québec.*

La profession d'éducatrice

OBJECTIFS

- Démontrer l'importance du rôle de l'éducatrice.

- Préciser comment les relations interpersonnelles facilitent la croissance et le développement des enfants dans un SGMS.

- Énoncer les conditions de base d'une relation significative.

- Décrire les compétences et les habiletés particulières des éducatrices des services de garde.

Comment peut-on définir la profession d'éducatrice d'un service de garde en milieu scolaire ? Quelle est sa fonction ? S'agit-il simplement pour elle de prendre soin des enfants ? Si oui, quelle différence y a-t-il entre les parents et les éducatrices de SGMS ? Le travail d'éducatrice est émotionnel parce qu'elle doit répondre aux besoins des autres et faire preuve de sollicitude et de bienveillance. Dans les SGMS, l'éducation des enfants constitue un service professionnel.

2.1   LES BASES DE L'ACTE ÉDUCATIF

Définir la garde en milieu scolaire en se basant seulement sur les activités offertes dans un SGMS ne saurait permettre d'évaluer la qualité des services. Ce qui est primordial lorsqu'on organise des activités pour occuper les enfants, c'est qu'elles doivent les divertir tout en les stimulant intellectuellement. Sans cela, on ne peut parler de services de qualité.

On peut définir le travail de l'éducatrice comme une façon d'aider une autre personne à grandir. Éduquer des enfants constitue un processus. C'est l'interaction entre deux personnes, lesquelles évoluent et se transforment. Un enfant s'efforce de devenir quelqu'un de bien lorsqu'il sent qu'on s'occupe et se soucie de lui. On vit ce processus au moins de deux façons : premièrement, comme une extension de nous-mêmes (c.-à-d. on a mal pour lui, on est heureux lorsqu'il l'est) et, deuxièmement, comme une entité séparée de nous-mêmes, quelqu'un qu'on respecte de plein droit comme un individu à part entière. Nous sentons que le bien-être de l'enfant est étroitement associé au nôtre, mais en même temps nous lui permettons de grandir de la manière et au moment où il le veut. Nous pouvons l'aider sans lui imposer une conduite. Il faut plutôt se laisser guider par l'orientation de sa croissance afin de déterminer ce que nous devons faire et la façon dont nous devons réagir. En même temps que nous permettons à l'enfant de grandir, il faut se soucier de son bien-être et de sa sécurité.

Prendre soin d'un enfant signifie également lui apprendre à se débrouiller seul. Nous voulons qu'il soit à l'écoute de ses besoins et responsable de sa vie. Bien s'occuper de lui ne le rendra pas nécessairement dépendant. Au contraire, cela favorisera son indépendance en accord avec son développement. En apprenant à prendre soin de lui-même, l'enfant en viendra à développer une image positive de ce qu'il est. Il se percevra comme un être important, capable et digne de respect.

2.1.1 ÉDUQUER UN ENFANT, C'EST AVANT TOUT « ÊTRE LÀ »

S'occuper de l'éducation des enfants veut aussi dire qu'ils peuvent compter sur nous parce que nous sommes là. « Être là » veut dire être disponible, écouter, encourager. Cela signifie savoir quand l'enfant traverse une période importante de développement et être présent au moment opportun. Lorsque nous sommes là pour l'enfant, nous concentrons notre attention sur sa situation sans faire de pression sur lui ou lui donner de conseil. Nous sommes là quand il en manifeste le besoin.

Dans un SGMS, les membres du personnel doivent être réceptifs lorsqu'un enfant désire parler à quelqu'un. S'il décide de se confier, l'éducatrice doit être en mesure d'écouter attentivement (et anticiper tout ce qui risque de se produire). En un sens purement technique, « être là » oblige l'adulte à se mettre physiquement au niveau de l'enfant, à établir un contact visuel et à réagir de façon adéquate (sourire, démontrer de l'inquiétude ou de l'intérêt, avoir l'air intrigué, approuver d'un signe de tête, etc.).

2.1.2 L'IMPORTANCE D'UN VRAI CONTACT

Lorsqu'un enfant et un adulte communiquent et s'entendent bien, ils établissent un vrai contact, une relation sincère. Quand on s'intéresse à quelqu'un, cela fait naître un certain degré d'affection qui rend la communication sincère. Cela signifie qu'une personne se montre ouverte aux qualités particulières et uniques de l'autre.

Le fait d'établir des liens avec les autres est souvent un processus d'apprentissage autant pour l'adulte que pour l'enfant. Ce n'est pas nécessairement facile, mais c'est agréable d'avoir de bons rapports avec ses semblables. La capacité de s'entendre avec les gens peut être un indice de maturité.

La plupart des éducatrices compétentes savent établir de vrais contacts avec des enfants. L'encadré 2.1 en offre un bel exemple.

ENCADRÉ 2.1 • SCÉNARIO D'UN VRAI CONTACT

Situation :	*Jasmine (7 ans) entre dans le local quelques minutes avant que la plupart des enfants n'arrivent à la fin de leur journée d'école.*
Éducatrice :	(joyeusement, un peu surprise) Jasmine ! Salut ! Comment se fait-il que tu sois ici si tôt ? L'école n'est pas encore terminée.
Jasmine :	J'arrive de chez le dentiste.
Éducatrice :	(avec inquiétude) Oh ! Comment cela s'est-il passé ?
Jasmine :	Ça a fait un peu mal, mais maintenant, ça va. Après la visite chez le dentiste, ma mère m'a emmenée acheter un nouveau hamster.
Éducatrice :	(d'un air enthousiaste) Un nouveau hamster ! J'adore les hamsters. Ils sont si mignons, tu ne trouves pas ?

Les occasions d'établir un contact peuvent survenir dans différentes situations. Cela peut arriver lorsqu'un enfant et une éducatrice s'amusent à se pourchasser. Ils sont alors envahis par le plaisir de la poursuite et chacun admire et respecte les capacités physiques de l'autre. Cela peut aussi se produire lorsqu'une éducatrice et un enfant discutent au sujet d'un incident où ce dernier s'est mal conduit et, à force de parler, ils parviennent à une entente réciproque. Dans ce cas particulier, l'éducatrice peut avoir saisi que l'enfant ne veut pas et n'a jamais voulu fréquenter le service de garde. De son côté, l'enfant peut réaliser que ce que l'éducatrice essaie simplement de faire, c'est de rendre le temps qu'il passe au service de garde le plus constructif possible.

Les vrais contacts sont positifs et enrichissants pour les éducatrices et pour les enfants. Idéalement, les éducatrices compétentes devraient aider les enfants à développer l'art de nouer de vrais liens d'amitié avec leur entourage.

2.1.3 L'INFLUENCE RÉCIPROQUE

Avoir soin d'un enfant exige une communication bidirectionnelle. Une personne attentionnée manifeste divers sentiments de confiance, d'appui, de respect, d'affirmation, d'espoir et de sécurité. En contrepartie, le sujet de cette attention exprime un besoin d'évoluer, de s'affirmer et de se sentir sécurisé. Il a envie de se rapprocher de cette personne qui lui témoigne de l'attention et il lui est reconnaissant de faire des efforts en ce sens.

L'enfant et l'adulte se doivent d'être réceptifs au cours de ce contact important ; ils sont influencés et changés par lui. Il s'agit d'une action réciproque donnant donnant.

2.2 LA RELATION AIDANTE

La formation d'une solide relation interpersonnelle entre l'éducatrice et l'enfant est à la base de toute intervention en service de garde. Au cœur même de cette notion, il y a l'idée de relation aidante ou de relation marquante.

Le psychologue Carl Rogers a beaucoup écrit sur les relations d'aide dans les milieux de travail (1961). Il soutient que les enfants utilisent certains types de contacts humains pour changer, grandir et évoluer. Dans la plupart des cas, ce genre de croissance personnelle survient à la suite d'expériences vécues grâce à des relations positives.

Les contacts interpersonnels qui aident les gens à grandir sont qualifiés de relations d'aide ou de relations marquantes. Il y a trois caractéristiques principales dans une relation d'aide efficace : l'authenticité, le respect inconditionnel et l'empathie.

2.2.1 L'AUTHENTICITÉ

Plus on est authentique dans une relation, plus l'enfant peut en bénéficier. Cela veut dire, en premier lieu, être conscient de ses propres sentiments. Ensuite, être prêt à exprimer, en actions ou en mots, ses sentiments et ses comportements. Être authentique signifie se rendre « transparent », dans le sens où un enfant peut deviner vos sentiments à travers vos actions et vos comportements. Cela signifie aussi chercher à établir une harmonie entre ce que vous dites et ce que vous faites.

Quand quelqu'un est authentique, il établit une conformité avec le réel. Ce qu'il ressent se traduit dans ses gestes ; ce qu'il dit inspire confiance. Dans une relation où l'éducatrice est authentique, l'enfant peut aussi commencer à faire des liens entre ce qu'il ressent et ce qu'il dit. Étant en confiance, il est plus enclin à parler de ses sentiments.

Il peut arriver que nos sentiments ou nos comportements soient négatifs, que nous soyons irritables, désappointés, préoccupés ou frustrés. Cependant, il faut demeurer authentique en tout temps. C'est essentiel pour qu'un enfant ait toujours confiance en ce que nous disons. Bien sûr, il y a des limites à exprimer ses sentiments, limites qui sont fondées sur des normes de conduite professionnelle et de communication basées sur le respect.

ENCADRÉ 2.2 • PREMIER EXEMPLE D'AUTHENTICITÉ

Situation :	*L'éducatrice entre dans le local et trouve deux garçons de huit ans ridiculisant un enfant qui a des besoins spéciaux.*
Éducatrice :	(calme, mais avec autorité) Simon et Maxime, j'aimerais vous parler un moment.
Les deux garçons s'avancent. Ils savent très bien qu'ils ont agi de manière inappropriée.	
Éducatrice :	(établit un contact visuel avec chaque enfant) Je dois vous faire part de ce que je ressens maintenant. Je suis très désappointée… (elle fait une brève pause pour être à l'écoute de ce qu'elle ressent) Oui, c'est vraiment le meilleur mot que je peux utiliser… « désappointée ».
Une autre pause, l'occasion pour les deux petits de parler. Mais aucun d'eux n'ouvre la bouche. Ils fixent le sol, car ils sont tout à fait conscients qu'ils ont quelque chose à se faire pardonner.	
Éducatrice :	Peut-être que vous n'avez pas envie d'en parler tout de suite. Cela m'est égal, mais je vous avertis que vous ne partirez pas sans qu'on en ait discuté. Pour l'instant, je dois vous dire que je suis déçue de la façon dont vous vous être comportés dans cette situation. Et quand vous serez prêts à en parler, je ne veux pas d'excuses. Je veux qu'on discute du problème qui est survenu et je veux qu'on parle de choses comme le respect et la confiance.

Dans le scénario de l'encadré 2.2, seule l'éducatrice parle parce que les deux garçons sont vraiment perturbés par leur propre comportement et ils regrettent d'avoir perdu sa confiance. Ils respectent la façon dont elle a choisi de traiter la situation. À ce stade, ils demeurent silencieux parce que la réaction de l'éducatrice les a forcés à réfléchir.

Il n'aurait pas été efficace pour elle de les obliger à parler. Par conséquent, le vrai dialogue est, pour l'instant, reporté. La déception de l'éducatrice est tout à fait réelle et il est nécessaire que les enfants comprennent cela. Il est important également pour l'éducatrice de pouvoir exprimer ce sentiment pour sa propre tranquillité d'esprit.

ENCADRÉ 2.3 • DEUXIÈME EXEMPLE D'AUTHENTICITÉ

Situation :	*Dans la cour, Nathalie (10 ans) s'entraîne depuis plus d'une demi-heure à faire des bottés de placement avec un ballon de football. Au début, ses tentatives étaient infructueuses mais, après une heure environ, elle pouvait donner des coups qui propulsaient le ballon à travers les buts, presque à volonté.*
Nathalie :	Estelle ! Regarde ! (elle botte le ballon) Regarde encore ! (elle réussit un autre botté).
Éducatrice :	Oui Nathalie, j'ai suivi tes progrès. Je t'ai vue quand tu as commencé, puis après une demi-heure de pratique et maintenant ! Je n'en reviens pas à quel point tu as réussi à t'améliorer en pratiquant et en travaillant fort. Je ne sais pas comment toi tu te sens à ce sujet, mais je peux te dire que je suis très fière de toi. J'admire ta détermination, ta motivation et ta volonté de réussir.
Nathalie :	Oui, ça m'a demandé beaucoup d'efforts. Je ne sais pas si je suis fière de moi. Je sais juste que j'adore botter le ballon.
Éducatrice :	Oh ! Je ne voulais pas dire que tu devrais absolument être fière de toi. J'essayais juste de te dire comment je me sentais après t'avoir observée pratiquer si fort. Tu n'es pas obligée de ressentir de la fierté, tu sais. Je veux seulement que tu saches que je suis fière de toi et que j'admire tes efforts.

Dans l'exemple de l'encadré 2.3, l'éducatrice saisit l'occasion pour souligner qu'elle n'essaie pas de dicter à l'enfant comment elle devrait se sentir, qu'elle n'est pas en train d'évaluer ou de juger sa performance. Elle ne fait qu'exprimer ce qu'elle ressent. Il s'agit d'un point important à faire comprendre à des enfants d'âge scolaire.

2.2.2 LE RESPECT INCONDITIONNEL

Lorsque nous traitons un enfant avec respect, inconditionnellement, nous l'acceptons, comme une personne de plein droit. Cela signifie que nous l'apprécions et que nous l'estimons sans égard à la façon dont il se comporte, à ce qu'il pense et à ce qu'il éprouve. Nous le respectons vraiment. L'enfant se sent alors en sécurité et n'a pas besoin de façade. Il peut être lui-même, donc, il peut s'actualiser.

Quand les enfants sentent qu'ils sont totalement acceptés, ils comprennent qu'ils sont appréciés. Même si leur comportement varie, ils ne risqueront jamais de perdre ce respect que vous avez pour eux. Bien sûr, il arrive que nous ayons des préférences et que nos sentiments changent selon les enfants. Un enfant qui se conduit mal doit faire face aux conséquences de ses actions et même perdre des privilèges, mais il ne devrait jamais perdre le droit au respect de base.

Dans un SGMS, il est essentiel que chaque enfant jouisse d'un respect inconditionnel. Cela lui permet d'établir avec les autres des relations positives et chaleureuses, caractérisées par une confiance mutuelle et une cohérence personnelle.

2.2.3 L'EMPATHIE

L'empathie, c'est la capacité d'identifier les émotions et le point de vue d'une autre personne. Dans une relation continue, une personne attentionnée ressent le besoin constant de comprendre l'autre afin de saisir chacune de ses émotions et chacun de ses messages tels qu'elle les perçoit à ce moment précis.

Il est important d'éviter de supposer que les enfants voient le monde comme nous le voyons. L'éducatrice compétente semble avoir la capacité de deviner le monde intérieur d'un enfant comme si c'était le sien tout en conservant une certaine distance. Quand un enfant s'aperçoit que quelqu'un le comprend assez pour voir les choses de la même façon que lui, il est sécurisé. Il sent que lorsque nous faisons un effort pour le comprendre, cela ne peut venir que d'un sentiment de respect. L'empathie constitue donc une base solide pour établir une relation harmonieuse.

Faire preuve d'empathie peut vouloir dire suspendre notre jugement par rapport à un événement particulier et canaliser nos énergies uniquement pour essayer de découvrir le point de vue de l'enfant. Par exemple, au lieu de dire d'emblée à l'enfant ce que nous pensons, il se peut que nous soyons simplement obligés de faire des efforts pour interpréter ce qu'il pense. Cependant, le seul fait de savoir que son point de vue est compris et apprécié par une autre personne aide l'enfant à devenir plus ouvert aux efforts de communication des autres.

ENCADRÉ 2.4 • LE POUVOIR DE L'EMPATHIE

Situation :   *L'éducatrice observe que Pierrot (8 ans) est assis tout seul dans le coin. Comme il a l'air préoccupé, elle va le voir.*

Éducatrice :   Pierrot, comment ça va ?

Pierrot :   (d'un ton déprimé) Ça va mal.

Éducatrice :   (s'assoit en face de lui, pas trop proche, pas trop loin.) Mal, vraiment ?

Pierrot hausse les épaules et fixe le sol. Une larme apparaît dans le coin de son œil. Au début, il essaie de la dissimuler, puis il se met à pleurer doucement.

Éducatrice :   Est-ce que tu veux en parler ?

Pierrot garde toujours le silence. Il arrête de pleurer, s'essuie les yeux furtivement et commence à tirer nerveusement sur les lacets de ses espadrilles.

Éducatrice :   Nous ne sommes pas obligés d'en parler, si tu veux. Nous pouvons juste rester assis tous les deux comme ça. Ça va ?

Après quelques moments de silence et quelques tiraillements de plus sur ses lacets, Pierrot décide de se confier.

Pierrot :   (d'une toute petite voix) Je n'ai pas d'amis.

À ce moment là, l'éducatrice résiste à la tentation de dire quelque chose comme : « Ne sois pas idiot, bien sûr que tu as des amis », ce qui n'aurait que contribué à nier les sentiments de Pierrot. Elle essaie, au contraire, de se mettre à sa place et de considérer ce qu'il ressent en cet instant.

Éducatrice :   Pas d'amis hein ? C'est triste ça !

Pierrot :   Personne ne m'aime. Je n'ai aucun ami ici. Il y avait Maxime, mais maintenant il est l'ami d'Antoine. Ils jouent ensemble tout le temps. Ils jouent un jeu qui ne se joue qu'à deux, pas à trois.

Éducatrice :   Et tu te sens rejeté ?

Pierrot :   Oui (en tirant plus agressivement sur ses lacets).

Éducatrice :   On a de la peine quand on se sent rejeté, pas vrai ?

Pierrot :   Ouais, ça fait beaucoup de peine.

Éducatrice :   Oui, je te comprends !

Note : être empathique n'est pas une chose toujours facile à faire (ou, plus précisément, facile à être). Souvent, les adultes qui travaillent avec les enfants veulent précipiter les choses et régler le problème de l'enfant à sa place. Ce faisant, ils ne réussissent parfois qu'à le rendre dépendant de l'adulte. En démontrant de l'empathie, nous aidons l'enfant à démêler ses vrais sentiments et, par la suite, nous l'amenons à trouver des stratégies pour régler ses problèmes seul. C'est une caractéristique importante d'une relation d'aide.

2.3   LES COMPÉTENCES ET LES HABILETÉS DE L'ÉDUCATRICE

La compétence d'une éducatrice influence grandement la qualité d'un service de garde. C'est le personnel qui donne à chaque SGMS sa couleur et sa particularité. Bien sûr, la qualification du personnel est directement proportionnelle à la qualité du SGMS.

Pour être efficace, l'éducatrice doit posséder un certain nombre d'aptitudes et de compétences qu'elle peut développer et acquérir en vue de pratiquer cette profession. Une compétence peut être définie comme une habileté acquise grâce à l'assimilation de connaissances pertinentes, théoriques et pratiques et à l'expérience. Ce sont les aptitudes qui lui permettent de réussir dans un domaine particulier ou dans l'exercice d'une fonction ou d'une tâche spécifique. La plupart des habiletés peuvent être divisées en éléments ayant une base théorique (façon de penser) ou ayant des applications concrètes (ensemble des comportements).

1. L'aptitude à comprendre les enfants et leurs comportements

2. La capacité à placer l'enfant au centre des préoccupations

3. La capacité à améliorer l'image et l'estime de soi des enfants

4. La capacité à communiquer efficacement

5. La capacité à établir des liens significatifs

6. La capacité à utiliser des techniques d'intervention positives

7. La capacité à planifier, à organiser, à mettre en œuvre des activités de qualité et à les évaluer

8. La capacité à encourager le développement des habiletés et des compétences des enfants

9. L'habileté à stimuler le développement des qualités morales des enfants

10. La capacité à concevoir et à mettre en œuvre un système de sécurité

11. L'habileté à comprendre la dynamique d'un groupe

12. La capacité à réfléchir

13. La volonté d'apprendre

14. La capacité à faire preuve d'un esprit d'équipe

15. La capacité à comprendre l'importance de la collaboration des parents

16. La capacité d'ouverture à la communauté

17. La capacité à visualiser l'excellence

18. La capacité à s'engager à long terme dans cette profession

1. *L'aptitude à comprendre les enfants et leurs comportements*

S'approcher assez des enfants pour les rencontrer…
s'approcher des enfants sans les étouffer…
la distance convenable est sans cesse à inventer.

Auteur inconnu

Pour faire un travail efficace dans un SGMS, une éducatrice doit quotidiennement faire de l'observation participante, c'est-à-dire observer tout en étant dans l'action avec les enfants afin de savoir ce qui se passe et comment cela se passe. L'observation permet de détecter les étapes naturelles du développement de l'enfant. Elle aiguise la perspicacité qui aide à comprendre comment il s'efforce de former sa personnalité. Elle facilite la découverte des intérêts et des aptitudes de l'enfant et l'identification des troubles sociaux, affectifs ou psychomoteurs. L'observation permet aussi à l'éducatrice d'adapter ses interventions auprès des enfants. Elle identifie des pistes d'intervention qui l'amènent à utiliser des stratégies éducatives pour aider l'enfant à s'adapter à la réalité et ainsi lui permettre de diminuer la fréquence des comportements indésirables et d'augmenter les comportements positifs. De plus, l'observation procure à l'éducatrice une mine d'informations qui lui sont utiles dans ses rencontres quotidiennes avec les parents.

Comprendre un enfant signifie qu'on accepte qu'il puisse avoir agi pour une série de raisons, habituellement complexes. En ce sens, l'éducatrice comprend qu'il n'est pas productif d'attribuer une cause unique à un comportement particulier. Elle accepte qu'il puisse exister tout un tas de raisons pour l'expliquer. Par ailleurs, ces raisons ne sont pas toujours pertinentes. L'important, c'est d'aider l'enfant à faire face de façon positive à la situation et à devenir plus responsable.

2. *La capacité à placer l'enfant au centre des préoccupations*

> Parfois en regardant le fond d'un trou ou d'un puits, on peut voir des étoiles.
>
> Aristote

Une approche axée sur l'enfant place celui-ci au centre des préoccupations de l'éducatrice. Une des conditions importantes est la qualité de sa présence : prévenante et attentive à ce qui se passe, elle exprime des attentes claires et précises ; elle est là corps et âme ; les besoins de l'enfant passent avant les siens. Au lieu de dépenser de l'énergie à essayer de contrôler les enfants et à les inciter à faire ce que nous voulons, il est plus profitable de miser sur le développement de leurs talents, de leurs forces et de leur volonté afin qu'ils deviennent responsables de leur vie. Chaque enfant possède cette force de croissance et elle ne peut s'épanouir sans leur consentement.

3. *La capacité à améliorer l'image et l'estime de soi des enfants*

> Les enfants ne naissent pas avec une estime de soi bonne ou mauvaise ; ils se forment une image d'eux-mêmes basée largement sur la façon dont ils sont traités par les personnes importantes pour eux : parents, enseignants, éducatrices, pairs...
>
> Coopersmith

L'estime de soi repose sur plusieurs facteurs : physiques, car reliés à l'image que l'enfant a de lui-même ; psychologiques, car relatifs à la façon dont l'éducatrice et les autres enfants du groupe l'acceptent ; sociaux, car relatifs à la façon dont les autres échangent avec lui. L'enfant bâtit son estime de soi par l'image que lui renvoient les personnes qui sont importantes à ses yeux. L'aider à améliorer la représentation qu'il a de lui-même et à rehausser son estime de soi exige de la part de l'éducatrice une variété d'habiletés, autant théoriques que pratiques, telles une planification inventive d'activités, des techniques d'intervention pratiquées avec respect et la création de liens significatifs. Plusieurs des activités qui visent à relever l'image et l'estime de soi s'apprennent. Par exemple, une éducatrice peut acquérir la façon de profiter de toutes les situations pour provoquer un dialogue dans le but d'améliorer la personnalité de l'enfant. La connaissance et l'utilisation de ces habiletés sont essentielles à l'obtention d'un service de qualité.

Pour rehausser l'image et l'estime de soi d'un enfant, il faut, en tant qu'éducatrice, avoir confiance en soi et lui offrir un cadre de vie physique et émotif sécurisant. L'opinion qu'on a de lui est primordiale. Il est nécessaire d'avoir une opinion positive et de l'assurer qu'on l'accepte avec ses qualités et ses défauts. Il faut lui laisser la chance de faire de nouvelles expériences et croire en lui.

Au service de garde, il est important de créer un sentiment d'appartenance. Lorsque l'enfant sent qu'il fait partie intégrante d'un groupe, il apprend à se découvrir, à se fixer des buts en s'engageant dans divers projets, à relever des défis, à vivre des réussites et des échecs.

4. La capacité à communiquer efficacement

> Ta parole me construit
> ton silence me nourrit
> tout ce que tu dis m'invente
> parlez-moi.
>
> Gilles Vigneault

Il est important de préciser que bien des adultes ont besoin d'apprendre et de réapprendre la manière d'écouter les enfants et de leur parler. L'éducatrice doit travailler continuellement à améliorer sa façon d'entrer en relation avec les autres. La capacité à communiquer est essentielle si elle veut entretenir des relations harmonieuses avec ses collègues, les enfants et les parents. Et la capacité à communiquer comprend la capacité à écouter.

Écouter quelqu'un signifie être en mesure d'interpréter un message de la manière dont le locuteur veut qu'il soit compris. Directement liée à cette compétence se trouve l'habileté à vérifier si on a perçu correctement ou non une situation. Cela élimine le besoin de blâmer ou de faire honte à qui que ce soit et permet en outre d'ouvrir la négociation et de corroborer les faits.

Une autre habileté importante en communication, celle qui nous vient le plus souvent à l'esprit, est la capacité de s'exprimer clairement. L'éducatrice efficace envoie des messages compréhensibles. À cet effet, elle doit être en mesure de se représenter ce qu'elle veut communiquer. Elle doit oser demander, exprimer distinctement ses attentes et ses besoins.

5.   *La capacité à établir des liens significatifs*

> La plénitude de l'amour du prochain, c'est simplement être capable de lui demander quel est ton tourment ? Pour cela, il est suffisant, mais indispensable de savoir poser sur lui un certain regard.
>
> Simone Weil

William Glasser cite l'amour comme premier besoin fondamental de l'être humain. Selon lui, 90 pour cent des troubles de comportement chez les enfants seraient directement reliés à un manque d'amour. Pour créer des liens, il faut un minimum d'amour. Cela peut vouloir dire : je m'intéresse à toi, je partage des moments avec toi, je t'écoute, etc. Comment penser intervenir ou communiquer de façon efficace si je n'ai pas préalablement créé ce lien ?

Certaines personnes ont une facilité à agir avec autrui. Pour elles, il s'agit davantage d'une qualité personnelle que d'une capacité. Toutefois, dans le contexte d'un SGMS, établir des relations avec les enfants demande un certain savoir-faire. Prendre soin d'une personne qui n'est ni un parent ni un être cher exige une série d'habiletés particulières. Il existe des manières de penser et d'agir qui peuvent aider l'éducatrice à s'occuper des autres de façon appropriée et professionnelle.

La qualité du lien dépend de l'importance qu'elle y accorde. Plus elle aura une attitude positive et ouverte, plus elle développera des relations harmonieuses.

6.   *La capacité à utiliser des techniques d'intervention positives*

> Nous avons tous tendance à nous juger d'après nos bonnes intentions et à juger les autres à leurs actes.
>
> Auteur inconnu

Par définition, faire acte d'éducation auprès des enfants consiste à leur transmettre une bonne ligne de conduite, à leur apprendre à assumer les conséquences de leurs actions et à les amener à devenir autonomes et responsables. Pour mener à bien cette grande mission, l'éducatrice doit utiliser des techniques d'intervention (mesures correctives) susceptibles de produire des résultats positifs. Ces techniques visent à gérer les comportements et dépendent dans une large mesure des habiletés de communication de l'éducatrice. Elle doit clairement faire connaître ses attentes (ce qu'elle attend d'eux) aux enfants et les conséquences auxquelles ils s'exposent s'ils décident de ne pas les respecter.

L'intervention positive vise à aider l'enfant à s'aider lui-même en le stimulant, en le soutenant, et en le confrontant. En ce sens, il est important d'encourager les bons comportements plutôt que de souligner les écarts de conduite. Pour qu'une technique d'intervention soit efficace, il faut qu'un vrai dialogue puisse s'établir entre les enfants et l'éducatrice et cela exige souvent que cette dernière réagisse rapidement. L'éducatrice doit également pouvoir répondre aux questions et aux commentaires qu'un enfant soulève concernant les règles et les attentes.

7. *La capacité à planifier, à organiser, à mettre en œuvre des activités de qualité et à les évaluer*

La capacité à planifier et à organiser des activités de qualité est au cœur de l'intervention éducative et exige certaines compétences. Il est important de répéter qu'avant de planifier, il faut d'abord établir des objectifs. Une éducatrice efficace sait pourquoi il faut planifier un programme éducatif ; elle sait ce qu'elle veut accomplir. La planification du programme éducatif exige aussi des talents d'organisation. Il faut établir les horaires, allouer les ressources, faire les arrangements nécessaires, définir les tâches et affecter les personnes.

Le fait de mettre en œuvre le programme éducatif planifié (voir chapitre 8) demande aussi un ensemble de compétences :

– l'art d'attirer avec respect l'attention de l'enfant ;

– la capacité à concevoir des activités qui répondent aux besoins des enfants ;

– la capacité à donner le goût de participer aux enfants ;

– le talent pour trouver des façons créatives d'aider les enfants à se concentrer ;

– la capacité à mener les activités avec énergie, enthousiasme et imagination pour les rendre « magiques » ;

– la capacité à réagir rapidement, à évaluer les activités en cours et à les améliorer ou les annuler s'il y a lieu ;

– la capacité à évaluer le degré d'efficacité du programme éducatif au moment où il est mis en œuvre ;

– la capacité à établir des consignes, des attentes et des limites claires pour chaque activité et pour l'ensemble du programme ;

– la capacité à trouver des façons créatives permettant d'élaborer des activités et ainsi piquer la curiosité des enfants ;

– la capacité à amener les enfants à évaluer les activités.

8. La capacité à encourager le développement des habiletés et des compétences des enfants

Il est impossible de tirer sur l'herbe pour la faire pousser.

Proverbe irlandais

S'engager dans une activité, être prêt à y mettre du temps, avoir le sentiment d'être utile, se réaliser en accomplissant une chose qu'on aime faire ou à laquelle on accorde une grande importance sont les secrets pour accroître son sentiment de compétence. Pour amener l'enfant à prendre conscience de ses propres compétences, l'éducatrice doit d'abord l'observer dans son quotidien afin de découvrir ses forces, ses intérêts, ses goûts, ses désirs et ses aspirations et ensuite lui proposer des activités qui le pousseront à exploiter son potentiel, lui apprendront à se connaître, lui permettront de se réaliser, de se sentir important, d'avoir sa place et d'être l'objet de reconnaissance. Ainsi, il aura une meilleure perception de lui-même, puisqu'il aura appris à se connaître, à se découvrir à travers les autres par ses réalisations.

9. L'habileté à stimuler le développement des qualités morales des enfants

Éduquer un enfant, c'est s'offrir à lui en exemple.

Martin Gray

Le développement moral est cette dimension de la personnalité de l'enfant qui le motive à décider ce qu'il veut être. Plus il vieillit, plus il peut porter un jugement de valeur sur son comportement et décider ce qui est avantageux pour lui. Il est capable de participer aux décisions de son groupe et du service de garde. Il est en mesure de respecter les règles qu'il a lui-même établies. L'éducatrice doit l'amener à développer sa conscience en lui permettant d'entrer en contact avec lui-même. Il sera ainsi en mesure de se dominer pour contrôler ses comportements.

Pour encourager le développement des qualités morales, l'éducatrice doit elle-même faire preuve d'un degré élevé de conscience de soi, car son exemple parlera plus que ses paroles. Elle doit constamment faire l'inventaire de ses forces, de ses faiblesses, de ses objectifs personnels et des traits de caractère qu'elle considère devoir améliorer. Pour montrer aux enfants à être responsable, elle doit l'être elle-même. Pour enseigner le respect, elle doit se montrer respectueuse envers les autres. Si l'exemple donné par les adultes est positif, les enfants essaieront de les imiter.

L'éducatrice doit pouvoir créer un environnement physique et social qui stimule le développement des qualités morales. Les enfants doivent éprouver un sentiment de sécurité, se sentir acceptés comme membres à part entière du groupe. L'éducatrice doit aussi vanter les différences, accepter chaque enfant tel qu'il est et décourager les critiques et les commérages. Elle doit créer un environnement qui incite l'enfant à participer à la vie du service de garde. Pour ce faire, les enfants doivent avoir la latitude d'utiliser leur libre arbitre pour orienter leurs actions. Travailler ainsi avec les enfants, c'est leur apprendre à être responsables de leur comportement, à en assumer les conséquences et à en évaluer les réussites et les échecs pour continuer à apprendre.

10. La capacité à concevoir et à mettre en œuvre un système de sécurité

> Les enfants ont besoin de limites et de structures pour devenir autonomes. Loin de les traumatiser, ces règles sont des balises qui leur apportent confiance et sécurité. Vouloir une saine discipline pour nos enfants, c'est en fait une profonde marque d'amour.
>
> Jacqueline Simoneau, journaliste

S'occuper d'un groupe d'enfants est une responsabilité qui exige qu'une personne se soucie de leur bien-être et qu'elle prenne certains risques. Cela dit, l'éducatrice doit pouvoir mettre en œuvre un système pour assurer la sécurité des enfants. La sécurité est un processus continu qui oblige l'éducatrice à être vigilante et à toujours savoir ce qui se passe. Une éducatrice compétente a la capacité d'anticiper les problèmes et, donc, de planifier des stratégies afin de minimiser les dangers. Cette habileté s'acquiert par la formation et l'expérience. Le maintien d'un climat sain, positif et chaleureux constitue aussi un facteur sécurisant pour les enfants et le personnel. Enfin, qui dit sécurité dit prévention. Une éducatrice qui respecte les règles d'hygiène, qui s'organise pour que le matériel soit rangé, que les locaux soient en ordre et qui s'assure d'avoir toujours sous la main une trousse de premiers soins contribue à diminuer les risques.

11. L'habileté à comprendre la dynamique d'un groupe

> Entre les personnes, de même qu'entre les nations, le respect des droits de chacun est garant de paix.
>
> Bénito Juarez

Une éducatrice perspicace est capable de déceler les jeux d'influence à l'intérieur des groupes. Elle sait qui en est exclu, quel rôle chaque enfant choisit de jouer, quels rapports existent et la façon dont ces relations servent la structure du groupe.

Dans un groupe, qui prend les décisions et pour qui ? Cet aspect est fondamental pour comprendre les influences politiques du groupe : qui détient le pouvoir, comment les décisions se prennent-elles, quels traitements réserve-t-on à ceux qui s'opposent aux décisions ? La plupart des enfants de cet âge ont développé les capacités cognitives pour s'engager de façon significative dans le processus décisionnel, non seulement en ce qui concerne le choix d'activités, mais aussi dans l'élaboration de règles communes auxquelles ils se conformeront. L'éducatrice doit comprendre et accepter qu'une décision qui affecte le groupe constitue une décision démocratique et qu'il y a différentes façons de prendre ces décisions.

On observe cinq processus décisionnels à l'intérieur d'un groupe. Chacun est utilisé selon les circonstances.

FORME DICTATORIALE OU AUTOCRATIQUE

La dictature est la concentration du pouvoir entre les mains d'une seule personne. Les décisions qui affectent les enfants sont prises par elle, habituellement sans aucune consultation des autres membres du groupe.

L'avantage de ce type de direction est qu'elle permet une prise de décision rapide, ce qui est utile en cas d'urgence. Le désavantage est que les membres du groupe peuvent se sentir lésés et frustrés. De plus, comme ils sont étrangers à la décision, ils risquent de ne pas la respecter, ce qui nécessiterait des rappels à l'ordre et peut-être même des mesures coercitives. C'est la raison pour laquelle cette façon de procéder n'est pas efficace lorsqu'utilisée quotidiennement.

FORME OLIGARCHIQUE

L'oligarchie est un régime dans lequel le pouvoir appartient à un petit nombre de personnes qui prennent les décisions qui affectent le groupe. L'avantage de ce système est, comme ci-dessus, que la prise de décision est plus rapide, sauf qu'au moins quelques membres prennent part au processus décisionnel. Le désavantage réside dans le fait que seulement quelques enfants donnent leur opinion, laquelle n'est peut-être pas partagée par la majorité. Il n'est pas rare d'observer dans certains SGMS une éducatrice qui, de concert avec quelques enfants dotés d'une forte personnalité, utilise ce type de pouvoir. Dans un tel cas, la prétention selon laquelle l'idée vient de tous les enfants est trompeuse. En effet, qu'en est-il, à ce moment-là, de l'opinion du reste des enfants du groupe ?

FORME DÉMOCRATIQUE – LA RÈGLE DE LA MAJORITÉ

Dans ce type de gestion démocratique, les décisions importantes sont basées sur les résultats du vote du groupe. Elles peuvent aussi être adoptées par des représentants ou des comités dûment élus. Les avantages de la règle de la majorité sont liés au fait que chaque vote compte et que chacun peut faire connaître son opinion en tentant de modifier la décision finale. Le désavantage est que l'opinion de la minorité reçoit très peu de considération. La plupart des membres du groupe sont heureux, mais il se peut que le reste des personnes, dans une proportion pouvant aller jusqu'à 49 pour cent, désapprouvent la décision et ne se sentent pas liées par elle.

FORME DÉMOCRATIQUE – LA RECHERCHE DE CONSENSUS

La recherche du consensus est une forme de gestion encore plus démocratique que la précédente. Selon ce modèle, il faut sonder l'opinion de tous les membres du groupe et ensuite s'efforcer de trouver des solutions satisfaisantes pour tous. L'avantage est que chaque membre du groupe est partie prenante de la décision et se sent écouté. Le désavantage est que ce processus est très exigeant en temps et en énergie et que des compromis sont habituellement nécessaires.

Dans l'ensemble, ce type de gestion est celui qui s'avère le plus efficace avec un groupe d'enfants matures. Il est bien certain que les enfants ont besoin d'une période d'entraînement pour être en mesure de participer au processus de façon active et significative. Mais les résultats transcendent les efforts.

FORME « LAISSER-FAIRE »

La politique de laisser-faire consiste à exercer peu ou pas de contrôle sur les membres du groupe. Les décisions, le cas échéant, se prennent naturellement sans qu'elles ne fassent l'objet de discussion précise.

L'avantage de ce modèle est que les enfants ne sont contraints d'aucune façon et qu'ils passent presque tout leur temps à faire exactement ce qu'ils veulent. L'envers de la médaille, bien sûr, est que ce type de gestion peut mener à l'anarchie et que les choses peuvent se détériorer très rapidement s'il n'existe aucun mécanisme visant à protéger les droits individuels de chacun.

12. *La capacité à réfléchir*

Le long de mon chemin
J'en ai vu de toutes les couleurs
Mais je n'ai pas été au fond de moi
Je veux aller aux antipodes de moi-même
Chercher mes quatre vérités
Je veux connaître les passions les plus extrêmes
M'y perdre pour mieux m'y retrouver.

Luc Plamondon

L'éducatrice en pleine action doit penser de façon cohérente et pragmatique et être en mesure de prendre des décisions rapidement. Pour ce faire, elle doit :

- Penser en termes d'objectifs. Elle doit être capable de considérer les raisons pour lesquelles le programme éducatif existe (la finalité) et d'évaluer les activités et les structures (les moyens) pour s'assurer qu'elles atteignent les objectifs.

- Arriver, dans le feu de l'action, à prendre des décisions qui reflètent dans la pratique, spontanément et d'une manière cohérente, ses valeurs personnelles dans le respect de la philosophie du programme éducatif du SGMS.

- Être dotée d'une présence d'esprit afin de réagir avec sang-froid dans les situations d'urgence. Le bien-être et peut-être même la vie des enfants peuvent être menacés. L'éducatrice doit éviter de céder à la panique ; elle doit penser clairement et réagir rapidement et efficacement.

- S'observer dans sa pratique, trouver une nouvelle façon d'évaluer ce qu'elle fait, de réfléchir en cours d'action. Comme il n'y a pas d'action sans risque, une seule intervention peut menacer son propre équilibre, l'amener à interroger son cadre de référence, questionner ses habitudes. Réfléchir en cours d'action signifie aussi remarquer de quelle façon elle agit, identifier les failles, évaluer les résultats pour en arriver à modifier, au besoin, sa façon de faire. En prenant l'habitude de s'auto-évaluer en cours d'action, l'éducatrice en arrive à pouvoir prendre rapidement des décisions, à s'adapter continuellement et à se fier davantage à son intuition dans sa vie professionnelle. Elle arrive ainsi à théoriser sa pratique.

- Être capable de retourner périodiquement à son histoire personnelle. L'éducatrice qui fait acte d'éducation auprès des enfants a tendance à répéter les modèles qu'elle a eus sous les yeux lorsqu'elle était enfant, qu'ils aient été positifs ou non. Elle répète aussi des modèles d'autorité, car la soumission à cette autorité garantit une protection efficace contre le danger pulsionnel. Réfléchir à sa vie professionnelle tout en tenant compte de son histoire personnelle lui permet de mieux comprendre ce vers quoi elle veut aller. L'éducatrice doit sans cesse utiliser une démarche constructive de croissance personnelle et professionnelle en faisant une constante remise en question. Cette démarche intuitive est susceptible d'amener des changements sur le plan professionnel et d'avoir des répercussions sur sa vie personnelle.

13. *La volonté d'apprendre*

> Cela veut dire que celui qui étudie doit s'enseigner lui-même.
>
> Shunryu Suzuki

L'éducatrice doit être disposée à apprendre. Plusieurs sources lui sont offertes :

- Elle peut apprendre des enfants. Ils peuvent lui montrer de nouvelles activités, de nouvelles idées de fonctionnement, de nouvelles façons de communiquer et d'autres manières d'être heureuse et enthousiaste.

- Ses collègues peuvent lui montrer de nouvelles techniques d'intervention afin de mieux gérer les comportements, lui fournir de nouvelles idées d'activités, la possibilité d'explorer d'autres valeurs, lui apprendre à apprécier ses réussites et à partager ses expériences.

- Les parents peuvent lui communiquer des renseignements utiles sur l'enfant et sur son bagage culturel. Elle peut apprendre, comprendre et respecter diverses dynamiques familiales. Les parents peuvent lui dévoiler ce qu'ils ont appris en matière d'éducation des enfants grâce aux médias, à des cours ou à leur expérience personnelle.

- Les cours de formation, ateliers, colloques, comités de travail, les livres et les vidéos peuvent constituer une source infinie d'information sur les services de garde, les pratiques éducatives et les relations interpersonnelles.

- Son travail lui-même peut lui apprendre à mieux se connaître. En fait, tout ce qu'elle fait peut se transformer en stratégie d'apprentissage. Son action devient une sorte d'expérimentation. Ce métier peut lui révéler de nouveaux renseignements concernant ses valeurs personnelles et peut l'amener à réfléchir sur ce qui est vraiment important pour elle. Elle peut découvrir ce qui est vrai et valable dans la vie. Ce qu'elle découvre sur elle-même et par elle-même constitue peut-être l'informations qui lui permettra d'évoluer, de s'acquitter efficacement de son rôle et de faire face à la vie.

- L'écriture lui permettra d'approfondir sa connaissance d'elle-même. Le fait de tenir un journal constitue une bonne habitude à prendre. André Paré (1984), dans son ouvrage sur le journal de bord, indique que l'écriture est comme un moyen de communication avec soi-même. Il explique que nous essayons toujours de rendre par des mots ce que nous percevons dans la réalité. Nous tentons également de traduire ce que nous éprouvons ainsi que les relations que nous avons développées avec les êtres, les choses et les événements. L'observation de soi et l'écriture permettent de regarder et d'analyser ce qui se passe en soi et autour de soi. La réflexion se modifie, puisque l'éducatrice devient plus attentive à ce qui se passe et ce temps d'arrêt permet d'élargir les sens, de regarder les choses sous un angle différent et d'adopter une nouvelle perspective. L'écriture permet aussi de théoriser son action éducative.

Pour arriver à bien faire ce travail, l'éducatrice doit constamment se remettre en question et se demander : Qu'est-ce que je fais ? Est-ce que cela fonctionne ? Comment puis-je faire mieux ? Celle qui a cette attitude considère que son travail est une mine de questions, d'apprentissage et de matière à réflexion qui lui permet de se développer professionnellement et personnellement. Alors que nous nous sentons à l'aise d'utiliser des activités et des stratégies familières, les gens qui sont toujours en quête de nouvelles choses à apprendre ont besoin de prendre des risques et d'essayer de nouvelles expériences. Ils apprennent autant de leurs erreurs que de leurs succès. Les communications et les activités ratées ne devraient pas être rejetées du revers de la main ou oubliées rapidement, elles devraient plutôt être analysées afin de voir comment les améliorer à l'avenir.

14. La capacité à faire preuve d'un esprit d'équipe

> Il existe trois grandes manières d'aborder la conduite de ses relations avec les autres. La première consiste à ne tenir compte que de soi-même et à marcher sur les pieds des autres. La deuxième, à s'effacer sans cesse devant les autres. La troisième (et celle-là vaut son pesant d'or), à penser d'abord à soi tout en tenant compte des autres.
>
> Joseph Wolpe

L'éducatrice qui possède un esprit d'équipe a la capacité de travailler en harmonie avec les autres vers la réalisation d'un objectif commun. La capacité de travailler effectivement avec les autres peut être décelée à travers une série d'habiletés qui peuvent s'acquérir. Un personne ayant l'esprit d'équipe peut :

- comprendre les objectifs du groupe ;
- comprendre et respecter les vues des autres membres de l'équipe ;
- communiquer ses idées et ses opinions clairement et avec respect ;
- organiser les pensées et les actions des gens et les diriger ;
- travailler fort pour atteindre un but.

On peut toujours compter sur la collaboration constructive d'une personne qui a l'esprit d'équipe lorsqu'il y a du travail à faire. Elle ne manque jamais de partager les mérites et les louanges avec les personnes qui y ont droit. Elle a une vision claire de ce que le groupe dans son ensemble essaie d'accomplir. Elle se fait un point d'honneur d'apprendre des autres. Elle recherche le consensus du groupe et accueille avec respect les différences d'opinions.

15. *La capacité à comprendre l'importance de la collaboration des parents*

Comme nous le verrons dans le chapitre suivant, l'un des facteurs favorisant la qualité d'un SGMS est sans contredit l'engagement actif des parents dans les affaires courantes du service de garde. L'éducatrice doit connaître les préoccupations, les espoirs et les rêves que les parents entretiennent pour leur enfant. Elle doit découvrir le genre de relations qui existent entre l'enfant et sa famille. Elle doit aussi connaître les valeurs importantes et les traditions familiales et culturelles, spécialement en ce qui concerne la façon d'éduquer les enfants. Les enfants n'évoluent pas dans un vide ; chacun entretient des relations importantes avec les membres de sa famille, lesquelles doivent être prises en considération par l'éducatrice. Les efforts de cette dernière n'auront pas d'effets durables s'ils ne sont pas soutenus par la famille.

Les éducatrices qui considèrent que la collaboration des parents est primordiale rechercheront leur opinion et travailleront en coopération avec eux dans le meilleur intérêt des enfants. Ce meilleur intérêt sera défini grâce à un dialogue de plus en plus fréquent entre les enfants, les parents et les éducatrices.

16. *La capacité d'ouverture à la communauté*

L'ouverture à la communauté, c'est d'abord faire connaître le service de garde auprès des parents et des enfants de l'école. C'est aussi participer à sa promotion dans sa propre école d'abord, puis auprès des autres SGMS par la diffusion des activités et des expériences heureuses du service. Ainsi, en se faisant connaître à l'intérieur comme à l'extérieur de son service, c'est toute la communauté qui, au fil des événements et des années, découvrira et comprendra davantage toute la mission du service de garde en milieu scolaire auprès des enfants, des familles et de la société. N'oublions pas que ce rôle est encore ignoré par bon nombre de personnes pour qui l'éducation reste une affaire de scolarité.

17. *La capacité à visualiser l'excellence*

> De vos maîtres, exigez l'exigence.
>
> Gilles Vigneault

Il est indispensable pour l'éducatrice d'avoir une idée claire de ce qu'elle veut accomplir en matière de planification d'activités en lien avec le programme, de relations interpersonnelles et de techniques d'intervention. Cette vision constitue une représentation mentale de la philosophie de l'éducatrice.

Le programme éducatif du SGMS représente les choix philosophiques qui conduisent à l'atteinte des meilleurs objectifs. Les éducatrices doivent posséder une vision de ce qu'elles veulent créer, décider ce qui vaut la peine d'être réalisé et ensuite travailler durement à actualiser cette vision.

18. *La capacité de s'engager à long terme dans cette profession*

> Ce n'est pas parce que les choses sont difficiles que nous n'osons pas, mais c'est parce que nous n'osons pas qu'elles sont difficiles.
>
> Sénèque

Pour devenir une professionnelle engagée, l'éducatrice doit être capable de voir au-delà de sa description de tâche et d'établir des relations interpersonnelles significatives, de concevoir des programmes éducatifs créatifs, d'acquérir des techniques d'intervention respectueuses des enfants, etc. Avoir de grands idéaux, des attentes positives élevées, faire des choix respectueux et travailler fort pour atteindre ses objectifs, voilà l'essence même d'une personne engagée professionnellement. Heureusement qu'il existe des professionnelles dans le domaine de l'éducation qui font preuve d'un certain zèle parce qu'elles croient fortement à l'importance de leur rôle.

Philippe Perrenoud parle de « professionnalisme ouvert » quand l'éducatrice est au centre du processus d'amélioration de la qualité de son service de garde et, par le fait même, de l'éducation, particulièrement en ce qui concerne la prise en charge de sa propre formation continue, de ses capacités à analyser son expérience et son fonctionnement personnel et professionnel. Par conséquent, l'engagement professionnel est-il important ou même nécessaire à la survie de certaines personnes ? S'engager, se donner entièrement, c'est bien. Cependant, il faut être attentif à soi-même afin d'éviter de devenir blasé, de perdre le plaisir d'être avec les enfants et de cesser d'aimer son travail. Il vaut mieux essayer de se réaliser en se donnant les moyens de le faire sans s'épuiser.

QUESTIONS DE RÉVISION

1. Expliquez l'effet que peut avoir une relation significative sur l'enfant et sur le groupe.

2. Quels sont les bénéfices de travailler dans une profession dont la tâche est éducative ? Quelles en sont les limites ?

3. Décrivez dans vos mots les concepts suivants : authenticité, respect inconditionnel, empathie.

4. Choisissez une personne qui a eu une influence marquante dans votre vie. Énumérez les caractéristiques et les gestes de cette personne qui ont exercé une influence déterminante dans l'acquisition de vos valeurs.

5. Que veut dire l'énoncé : « Dans un SGMS de qualité, ce que vous êtes est aussi important que ce que vous faites. » Êtes-vous d'accord avec cette affirmation ?

6. Allez faire un stage d'observation dans un SGMS durant une heure ou deux. Décrivez trois situations où l'éducatrice communique avec les enfants. Commentez une situation où les compétences de communication laissent à désirer. Comment cette situation aurait-elle pu être traitée autrement ?

7. Que signifie la phrase : « Chaque groupe d'une société, chaque groupement possède ses jeux d'influence. » De quelle façon cette idée peut-elle être utile dans un SGMS ?

8. Pourquoi un apprentissage continu et un investissement personnel dans son propre développement professionnel sont-ils si importants pour rendre l'éducatrice plus compétente dans son travail ?

CHAPITRE 3

Les adultes gravitant autour d'un service de garde en milieu scolaire

DIANE BERGER

OBJECTIFS

- Décrire le milieu de garde et sa mission.

- Identifier les structures sociales de ce milieu de vie et les rôles de chacun des intervenants.

- Insister sur l'importance de la concertation entre les intervenants scolaires et de la cohérence entre les activités.

- Démontrer l'efficacité de la participation des parents.

- Préciser les conditions essentielles afin de créer un climat de confiance et de collaboration.

- Définir les facteurs interpersonnels, organisationnels, culturels, etc., qui facilitent la communication, la coopération, la confiance et l'utilisation des ressources de chacun à l'intérieur d'un groupe.

L'enfant d'âge scolaire peut passer jusqu'à onze heures par jour à l'école. En plus de son père, de sa mère ou, encore, du conjoint de sa mère ou de l'amie de son père, il côtoie durant sa journée une foule d'autres adultes : les éducatrices du service de garde, l'enseignante de sa classe, le professeur d'éducation physique, le spécialiste de la musique, etc. Il peut aussi avoir affaire au concierge, à la secrétaire, à l'orthopédagogue, au directeur d'école, à une enseignante substitut, à une stagiaire, etc.

L'objectif de ce chapitre consiste à démontrer l'importance de la concertation et de la collaboration entre les divers intervenants et spécialement entre les éducatrices, les enseignants et les parents.

3.1   LES PARENTS

Les parents[1] sont les premiers éducateurs des enfants. Quel que soit le type de service de garde utilisé (centres à la petite enfance en installation ou en milieu familial ou les services de garde en milieu scolaire), les éducatrices deviennent leurs partenaires dans l'éducation de leurs enfants. Par la suite, ce partenariat se poursuit avec les enseignants, le personnel spécialisé et les éducatrices en services de garde en milieu scolaire. On peut déduire de ce qui précède que la qualité de la relation entre parents et éducatrices est une nécessité absolue pour les familles.

Le service de garde en milieu scolaire répond aux besoins des parents utilisateurs bien que les horaires de l'école et du monde du travail ne soient pas toujours compatibles. Il contribue aussi à l'apprentissage scolaire des enfants et facilite la tâche des familles, particulièrement celle des familles monoparentales, qui représentent de nos jours un bon pourcentage des ménages québécois.

---

1. Lorsqu'on parle du parent, il peut s'agir des deux ou d'un conjoint ou, encore, du détenteur de l'autorité parentale.

ENCADRÉ 3.1 • LE CADEAU IDÉAL POUR UN ENFANT

J'ai parcouru plusieurs kilomètres pour trouver le cadeau parfait pour mon enfant. Après deux longues soirées, fatigué, j'ai pensé lui demander ce qu'il voulait. Voici la liste des cadeaux qu'il m'a suggérés :

J'aimerais être Félix, notre petit chat, pour être moi aussi pris dans les bras chaque fois que vous revenez à la maison.

J'aimerais être un baladeur pour me sentir parfois écouté par vous deux, sans aucune distraction, n'ayant que mes paroles au bout de vos oreilles fredonnant l'écho de ma solitude.

J'aimerais être un journal pour que vous preniez un peu de temps chaque jour pour me demander de mes nouvelles.

J'aimerais être une télévision pour ne jamais m'endormir le soir sans avoir été au moins une fois regardé avec intérêt.

J'aimerais être une équipe de hockey pour toi papa afin de te voir t'exciter de joie après chacune de mes victoires et un roman pour toi maman afin que tu puisses lire mes émotions.

À bien y penser, je n'aimerais être qu'une chose, un cadeau inestimable. Pour vous deux. Ne m'achetez rien ; permettez-moi seulement de sentir que je suis votre enfant.

Journal *L'Écho de la Tuque*

La réalité d'être parents

Se lever en coup de vent, préparer le déjeuner, les boîtes à lunch, faire les lits, vérifier le linge des enfants, ramasser ce qui traîne, reconduire les enfants au service de garde, se précipiter en catastrophe au travail, supporter l'embouteillage, vivre son quart de travail, se faire réprimander par son patron ou ses collègues, penser au souper, retourner à la maison et subir une autre fois l'heure de pointe, passer à l'épicerie puis au service de garde pour récupérer les enfants, faire le souper, la vaisselle, faire faire les devoirs et les leçons, faire prendre les bains, préparer les enfants au dodo, faire une brassée de lessive. Voilà une journée type dans la vie de nombre de parents. Debout très tôt, ils terminent leur journée souvent très tard. Constamment tiraillés entre le désir de réussir leur vie professionnelle ou de gagner leur pain et celui d'avoir une vie familiale de qualité, les parents, surtout les femmes, arrivent difficilement à concilier les deux. Cette réalité s'avère encore plus criante pour une famille monoparentale.

Si l'on tient compte également des difficultés souvent vécues par le couple, qu'elles soient financières, psychologiques (mésententes conjugales, séparations, reconstitution,) ou professionnelles (pertes d'emploi, conditions de travail insatisfaisantes, etc.), être parent tient parfois du prodige.

Dans tout ce tourbillon quotidien, un parent risque de s'oublier ou de se perdre, mais s'il oublie ou néglige son enfant, il risque de le perdre aussi. Comment tout privilégier ? L'éducatrice d'un service de garde en milieu scolaire doit être très sensible à cette réalité.

Le manque de participation des parents : préjugé ou réalité ?

Même si confier à d'autres le soin et le développement de son enfant n'est pas chose simple, les statistiques nous indiquent que le taux de participation est plus élevé à l'éducation préscolaire qu'au primaire ou qu'au secondaire et que plus l'enfant est jeune, plus les parents collaborent. À cet égard, on peut se demander pourquoi la participation des parents diminue au fur et à mesure que l'enfant grandit. Est-ce parce que l'enfant devient plus autonome, par désintérêt ou par manque de temps de la part des parents ?

En termes de fréquence de contacts avec les parents, les éducatrices en SGMS détiennent un avantage certain par rapport aux enseignants, puisque les parents doivent généralement reconduire et chercher leur enfant tous les jours.

Il peut arriver que l'école soit mal perçue par les parents. Certains d'entre eux pour qui elle a été une expérience douloureuse auront besoin d'apprendre à la considérer différemment à travers leur enfant, et le service de garde peut les aider en ce sens. Les éducatrices doivent aussi être sensibilisées à cette réalité. C'est en créant des liens de confiance avec les parents, en établissant une communication de qualité, en tenant compte de leur réalité et en exploitant leur potentiel que les éducatrices obtiendront leur collaboration.

ÉLÉMENTS DE RÉFLEXION

Les éducatrices du SGMS ont la responsabilité de favoriser les contacts entre elles et les parents. C'est à elles de mettre en œuvre des mécanismes qui vont établir la communication et stimuler la collaboration des parents.

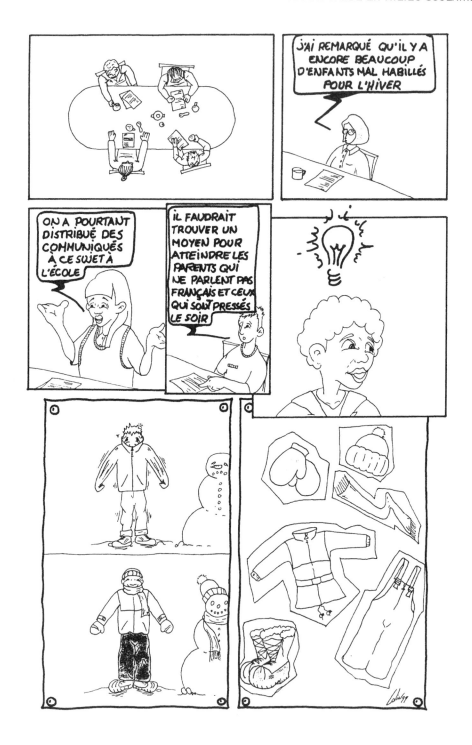

L'encadré 3.2 présente quelques moyens pour développer des liens avec les parents de son groupe.

ENCADRÉ 3.2 • STRATÉGIE POUR SUSCITER LA PARTICIPATION DES PARENTS

- Accueillir chaque parent lorsqu'il arrive au service de garde : lui sourire, lui porter une attention particulière, engager la conversation de manière respectueuse.
- Lui faire savoir qu'il est le bienvenu en l'invitant à entrer dans le local, à regarder, mieux encore, à comprendre ce que l'enfant, le groupe et l'éducatrice font. Demander aux enfants de montrer leurs réalisations à leurs parents quand ceux-ci arrivent afin qu'ils prennent le temps d'entrer dans le local.
- Lui parler de son enfant de façon positive, lui raconter un fait intéressant de la journée.
- Être à l'écoute des parents en faisant preuve de compréhension et d'ouverture d'esprit.
- Accueillir leurs suggestions positivement.
- Avoir le souci de les motiver, de les encourager, de les valoriser, si besoin est.
- Insister et persévérer lorsque le parent semble moins intéressé.

L'enfant a besoin de sentir qu'il existe une complicité entre ses parents, son éducatrice, son enseignant et lui-même. Il a besoin de contacts chaleureux, de l'appui et de l'attention des adultes qui ont de l'importance dans sa vie afin de se construire une identité forte et de cheminer vers de nouvelles expériences. Il a besoin de sentir qu'il a créé des liens avec les adultes : c'est la base de l'estime de soi. Il a aussi besoin de sentir que tous ces partenaires (parents, éducatrices, enseignants, etc.) sont les « accompagnateurs » de son cheminement. Il a besoin de « personnes adultes importantes » autour de lui, qui soient capables de le guider, de le soutenir, de le réconforter et même de le protéger au besoin. Lorsque les interventions de ces personnes vont dans le même sens (entraînant une cohérence éducative), l'enfant ne pourra faire autrement que de solidifier sa confiance de base et d'évoluer de façon forte et harmonieuse.

3.1.1 SAVOIR CRÉER UN CLIMAT DE CONFIANCE ET DE COLLABORATION DANS LE RESPECT

L'éducatrice doit d'abord prendre conscience de ses propres attitudes lorsqu'elle communique avec les parents et comprendre qu'elles peuvent influencer ses interventions. Il faut aussi qu'elle apprenne à découvrir les attentes, les besoins des parents à l'égard du service de garde. Le climat de confiance et de collaboration entre les intervenants se tisse chaque jour (encadré 3.3).

ENCADRÉ 3.3 • MOYENS POUR CRÉER UN CLIMAT DE CONFIANCE ET FACILITER LA COLLABORATION ENTRE LES INTERVENANTS

- Installer un babillard à l'entrée du service de garde à l'intention des parents. Y afficher toutes sortes d'informations, par exemple, l'apparition des poux à l'école et les mesures à prendre, la feuille d'inscription pour la prochaine journée pédagogique ou un article intéressant tiré d'une revue traitant des bienfaits de la discipline chez les enfants, une liste d'activités à faire en famille durant les vacances, etc. Un coin du babillard doit être réservé exclusivement aux messages destinés aux parents. Il doit être clairement identifié et les parents doivent en être informés.

- Interroger les parents par écrit afin de savoir s'ils sont au courant de ce que leur enfant vit au service de garde. Faites de même avec les éducatrices afin de vérifier ce qu'elles savent de la vie de l'enfant à la maison. Ces questionnaires constituent une excellente façon de vérifier les savoirs communs des parents et des éducatrices et permettent d'effectuer des ajustements des deux côtés[2].

- Annoncer régulièrement par écrit les projets, activités ou journées spéciales.

- Créer un journal du service de garde. Inviter les parents à rédiger une chronique ou à soumettre des articles sur toutes sortes de sujets : humour, art culinaire, littérature, art, activités, spectacles ou films. Faire une place aux œuvres artistiques des enfants comme leurs dessins, leurs mots d'esprit, leur poésie, etc.

---

2. On trouvera des exemples de questions dans la collection Diffusion, volume 2, *Programme d'intégration éducative. Famille-garderie*, Isabelle Falardeau et Richard Cloutier, 1986, édité et distribué par l'OSGE, p. 120-121 et 124, ISBN : 2-550-16248-X.

Cette publication permet de diffuser des renseignements importants : l'annonce des journées pédagogiques et des activités ou projets à venir, les comptes rendus des réunions du comité consultatif et des assemblées générales, les décisions importantes concernant le service de garde adoptées par le conseil d'établissement, etc. La fréquence de publication peut dépendre des besoins ou des artisans du journal, lequel peut également être déposé dans le casier de chacun des enseignants de l'école. L'information circulera.

- Dans un même ordre d'idées, si l'école possède déjà sa propre publication, le service de garde pourra réserver un espace afin d'informer régulièrement tous les enseignants, les élèves et leurs parents au sujet des activités du service.

- Faire connaître les projets réalisés au service de garde, qu'il s'agisse d'une pièce de théâtre, d'un spectacle, d'un film, d'une exposition, etc. Pour ce faire, on peut se servir des journaux locaux en écrivant un court article résumant l'activité en question et en insistant pour que le photographe soit présent le jour de l'événement. Inviter aussi les parents, l'école, la communauté à assister à l'événement. Tout le monde sera alors au courant et les enfants seront ravis de se retrouver dans le journal. La profession en sera par le fait même valorisée.

- Organiser des conférences avec des personnes-ressources sur des sujets susceptibles d'intéresser les parents (l'intervention auprès des enfants, le langage agressif, la sexualité, le développement de l'enfant) ; organiser des rencontres où les membres du service de garde présentent et expliquent leurs modes d'intervention. Les parents qui ont peu de modèles de référence et qui s'interrogent sur la façon d'éduquer leur enfant ou qui ont simplement besoin d'être rassurés apprécieront ce genre d'activités qui leur fournira une occasion de comparer leurs compétences parentales avec d'autres mères et d'autres pères. Ainsi, ils pourront vérifier s'ils couchent leur enfant à la bonne heure, s'ils sont trop permissifs ou trop sévères, etc.

- Inviter les parents à participer en leur demandant d'animer des activités pour les enfants, activités choisies en fonction des intérêts et des compétences des parents. Par exemple, un papa vétérinaire peut venir parler des animaux domestiques, un parent qui revient de voyage peut animer un diaporama sur le pays qu'il a visité (ce qui pourrait donner lieu à un projet ultérieur), une mère pourrait venir présenter son nouveau-né et en profiter pour raconter la naissance de son enfant qui fréquente le SGMS. Cette forme de participation contribue à créer des liens entre l'enfant, son parent, l'éducatrice et le groupe.

- Organiser des fêtes familiales permettant à toutes les familles utilisatrices du service de garde de célébrer une occasion spéciale : un souper familial durant le temps des fêtes avec la visite du Père Noël et un spectacle ou, encore, un souper communautaire en plein air pour clôturer la fin de l'année scolaire et l'arrivée de l'été. Le service de garde peut aussi faire appel à des animateurs ou à des personnes-ressources de l'extérieur pour amuser les enfants et permettre aux éducatrices et aux parents de causer à la fin du repas. Il est intéressant pour l'éducatrice de pouvoir discuter avec les parents dans un cadre différent de celui du SGMS. C'est également une occasion pour certains parents d'observer comment d'autres parents agissent avec leur enfant.

- Prévoir, au début ou à la fin de l'année scolaire, des assemblées générales à l'intention des parents au cours desquelles on présentera d'abord le personnel éducateur et son rôle, le programme éducatif de l'année, le compte rendu des comités consultatifs de parents, les explications du fonctionnement du service de garde, etc. Pour inciter davantage les parents à assister à ces assemblées, on pourra :

  - offrir le service de garde ; les enfants sont invités à venir en pyjama avec leur peluche ou doudou préféré (pour les plus petits) pour visionner un bon film, maïs soufflé fourni ;

  - avoir de petites attentions spéciales comme servir des rafraîchissements, du café, des biscuits, etc. ;

  - prévoir durant l'assemblée un temps de discussion, de partage ou de questions ;

  - présenter aux parents à une assemblée de fin d'année un document audiovisuel montrant les activités vécues au service de garde durant l'année. On s'assurera que chaque enfant inscrit figure dans ce document.

3.1.2 Savoir créer des liens avec les parents et les entretenir

Une fois que le climat de confiance et de collaboration est établi, il faut penser à maintenir ces liens avec les parents pour pouvoir aller plus loin et conclure des ententes éducatives : une sorte d'accord convenu entre les parents et les éducatrices concernant la façon d'agir auprès de l'enfant, les buts poursuivis et les moyens à prendre.

La communication ne se fait pas uniquement avec des mots : l'attitude générale est très importante quand on a le souci de bien communiquer. C'est la raison pour laquelle il demeure important pour une éducatrice de s'observer, de s'interroger, de s'analyser pour parfaire ses aptitudes de communication.

3.1.3   STRATÉGIES POUR FAVORISER UNE BONNE COMMUNICATION AVEC LES PARENTS

Malheureusement, les rencontres avec les parents ont lieu le plus souvent lorsqu'il y a un problème. Nous pensons rarement à organiser des rencontres simplement pour parler de ce qui va bien. L'éducatrice qui communique quotidiennement avec les parents peut insister sur ce qui suit :

• Mentionner avec qui l'enfant a joué durant la journée.

• Relater ce qu'il a fait de bien durant la journée, par exemple l'histoire rigolote qu'il a racontée à l'éducatrice, le service qu'il s'est empressé de rendre, la nouvelle habileté qu'il a réussi à maîtriser, etc.

Parmi les problèmes qui risquent d'être soulevés avec les parents, mentionnons les comportements indésirables répétés d'un enfant à l'égard de l'éducatrice ou des autres enfants, les insatisfactions et les critiques des parents par rapport au service de garde ou à l'école, les problèmes familiaux, pour ne citer que ceux-là.

> Le conflit est généralement positif, souvent créateur, presque toujours indispensable ; cependant, il n'est vraiment constructif que dans la mesure où les gens qui le vivent savent être des communicateurs efficaces.
>
> P.F. Drucker

UNE BONNE PRÉPARATION FAVORISE LE SUCCÈS D'UNE RENCONTRE

Lorsqu'un problème survient, il est bon d'attendre le moment opportun pour en discuter avec le parent. Il est déconseillé de le rencontrer tout de suite après un incident alors que la tension est encore forte entre l'enfant et l'éducatrice. De même, les tentatives pour essayer de régler le cas dans le cadre d'une porte au moment où, pressé, il vient chercher son enfant en fin de journée sont souvent vouées à l'échec. Ainsi, il est préférable de signaler au parent que vous aimeriez prendre un rendez-vous à un moment qui lui convient. Voici donc quelques conseils pour assurer le succès de chacune des étapes de la rencontre.

A) La préparation

- Décidez quelles sont les personnes qui doivent y assister. Outre le parent (ou les deux, selon le cas), peut-être jugerez-vous important que la responsable, d'autres éducatrices, d'autres enseignants ou même un membre de la direction participent à la rencontre. Il est bon de se demander si la présence de l'enfant est requise.

- Prenez un rendez-vous avec chacune des personnes dont vous souhaitez la présence et précisez l'objet de la rencontre.

- Trouvez un endroit propice, loin du bruit, des distractions, des interférences, des va-et-vient continuels. Un endroit aménagé adéquatement, bien aéré, avec un nombre suffisant de chaises placées de façon à favoriser les échanges.

- Déterminez le rôle que vous attribuerez à chaque intervenant durant la rencontre, c'est-à-dire qui sera chargé d'animer, de prendre des notes, d'assurer le suivi.

- Pensez à dresser la liste de vos observations (des faits observables et mesurables) ainsi que celles des autres intervenants, s'il y a lieu.

- Préparez vos questions.

- Faites le plan de la rencontre :

  - les présentations ;

  - la durée ;

  - la raison et les buts poursuivis ;

  - le contenu ;

  - la recherche d'une solution acceptable.

B) L'accueil du parent

- Saluez-le chaleureusement.

- Placez-vous près du parent à qui vous désirez parler ou que vous voulez écouter.

- Adoptez un ton doux et chaleureux.

- Faites les présentations.

- Mettez le parent à l'aise :
    - évitez de le juger ;
    - faites-lui confiance ;
    - privilégiez l'écoute ;
    - montrez-lui que ce qu'il dit est important.
- Précisez l'objet de la rencontre :
    - faites part de vos objectifs et transmettez les messages essentiels ;
    - soyez bref (les explications très longues ennuient les gens et les rendent impatients) ;
    - soyez concis et clair, cela évitera de vous éloigner du sujet.
- Une fois les objectifs connus, assurez-vous que le parent est d'accord pour poursuivre.

C) Le déroulement de la rencontre

Lorsque vous êtes prêt à aborder le problème, il est important non seulement de bien choisir vos mots, mais aussi d'adopter une attitude ouverte et empathique.

ENCADRÉ 3.4 • LANGAGE À ADOPTER ET ATTITUDES À PRIVILÉGIER LORS DE LA RENCONTRE

• Faites part de vos observations : tenez-vous-en aux faits, décrivez les comportements observés.	• Soyez à l'écoute de vous-même et aussi du parent ; décodez son langage. • Soyez attentif à ses efforts pour vous comprendre. • Soyez authentique : exprimez clairement ce que vous vivez et soyez honnête. • Parlez en votre nom. Prenez la responsabilité de vos dires en utilisant le pronom « je ».
• Informez-vous du comportement à la maison et parlez en termes positifs de l'enfant.	• Posez des questions constructives en amenant le parent à s'exprimer toujours en termes factuels. • Résumez le message ou utilisez la reformulation pour vous assurer que vous comprenez et pour montrer que vous écoutez. • Manifestez de l'empathie envers le parent. • Laissez-lui le temps de réagir et de préciser ce qu'il ressent.
• Recherchez ensemble les causes possibles du comportement (événement particulier, changement dans la vie de l'enfant ou au service de garde). • Communiquez vos intentions de collaborer.	• Essayez de comprendre ce qui se passe au lieu d'essayer de convaincre le parent du problème. • Encouragez le parent à poser des questions. • Vérifiez s'il est à l'aise.
• Dressez la liste des solutions possibles. • Soulignez l'importance du rôle du parent dans le changement souhaité. • Décidez d'un commun accord des actions appropriées qui pourront être mises en application à la maison ou au service de garde ou à l'école.	• Reformulez pour vous assurer que vous avez bien compris. • Observez le langage non verbal du parent. • Rappelez-lui qu'il ne sera pas seul à agir, que vous allez travailler ensemble.

D) *La conclusion de l'entretien*

- Reformulez la partie importante de la rencontre.

- Assurez-vous que les intervenants sont tous d'accord quant à la solution retenue.

- Allouez du temps pour que les moyens soient mis en application.

- Fixez une date pour faire le bilan des résultats et pour faire un suivi.

PRENDRE UN MOMENT POUR APPRÉCIER VOTRE PERFORMANCE

Après avoir réglé un problème, trop souvent, on a tendance à passer rapidement à autre chose. Savourez cette réussite et profitez-en pour apprécier la qualité de la relation que vous avez établie avec le parent, pour évaluer les expériences réalisées des deux côtés et la contribution de chacun à ce succès. Il est important de ne pas minimiser cet exploit. Analysez-le et basez-vous sur lui pour améliorer vos prochaines rencontres avec d'autres parents.

En contrepartie, certaines attitudes sont à proscrire si on veut éviter que la rencontre tourne au vinaigre. Ce sont les suivantes :

- Étiqueter l'enfant en le qualifiant d'hyperactif, d'agressif, d'immature, de gâté. Il est préférable de décrire les comportements, les difficultés et les besoins de l'enfant.

- Blâmer ou culpabiliser le parent : « Vous être trop mou – j'ai un gros groupe – j'ai bien d'autres enfants à m'occuper. » Il vaut mieux amener le parent à décrire des situations, il en viendra lui-même à porter un jugement sur sa façon d'agir.

- Donner des ordres et lui dire « Vous devriez… » Explorer plutôt avec lui de nouvelles solutions.

- Agir en expert : « Votre enfant aurait besoin que vous vous occupiez de lui – que vous lui appreniez à relaxer – il aurait besoin de Ritalin. » Il est préférable d'éviter ce genre de diagnostic et de considérer le point de vue du parent.

Si, malgré cela, vous n'arrivez pas à vous entendre, il vaut mieux rappeler les objectifs que vous poursuivez, résumer clairement la situation et mettre fin à la rencontre. Après tout, « Paris ne s'est pas fait en un jour ». Planifiez une autre rencontre pour donner le temps à chacun de réfléchir et de revenir avec des idées nouvelles. La prochaine fois sera peut-être plus productive. Il est inutile de poursuivre une rencontre lorsque chacun demeure sur ses positions. Cela risque de provoquer de vives réactions et de mettre les protagonistes sur la défensive. Les répercussions, dans un tel cas, pourraient être grandes : rupture de contact, blocage de communication et perte des liens fragiles que vous aviez réussi à établir et à maintenir au fil des jours.

3.1.4 QUELQUES RÈGLES D'ÉTHIQUE

Lorsqu'on doit rencontrer les parents, il est indispensable de respecter certaines règles :

- Accepter leurs valeurs, leur culture, leurs façons de vivre et d'éduquer leurs enfants.

- Communiquer avec respect.

- Préserver la confidentialité des informations que l'enfant ou sa famille vous ont confiées. Ne les dévoiler ni aux autres enfants du groupe ni aux collègues de travail.

- Éviter de discuter des questions concernant les enfants en leur présence, à moins que cela ne soit nécessaire.

- Diriger les parents vers des professionnels spécialisés en cas de difficultés.

3.1.5 LA PLACE ET LE RÔLE DES PARENTS DANS UN SGMS

L'organisation globale du service de garde, sa mise en œuvre, sa gestion financière et pédagogique concernent les parents. Pour que ce milieu éducatif soit le prolongement du milieu familial, il importe que les parents utilisateurs participent à sa gestion (sous tous ses angles) en collaboration avec la direction d'école et le personnel du service.

Cette participation des parents dans un service de garde peut se vivre à plusieurs niveaux que nous tenterons de décrire.

A) *Le comité de parents utilisateurs*

Selon la réglementation sur les services de garde en milieu scolaire, le conseil d'établissement **peut** former un comité de parents (voir l'article 18 du règlement sur les services de garde en annexe du chapitre 1).

L'intérêt pour chaque service de garde de se doter d'un comité consultatif est incontestable. Comme les parents sont les premiers éducateurs des enfants et qu'ils contribuent financièrement au service, il est normal qu'ils participent aux orientations et aux règlements, à l'élaboration, à la révision et à l'évaluation des programmes d'activités, à la gestion du service de garde, notamment en ce qui concerne l'acquisition et l'utilisation du matériel éducatif et de l'équipement. En contribuant activement à la mise sur pied des services complémentaires à l'école, les parents assurent ainsi la continuité avec les valeurs de leur famille et avec leurs principes éducatifs.

Pour le service de garde, la contribution des parents est importante lorsqu'il s'agit de défendre les droits et les intérêts de leurs enfants. Ces prises de position peuvent trouver écho au sein du conseil d'établissement ou du conseil des commissaires de la commission scolaire.

B) Le conseil d'établissement de l'école

Le conseil d'établissement (CE) est en quelque sorte le conseil d'administration de l'école. Alors que l'ancien conseil d'orientation ne jouait qu'un rôle consultatif auprès du directeur d'école, le conseil d'établissement possède au contraire un pouvoir décisionnel (voir l'annexe du chapitre 1).

COMPOSITION DU CE

Le conseil d'établissement institué dans chaque école peut être constitué d'au plus 20 membres. Il est composé d'au moins quatre parents d'élèves de l'école, d'au moins quatre membres du personnel de l'école dont deux enseignants, un membre du personnel professionnel et un membre du personnel de soutien, de deux représentants de la communauté (groupes socioéconomiques ou communautaires) et, finalement, d'un membre du personnel du SGMS. Les sièges du personnel non enseignant et du personnel de soutien ne sont pas réservés. Ces employés doivent les solliciter. Les parents et les représentants du personnel doivent être en nombre égal. Élus ou nommés par leurs pairs, eux seuls ont le droit de vote. Le directeur ou la directrice de l'école ainsi que les représentants de la communauté n'ont pas le droit de vote. Si les parents n'élisent pas le nombre requis de représentants, la direction de l'école exercera les fonctions et les pouvoirs du CE. Par contre, le CE peut être constitué même si la représentation des autres groupes est insuffisante. La composition du conseil d'établissement peut être différente si l'école compte moins de 60 élèves inscrits.

Élection des parents au conseil d'établissement

Les parents sont convoqués en assemblée générale par le président du conseil d'établissement ou, à défaut, par le directeur ou la directrice de l'école. Parmi les représentants élus, l'un d'entre eux est également choisi pour siéger au comité de parents de la commission scolaire et un autre est élu substitut avec droit de vote. Le conseil d'établissement entre en fonction dès que les membres sont nommés, au plus tard le 30 septembre. La durée du mandat des membres du comité de parents est de deux ans et celle du président est de un an. Le mandat peut être renouvelé. Les réunions ont lieu au moins cinq fois par année. Elles sont dirigées par le président. Sa voix est prépondérante lorsque le vote est égal.

Parmi les responsabilités du conseil d'établissement énumérées ci-après, celles qui sont en italique soulignent l'importance du rôle de ce comité et de ses représentants pour le SGMS. C'est la raison pour laquelle ce dernier a tout intérêt à ce que des parents utilisateurs du service de garde en fassent partie.

Responsabilités du conseil d'établissement

(Les énoncés qui sont en italique sont ceux qui ont un lien avec le service de garde.)

- Adopter le projet éducatif de l'école, voir à sa réalisation et à son évaluation.

- Approuver la politique d'encadrement des élèves.

- Approuver les règles de conduite et les mesures de sécurité.

- Préparer et adopter un rapport annuel.

- Approuver les modalités d'application du régime pédagogique proposées par le directeur de l'école.

- Approuver l'orientation générale des programmes d'études et l'élaboration des programmes locaux.

- Approuver le temps alloué aux matières (obligatoires ou optionnelles).

- *Approuver la programmation des activités éducatives de l'école.*

- *Approuver la mise en place des services particuliers et complémentaires.*

- *Organiser, au besoin, des services éducatifs autres que ceux prévus au régime pédagogique en dehors des heures d'enseignement ou des jours de classe ; peut permettre que d'autres personnes ou organismes mettent sur pied de tels services dans les locaux de l'école.*

- *Approuver l'utilisation des locaux ou immeubles mis à la disposition de l'école.*

- *Adopter le budget annuel de l'école.*

- Donner son avis sur le choix des manuels scolaires et du matériel didactique requis pour l'enseignement des programmes.

- *Informer la communauté des services offerts à l'école.*

- *Favoriser l'information et la communication entre les élèves, les parents, la direction, les enseignants, le personnel de l'école et les partenaires de la communauté.*

- *Conclure, au besoin, des ententes au sujet de la mise en commun des biens, des services et des activités de l'école.*

- *Conclure, au besoin, des ententes concernant les services extrascolaires.*

- *Solliciter et recevoir, au besoin, des sommes d'argent au nom de la commission scolaire.*

- *Exiger de la commission scolaire des services de garde pour les élèves.*

- Donner son avis à la commission scolaire sur les sujets suivants :

  - modification ou révocation de l'acte d'établissement de l'école ;

  - critères de sélection du directeur ou de la directrice ;

  - reconnaissance confessionnelle de l'école.

La représentante du service de garde, soit la responsable ou une éducatrice, doit profiter de ce forum pour informer le conseil des activités du SGMS, favoriser l'information, les échanges et la concertation entre les enfants, les parents, la direction, les enseignants, les autres membres du personnel, les représentants de la communauté et des moyens utilisés pour encourager la réussite scolaire. Elle doit faire en sorte qu'il y ait congruence entre le projet éducatif de l'école et celui du service de garde, présenter une planification budgétaire, etc. Lorsque les deux postes réservés aux membres du personnel de l'école sont vacants, une autre éducatrice du SGMS peut se présenter au conseil en tant que représentante du personnel de soutien.

C) *Le comité de parents au conseil des commissaires*

Comme nous l'avons vu plus haut, un des parents élus au conseil d'établissement est délégué au comité de parents de la commission scolaire où il peut continuer à siéger même si son enfant ne fréquente plus l'école. Parmi ses responsabilités, il doit :

— promouvoir la participation des parents aux comités et aux activités de la commission scolaire ;

— donner son avis à la commission scolaire concernant tout sujet qu'elle est tenue de lui soumettre ;

— transmettre à la commission scolaire les besoins des parents, qui ont été identifiés par le CE.

La commission scolaire peut consulter le comité sur les sujets suivants :

— division, annexion ou réunion de la commission scolaire ;

— plan triennal et répartition des immeubles (écoles, commission scolaire) ;

— politique de maintien ou de fermeture d'écoles ;

— répartition des services éducatifs des écoles ;

— critères d'inscription des élèves ;

— calendrier scolaire ;

— règles de passage des élèves ;

— répartition des subventions aux écoles ;

— activités de formation pour les parents offertes par la commission scolaire.

ÉLÉMENTS DE RÉFLEXION

Pour que le service de garde et, partant, l'école remplissent bien leur mission auprès des familles, la participation des parents est essentielle. Qu'elle se manifeste par leur engagement dans divers comités ayant trait au service de garde ou à l'école ou par leur présence quotidienne dans la vie scolaire de l'enfant ou, encore, par une rencontre individuelle avec un professionnel de l'éducation pour régler un différend, elle ne peut que contribuer à améliorer les choses. Cette participation permettra de répondre davantage aux besoins des enfants et de renforcer les liens entre le service de garde, l'école et la famille, liens qui sont essentiels au développement harmonieux de l'enfant.

Plus les parents comprendront la réalité du service de garde que fréquente leur enfant, plus ils prendront conscience de l'importance du travail de l'éducatrice auprès de leur enfant. Leur attitude n'en sera que plus positive à l'égard de la profession d'éducatrice. Pour sa part, l'éducatrice qui comprend et respecte la réalité du parent aura la possibilité d'apprendre tout ce qu'elle a besoin de savoir sur l'enfant et, par conséquent, elle pourra ainsi mieux jouer son rôle auprès de lui. Finalement, en partageant les mêmes préoccupations, soit le bien-être de l'enfant, les éducatrices et les parents contribuent à fournir à l'enfant un milieu de vie idéal pour faire en sorte qu'il se développe harmonieusement.

3.2   L'ÉQUIPE DU SGMS

La qualité d'un service de garde dépend de son personnel. Il doit fournir des services de qualité selon les objectifs fixés dans le programme éducatif du service de garde, objectifs basés sur le projet éducatif de l'école. En ce sens, il doit planifier, organiser, mettre en œuvre et évaluer le programme d'activités. Il travaille de manière complémentaire et cohérente avec les familles, les collègues de travail et le personnel de l'école dans le but d'assurer le bien-être de l'enfant.

L'éducateur, qu'il soit créateur ou pas, est un professionnel qui à chaque moment prend des décisions, intervient de multiples façons. Dans les faits, la majorité de ces comportements sont inconscients, spontanés et traduisent la totalité de sa personne. Sa première intervention, c'est sa présence, son être, sa façon de penser, de sentir, de négocier ses relations avec autrui, sa façon de percevoir, de raisonner, de communiquer.

André Paré, 1977

3.2.1   LA GESTION DU SGMS

Le personnel du SGMS relève de la direction de l'école. Dans les faits, la majorité des directions d'école délèguent leurs tâches administratives à la responsable du service de garde tout en lui procurant le soutien nécessaire. Il est difficile de définir les tâches qui lui sont dévolues. Certaines directions vont tout déléguer et d'autres, seulement une partie qui pourra varier en importance selon les écoles.

Cependant, depuis septembre 1998 avec l'annonce des places en garderie à 5 $ par jour, il est permis de penser que la tâche de la responsable a beaucoup augmenté en raison de l'accroissement des inscriptions. La gestion représente la plus grande part du travail de la responsable d'un SGMS qui a une grosse clientèle. Dans le cas des petits SGMS, la responsable cumule également la tâche d'éducatrice. Le nombre d'heures allouées à la gestion du service de garde est directement proportionnel au nombre d'enfants inscrits. Parfois, l'éducatrice partage ses tâches administratives avec la direction, le secrétariat de l'école ou le service financier de la commission scolaire. D'une école à l'autre, d'une commission scolaire à l'autre, les différences sont tellement grandes qu'on ne peut établir de normes définies.

3.2.2 LES BESOINS DU PERSONNEL

Au fond, les besoins de l'éducatrice ne sont pas si différents de ceux de l'enfant : elle a besoin d'une image positive de soi, d'être reconnue, respectée et appréciée, elle a besoin de se sentir en croissance sur le plan personnel et professionnel et non pas dans un processus d'épuisement et de burn-out.

Charles Caouette, 1986

Tout comme les enfants, le personnel du SGMS a aussi des besoins à combler :

- Être reconnu dans ses compétences par la commission scolaire, l'école (direction, enseignants, spécialistes), les parents, les enfants, la communauté, bref, tout le monde.

- Pouvoir donner son opinion sur tout ce qui touche sa profession.

- Être aimé, valorisé pour ce qu'il fait et pour ce qu'il est.

- S'estimer et être respecté.

- Se sentir important, avoir sa place au sein de l'école.

- Sentir qu'il participe et contribue à l'évolution de l'enfant, à son développement.

- Se réaliser dans son travail, accomplir avec les enfants, les collègues, les parents une chose importante : travailler à atteindre un objectif commun.

- Développer un sentiment d'appartenance à ce milieu de vie.

- Remettre en question ses acquis.

- Recevoir une formation continue.

3.2.3 LA VIE D'ÉQUIPE

> On a souvent tendance à voir le monde en deux camps :
> – les intelligents… ceux qui pensent comme nous… ;
> – les autres… ceux qui ne veulent pas comprendre.
>
> Auteur inconnu

Les membres d'un SGMS doivent développer entre eux des relations affectives et sociales satisfaisantes pour que la collaboration soit possible. À cet effet, ils doivent s'entendre sur des modalités de fonctionnement et se donner des règles claires qui peuvent faire l'objet d'un contrat que chacun s'engage à respecter.

Il est essentiel que l'équipe du SGMS se donne un but commun à atteindre, qui incite les membres à participer. Pour réussir, il faut, dans un premier temps, qu'ils s'entendent sur la vocation éducative du service de garde et sur l'importance du rôle d'une éducatrice.

La faible définition de tâche qu'on trouve dans la convention collective ne joue pas en faveur de la reconnaissance sociale de la profession. Est-ce un rôle de surveillante ou de préposée aux enfants, tel qu'indiqué dans la convention collective, ou est-ce un rôle d'animatrice, d'éducatrice ou de professionnelle de l'éducation ? La façon dont chaque éducatrice (y compris la responsable) se perçoit orientera ses actions et son professionnalisme au travail. Il est donc fondamental de susciter au sein de l'équipe cette réflexion sur le rôle social de l'éducatrice dans l'éducation des enfants afin d'éviter que chacune s'engage dans des voies carrément différentes et pourtant

> … le métier d'éducatrice est le plus important qui soit, aucun autre ne peut s'y comparer.
>
> Françoise Dolto

Pour former une équipe solide et efficace, il faut que les rapports entre les membres soient harmonieux : qu'ils communiquent entre eux et exercent de l'influence les uns sur les autres. Une fois la vocation du service et le rôle de l'éducatrice bien définis et ancrés, les réunions d'équipe vont permettre la remise en question des acquis. L'importance des discussions pédagogiques ne fait aucun doute surtout lorsque les gens font preuve d'ouverture d'esprit. Le partage des succès, des limites aussi, des approches éducatives auprès des enfants en difficulté, tous ces échanges permettent à cette cellule vivante de se questionner, d'évoluer et de se voir changer.

Pour y arriver, il importe d'accepter chaque éducatrice avec ses craintes, ses doutes, ses préoccupations, et ce, dans un climat de confiance, de respect et d'échanges qui permettent de se nourrir intérieurement. Les différences en matière de principes et de croyances pédagogiques de chacun deviennent une source énergisante, de stimulation et de ressourcement.

A) Les réunions d'équipe

Pour être efficaces, les réunions doivent avoir lieu régulièrement, par exemple une fois par semaine. Les sujets à l'ordre du jour sont communiqués à l'avance aux membres ainsi que l'heure et l'endroit de la réunion. Il peut s'agir de renseignements concernant un enfant, un groupe, des décisions du conseil d'établissement, du comité consultatif, la recherche d'idées pour des activités et sorties nouvelles, etc. L'analyse d'un problème et la recherche de solutions au cours de ces réunions devraient permettre à chaque membre d'exprimer son opinion. Le niveau d'engagement de chacun est important dans ce processus décisionnel.

Rien n'est plus dangereux qu'une idée, quand on n'a qu'une idée.

Alain (Émile Chartier, dit)

Les réunions constituent un excellent outil pour atteindre à la fois les objectifs du service de garde et ceux des membres du personnel. C'est là où les éducatrices peuvent discuter de ce qu'elles doivent accepter ou refuser aux enfants, de la façon dont chacune communique avec les parents ou fait face à ses difficultés. Ces échanges amèneront l'équipe à s'interroger sur la cohérence éducative de leurs diverses interventions ; interviennent-elles en contradiction ou en accord avec la philosophie ou sont-elles en contradiction les unes par rapport aux autres ? La concertation entre les éducatrices est primordiale pour le bénéfice de l'enfant.

Chaque membre de l'équipe doit collaborer afin que les réunions soient productives. L'animatrice (souvent la responsable) doit savoir présider dans les règles. À l'heure dite, chacun arrive préparé (avec l'ordre du jour et autres documents pertinents) ; il comprend les buts de la réunion et participe de corps et d'esprit. Un bon participant est à l'écoute des autres, se montre ouvert à leurs idées, respecte le droit de parole de chacun, est capable d'établir des liens entre les idées des autres et de les reformuler, ne se permet pas de conversations en catimini, d'arguments inutiles et ne discute que des sujets qui figurent à l'ordre du jour.

Il est important de rédiger le procès-verbal de ces réunions afin d'assurer un meilleur suivi des décisions. Il doit refléter le plus fidèlement possible les propos des participants. Lorsqu'un service de garde néglige de tenir régulièrement des réunions d'équipe, le pouvoir décisionnel est assumé uniquement par la responsable au lieu d'être partagé par tous les membres. Ces derniers n'ont ainsi plus l'occasion d'examiner en groupe leurs pratiques éducatives et leur engagement professionnel risque d'en souffrir.

B) La communication entre les membres de l'équipe

Que l'on soit éducatrice en SGMS ou premier ministre, nous devons tous communiquer avec les gens. Une éducatrice incapable d'établir des relations avec les autres va s'éteindre professionnellement, puisque son travail repose en grande partie sur cette capacité.

Il va sans dire qu'une bonne communication est importante autant dans les moments formels comme les réunions que dans les moments informels. Des relations basées sur la franchise et le respect devraient permettre à quiconque d'exprimer aux personnes concernées ses insatisfactions et ses frustrations. Dans bien des milieux de travail, il n'est pas rare d'observer de nombreux commérages. Aussitôt qu'une personne a le dos tourné, les autres en profitent pour la critiquer et pour la dénigrer. Rien de tel que les médisances pour empoisonner un climat de travail et brouiller la communication. Les commérages ne réussissent qu'à créer des malaises, des clans et des exclusions. N'est-ce pas ainsi que les conflits prennent leur source ?

Une saine communication permet de résoudre les conflits. L'encadré 3.5 illustre quelques façons de bien communiquer.

Lorsqu'on arrive à crever l'abcès avec quelqu'un, l'atmosphère s'en trouve allégée, le respect s'installe entre les intervenants et remplace le ressentiment.

C) Le climat de travail

Le climat de travail a des répercussions importantes sur la motivation et le désir de se donner à la profession. Quand il est malsain, que les gens sont tendus, agressifs, intolérants et négatifs, les répercussions se font vite sentir sur les enfants qui adoptent eux-mêmes ces attitudes. C'est communicatif et les relations avec les parents s'en ressentent.

Pour créer un bon climat de travail, il faut éviter la formation de cliques, laisser tomber les préjugés, avoir une attitude positive, pratiquer une communication respectueuse et honnête, critiquer de façon constructive, valoriser l'entraide et le soutien, ce qui est difficile. L'influence de gens toujours en train de critiquer et de dénigrer les autres

ENCADRÉ 3.5 • COMMENT COMMUNIQUER EN CAS DE CONFLIT

- Je communique ma position et mes sentiments en m'en tenant aux faits, sans porter de jugement ; la critique met les gens sur la défensive et risque de provoquer colère et ressentiment.

- Je parle en mon nom et je ne présume pas de ce que les autres pensent : j'assume ce que j'ai à dire.

- Je respecte le point de vue des autres ; je les laisse parler et j'accepte leur opinion si elle diffère de la mienne.

- J'essaie de comprendre et d'interpréter correctement ; à cet effet, je reformule chaque fois que c'est nécessaire.

- Je négocie une solution satisfaisante pour tout le monde ; il est important que le problème soit bien défini, de même qu'il est utile d'imaginer le plus grand nombre de solutions possibles au problème, de les évaluer et de retenir celle qui satisfait le plus toutes les personnes concernées.

- Je fais un suivi et une évaluation des résultats pour m'assurer de l'efficacité des solutions retenues.

- Je savoure le plaisir d'avoir réussi à résoudre une situation conflictuelle avec quelqu'un et d'avoir pu lui dire ce qui n'allait pas.

est souvent pernicieuse. Lorsqu'il vous arrive d'être en présence de quelqu'un de ce genre, il faut lui dire de s'adresser à la personne concernée. Un bon climat de travail favorisera immanquablement un sentiment d'appartenance qui se traduira par une participation active à la vie d'équipe, une motivation accrue, un intérêt grandissant et un dynamisme certain dans l'accomplissement des tâches. Et si la bonne humeur, la complicité et l'humour règnent, il ne s'agit plus seulement d'un bon climat de travail, mais d'un excellent environnement.

D) L'esprit d'équipe

> Chacun de nous est unique et notre responsabilité est plus
> d'apprendre à nous connaître et à nous utiliser dans nos
> forces et nos limites que de nous conformer à un modèle
> extérieur.
>
> A. Paré et Laferrière, 1985

L'efficacité d'une équipe repose sur l'attitude des membres les uns envers les autres. Lorsque des collègues se considèrent avec respect et qu'ils sont disposés à collaborer en parfait accord afin d'accomplir la mission du service de garde, ils forment alors une belle équipe capable de réaliser de grandes choses. Chaque personne possède ses forces et ses faiblesses. Chacune nourrit des passions. Une équipe est efficace lorsque ses membres sont conscients des forces de chacun et qu'ils savent les mettre à contribution au service du groupe. Concrètement, cela veut dire que, dans un projet, on demande à Jeanne, qui possède des habiletés en couture, de se charger des décors et costumes, puisqu'elle a un grand sens de l'esthétisme. Hélène, quant à elle, est une femme créative et dynamique : l'équipe lui proposera donc de concevoir et de préparer les chorégraphies du spectacle. Durant ses temps libres, Carole fait partie d'une troupe de théâtre amateur : on la chargera de la mise en scène. Louise est une passionnée de littérature. On lui demandera de rechercher un scénario ou, encore, d'en rédiger un avec un groupe d'enfants. Voilà un bon exemple d'une équipe où les membres reconnaissent les compétences de leurs pairs et savent en tirer partie.

Il est difficile sinon impossible de développer un esprit d'équipe lorsque les rivalités et les conflits de personnalités minent le groupe, lorsqu'il existe un problème de leadership ou lorsqu'une personne ou un petit groupe accapare le pouvoir et exerce son influence en manipulant les autres et en usant de représailles. Il est préférable de travailler dans la complémentarité pour construire que dans la disparité pour détruire.

ÉLÉMENTS DE RÉFLEXION

• Dans notre équipe, le pouvoir est-il partagé et accepté ?

• Comment notre équipe devrait-elle être dirigée pour être efficace ?

• Comment peut-on qualifier notre climat de travail ?

E) *Le rôle de la responsable*

La direction de l'école et la responsable du service de garde jouent un rôle important auprès de l'équipe du SGMS. Leur style de gestion influence le climat de travail et incite ou non l'équipe à effectuer avec intérêt ses tâches quotidiennes. La responsable doit savoir communiquer et développer l'esprit d'équipe chez ses éducatrices. Elle doit avoir assez d'autorité pour ramener à l'ordre les intervenants, encourager les gens à exprimer leur opinion, à clarifier leur pensée, etc. Elle doit avoir en vue les objectifs des réunions et s'assurer qu'il y a des suivis. Elle doit respecter l'horaire fixé, donner aux participants une idée claire de ce qui a été accompli et de ce qui reste à faire. Elle peut aussi indiquer ses attentes par rapport aux membres de l'équipe.

En tant que responsable, elle est chargée des éducatrices. Elle doit donc veiller à ce que le programme éducatif, la philosophie d'intervention, les objectifs et la façon de les atteindre soient cohérents avec ceux de l'école. L'atteinte de ces objectifs grâce à l'effort concerté de chacun apportera de la satisfaction à toute l'équipe.

F) *Le critère de stabilité dans l'affectation du personnel*

À l'école, l'enfant doit s'adapter à divers contextes et à diverses personnes ayant chacune leurs attentes, leurs consignes et leurs règles. Si, en plus, il doit faire face à une multitude de personnes pressées et stressées qui n'ont pas le temps de lui accorder du temps, de reconnaître ses besoins, il lui sera difficile de s'épanouir et de s'enraciner dans son milieu pour y trouver son sentiment d'appartenance. Pour arriver à accéder à une certaine autonomie, il doit évoluer dans un milieu stable lui procurant une certaine sécurité. Chaque adulte doit avoir le souci d'améliorer son approche éducative et de faire en sorte que les besoins des enfants priment sur leurs propres besoins. Les horaires devraient être organisés de manière à limiter le nombre d'éducatrices que l'enfant rencontre durant sa journée au service de garde.

On conviendra que la concertation entre les divers intervenants qui font partie du milieu scolaire (du concierge à la direction d'école) est indispensable. Les difficultés de comportement ou d'adaptation liées à l'instabilité risquent d'avoir des conséquences graves pour l'enfant telles que le stress, l'anxiété, la peur, la colère et l'apparition de malaises physiques de toutes sortes : spasmes, vomissements, maux de ventre, troubles du sommeil, ulcères d'estomac, etc.

G) Les horaires de travail

L'horaire de l'éducatrice travaillant actuellement en service de garde en milieu scolaire est fractionné. Quelques-unes travaillent un peu le matin, un peu le midi et un peu après les classes, ce qui représente environ une vingtaine d'heures par semaine. D'autres ne font que les fins de journée, ce qui leur donne une quinzaine d'heures par semaine. Là où on accueille les enfants de quatre ans, les éducatrices arrivent à travailler un nombre suffisant d'heures équivalant à un poste à temps plein. Les journées pédagogiques se traduisent par des heures supplémentaires. Les services de garde qui demeurent ouverts durant la semaine de relâche et les vacances estivales permettent au personnel de travailler à temps plein.

Lorsqu'elle établit les horaires de travail, la responsable doit tenir compte de l'ancienneté du personnel et des postes qu'ils détiennent. Par ailleurs, dans certains cas, le temps alloué aux réunions d'équipe et à la planification des activités peut s'ajouter. Il est à noter que, comme il n'y a pas de règles définies à ce sujet, la rémunération de ces heures est laissée à la discrétion des directions d'école ou des commissions scolaires.

H) L'accueil d'une stagiaire : une décision d'équipe

> Recevoir une stagiaire c'est un peu comme ramasser un coquillage dans le sable. On l'observe, on le manipule avec soin, on lui fait une place de choix, on l'apprécie pour sa forme, sa couleur et ses particularités. À travers lui, on revit le passé et on se permet de rêver… C'est en quelque sorte le symbole qui nous habite et des horizons qui s'ouvrent à nous !
>
> Diane Berger, Andrée Bureau,
> Michelle Proulx, 1994

Lorsqu'une équipe de SGMS décide d'accueillir une stagiaire, elle doit préparer sa venue en choisissant d'abord l'éducatrice qui sera chargée de son encadrement. En acceptant cette responsabilité, l'éducatrice-guide adopte un nouveau rôle : celui de formatrice qui consiste à accueillir la stagiaire, à l'observer, à la guider, à l'encourager et à l'évaluer. Même si la supervision du stage est confiée à une éducatrice en particulier, ce qui facilite le suivi de l'apprentissage, tous les membres de l'équipe du service de garde sont concernés et appelés à collaborer à divers moments. C'est alors pour eux l'occasion d'expliquer l'approche qu'ils privilégient, de partager leur savoir et leur expérience avec la stagiaire. Cela les amène souvent à réfléchir sur leur profession, à remettre en question leurs attitudes et leurs acquis, ce qui peut occasionner par la suite certains changements et avoir des répercussions sur la motivation et l'efficacité.

L'équipe songera également à fournir au préalable à la stagiaire la documentation nécessaire qui lui permettra de mieux comprendre ce milieu de travail : philosophie du service, projet éducatif de l'école, règles de l'école, aperçu du programme d'activités, fonctionnement et règlement du service, utilisation des divers locaux, réunions d'équipe, etc. Il faut aussi préparer les enfants à la venue de cette nouvelle personne.

Lors de la première rencontre, il est utile de lui faire visiter l'école, de lui présenter le personnel, les différents intervenants ainsi que les enfants. L'éducatrice doit, dès le début du stage, prendre l'habitude de rencontrer régulièrement sa stagiaire afin de faire le suivi de son apprentissage. C'est au cours de ces entretiens que l'éducatrice pourra répondre à ses questions, résoudre les problèmes, l'encourager, lui rappeler certaines règles ou approches, lui faire sentir qu'elle est appréciée, etc. Elles peuvent se réserver des moments de disponibilité durant la période libre, entre les horaires coupés, et fixer à l'avance l'heure de leur rencontre. Autrement, le temps file et ce n'est pas dans le feu de l'action avec les enfants que l'on peut véritablement faire les modifications nécessaires.

De son côté, pour se préparer à son stage, la stagiaire doit se documenter sur le service de garde où elle est affectée (historique, fonctionnement, horaire, conditions de travail du personnel, etc.) et recueillir des renseignements sur les enfants qui le fréquentent (âges, intérêts, composition ethnique, etc.)

I)   L'auto-évaluation de la qualité

La qualité du service, concept issu d'une nouvelle culture industrielle qui a émergée durant les années 1980, est maintenant incontournable. « La formation du personnel et les qualifications de la main-d'œuvre sont des exigences nécessaires pour assurer la plus haute qualité des services de garde aux enfants » (énoncé de politiques sur les services de garde à l'enfance, 1988).

Chaque employé d'un SGMS doit participer à l'évaluation de cette qualité et y mettre l'énergie nécessaire. Il doit être capable de se remettre en question, d'accepter que les enfants, par leurs commentaires, lui fournissent des pistes en ce sens, de reconnaître que certaines façons de faire sont parfois incohérentes, que certaines exigences ou règles puissent être superflues, identifier les difficultés, etc.

3.3 LE PERSONNEL DE L'ÉCOLE

Le projet éducatif permet à chaque école d'établir son orientation, de préciser ses objectifs et de se donner un plan d'action, de le réaliser et de le réviser périodiquement avec la participation des élèves, des parents, du personnel de l'école et de la commission scolaire. C'est en quelque sorte son identité. Il révèle la vision que se font de leur école tous ceux qui y sont associés de près ou de loin. Le SGMS étant un service de l'école, il doit être inclus dans cette démarche. Le projet éducatif doit permettre d'arrimer les orientations de l'école avec celles du service de garde pour assurer une meilleure cohérence entre les services offerts aux enfants et aux parents. Ainsi, les valeurs éducatives privilégiées au service de garde doivent être compatibles avec celles du projet éducatif de l'école.

3.3.1 L'INTÉGRATION À LA VIE DE L'ÉCOLE… DES RESPONSABILITÉS PARTAGÉES ?

L'intégration du service de garde à l'école, puisqu'il s'agit d'un service complémentaire, doit se faire de façon harmonieuse pour que la cohabitation soit profitable à tous. Il appartient à la direction de l'école de mettre en place des processus qui leur permettent de comprendre la mission sociale et éducative du service de garde et d'amener ainsi le personnel de l'école à collaborer. La direction de l'école doit s'assurer :

— de prévoir des mécanismes pour que les enseignants et les éducatrices puissent échanger des informations au sujet des enfants dans le cas d'un problème de comportement, comparent les activités spéciales pour éviter qu'elles ne se répètent en classe et en garderie, particulièrement lors des fêtes et occasions spéciales (Noël, Pâques, la Saint-Valentin, fin des classes, arrivée du printemps, etc.), et discutent de la planification des jeux, libres ou de participation, des activités de détente, des exercices de concentration, etc. ;

— de permettre au personnel du service de garde d'assister aux diverses réunions comme les études de cas, les rencontres multidisciplinaires, etc. ;

— d'inviter le personnel à participer à des activités de perfectionnement destinées aux personnes qui travaillent avec les enfants (approches pédagogiques, techniques d'intervention ou de gestion de groupe), ce qui favorise l'uniformité des méthodes ;

- d'encourager la concertation entre le personnel du service de garde et le corps professionnel de l'école : infirmière, orthophoniste, orthopédagogue, psychologue, conseiller ou conseillère pédagogique, travailleur social ou travailleuse sociale ;

- de mettre les ressources de l'école (accès aux ordinateurs, à la bibliothèque, au gymnase, à la salle polyvalente) à la disposition des enfants lorsqu'ils sont au service de garde.

Les éducatrices et les enseignantes peuvent éprouver certaines difficultés à communiquer et à collaborer en raison de leurs horaires.

CRÉER ET GARDER LE LIEN AVEC LE PERSONNEL DE L'ÉCOLE

De son côté le personnel du service de garde doit aussi faire des efforts afin de favoriser cette intégration. Ainsi, il doit :

- participer activement au conseil d'établissement ;

- inviter le personnel de l'école aux activités du service de garde, principalement lors des événements spéciaux : spectacles, expositions ;

- contribuer à l'achat du matériel (ballons, quilles, cerceaux) qui sera utilisé en commun ;

- participer aux discussions concernant les enfants en difficulté ;

- fréquenter la salle du personnel ;

- collaborer à l'organisation des activités de l'école tels les olympiades, les fêtes d'accueil, les spectacles de musique et y participer ;

- faire partie du club social du personnel de l'école et faire en sorte que les activités aient lieu à des moments favorables au personnel du service de garde ;

- garder les enseignants informés au sujet des activités du service de garde en distribuant dans leur casier les documents pertinents ;

- faire de la publicité relative aux activités pour donner de la visibilité au service de garde ; susciter l'intérêt, par exemple, en utilisant le hall d'entrée pour faire une petite mise en scène d'un spectacle à venir, etc. ;

- dans les cas nécessitant un partage de locaux, travailler conjointement à leur aménagement et établir les règles de fonctionnement ;

– s'assurer que les orientations du service de garde sont liées au projet éducatif de l'école et qu'elles y sont mentionnées ;

– toujours agir avec professionnalisme avec les enfants, les parents et les enseignants.

LES RETOMBÉES D'UNE BONNE INTÉGRATION

Bref, il est évident que, lorsque les enseignants et les éducatrices savent collaborer, les retombées sont nombreuses.

- Les enseignants et les éducatrices se respectent mutuellement.

- Ils connaissent mieux leur milieu de travail respectif.

- Leurs interventions auprès des enfants et des parents sont cohérentes ainsi que leurs programmes d'activités.

- La réglementation de l'école est mieux comprise de part et d'autre et appliquée plus efficacement.

- Les éducatrices du service de garde contribuent de façon positive aux acquisitions scolaires des enfants.

- La transition d'un milieu de vie à l'autre, d'une structure d'accueil à l'autre se fait harmonieusement pour l'enfant.

3.3.2 LA DIRECTION D'ÉCOLE

Le directeur ou la directrice de l'école met à exécution la politique de la commission scolaire. Cette personne est responsable de l'administration et de la gestion de l'établissement et du personnel. Elle doit s'assurer que le service de garde est intégré au projet éducatif de l'école et que s'établit « un contact étroit et suivi visant des actions véritablement concertées entre le service de garde et le personnel enseignant, dans l'intérêt de l'enfant ». En ce sens, c'est elle qui, dès le départ, a la responsabilité de créer les conditions favorables à la bonne entente entre l'école et le SGMS.

Dans les faits, la majorité des directions d'école délèguent, on l'a dit, les tâches administratives du service de garde à la responsable tout en lui apportant son soutien. La direction de l'école doit aussi assister le conseil d'établissement dans l'exercice de ses fonctions et de ses pouvoirs et l'informer régulièrement sur les points suivants :

- programmes d'études locaux ;

- critères relatifs aux nouvelles méthodes pédagogiques ;

- choix des manuels scolaires et du matériel didactique ;

- évaluation des apprentissages de l'élève ;

- règles de classement des élèves et de leur passage d'un cycle à l'autre du primaire.

3.3.3 LE PERSONNEL ENSEIGNANT ET LE PERSONNEL PROFESSIONNEL

C'est la commission scolaire qui embauche le personnel chargé de l'enseignement préscolaire et primaire ou, encore, des matières spécialisées telles que l'anglais, l'éducation physique, l'enseignement moral et la musique. Le personnel professionnel offre aux enfants, aux familles, aux enseignants et au personnel du service de garde des services spécialisés : psychologie, psycho-éducation, orthopédagogie, etc.

3.3.4 LE PERSONNEL DE SOUTIEN

Le personnel de soutien d'une commission scolaire englobe trois catégories d'emplois incluant celle de soutien technique – les éducatrices appartiennent à cette catégorie –, celle de soutien administratif et celle des emplois manuels.

Les emplois de soutien technique comprennent deux sous-catégories :

- Celle des techniciens regroupant les responsables en milieu scolaire, les infirmiers ainsi que les techniciens en administration, en arts graphiques, en assistance sociale, en éducation spécialisée, en électronique, en formation professionnelle, en informatique, en loisirs, etc.

- Celle des paratechniciens : surveillantes d'élèves, les surveillants-sauveteurs, les éducatrices en services de garde en milieu scolaire, les préposées aux élèves handicapés, les opérateurs, dessinateurs, appariteurs, etc.

Les emplois de soutien administratif regroupent les agents de bureau, les magasiniers, les secrétaires, etc.

Enfin, la catégorie des emplois manuels concerne les ouvriers qualifiés (mécaniciens, ébénistes, électriciens) et ceux qui sont chargés de l'entretien et du service (conducteurs, cuisiniers, concierges, etc.).

3.4   LA COMMISSION SCOLAIRE

La commission scolaire est une instance intermédiaire élue au suffrage universel et dotée d'un pouvoir de taxation. Elle a le mandat d'administrer les écoles d'une région selon la Loi sur l'instruction publique. Elle s'occupe de planifier le réseau des écoles, de les contrôler, de les évaluer et de leur accorder son soutien. Elle s'assure que la population de son territoire reçoit les services éducatifs auxquels elle a droit, dans le respect des lois, règlements et politiques de l'État. Elle a l'obligation de faire parvenir toutes les demandes de nouveaux services à la direction régionale du ministère de l'Éducation.

Il appartient à chaque commission scolaire d'établir une politique de gestion des services de garde en milieu scolaire en fonction de la réglementation en vigueur, des décisions relatives aux conventions collectives, des directives du ministère et des droits et pouvoirs du conseil d'établissement. C'est aussi elle qui établit les règles et les critères d'embauche du personnel des SGMS en tenant compte des qualifications minimales exigées et des conventions collectives du personnel de soutien et qui détermine le nombre d'employées requis afin de respecter le ratio éducatrice/enfants.

À la demande du conseil d'établissement d'une école, la commission scolaire doit, selon les modalités d'organisation convenues avec le conseil d'établissement, assurer, dans les locaux attribués à l'école ou lorsque l'école ne dispose pas de locaux adéquats dans d'autres locaux, des services de garde pour les élèves de l'éducation préscolaire et de l'enseignement primaire (article 256 de la Loi sur l'instruction publique).

3.4.1   LE CONSEIL DES COMMISSAIRES

Le conseil des commissaires constitue l'autorité suprême de la commission scolaire, conformément aux pouvoirs et devoirs qui lui sont dévolus par la loi. Le conseil siège environ sept fois par année et tient, en plus de ses réunions ordinaires publiques, des assemblées spéciales à huis clos et des réunions spécialement convoquées. Budgets, états financiers, priorités annuelles, politiques et orientations générales de la commission scolaire font partie de son champ d'action. Le conseil délègue certains de ses pouvoirs à un comité exécutif formé d'un nombre restreint de commissaires, du représentant du comité de parents et du directeur général. Ce comité chargé de l'administration des affaires courantes se réunit généralement deux fois par mois.

3.4.2 LE CHARGÉ DU DOSSIER DES SGMS À LA COMMISSION SCOLAIRE

La plupart des commissions scolaire ont désigné un porteur de dossier des SGMS pour voir à l'harmonisation des politiques déjà existantes dans chaque commission scolaire au moment de la fusion. Ce porteur de dossier organise aussi des rencontres avec les responsables des SGMS pour identifier les similitudes et les disparités existantes, pour discuter des lacunes de fonctionnement, pour établir des priorités d'action, pour uniformiser les formulaires, recommander un logiciel de comptabilité, etc.

Le chargé du dossier des SGMS peut organiser des rencontres réunissant tout le personnel des services de garde de sa commission scolaire. Ces rencontres peuvent prendre différentes formes : rencontre sociale, atelier de perfectionnement, soirée-conférence, mini-colloque, etc. Elles peuvent aussi permettre à plusieurs services de garde de mettre en commun leurs ressources afin de préparer des activités telles que sorties collectives, spectacles de troupes de théâtre, d'artistes, conférences, olympiades, kermesses, camps de jour, classes de neige ou vertes, location d'un cinéma, d'un aréna, d'une piscine municipale, d'autobus. Cette collaboration est intéressante, puisqu'elle permet de diminuer le coût de ces activités et de favoriser les échanges entre les services de garde appartenant à une même commission scolaire.

3.5 LES RESSOURCES COMMUNAUTAIRES

En prenant en charge les enfants en dehors des heures scolaires, le service de garde en milieu scolaire constitue un service essentiel à la communauté et, pour cette raison, devrait concerner l'ensemble des citoyens.

Le personnel du service de garde doit connaître les ressources humaines et matérielles offertes par la communauté pour y avoir accès, qu'elles soient à proximité ou plus éloignées. Il doit travailler à établir avec ces groupes une bonne collaboration et une mise en commun des ressources dans le but de mieux atteindre ses objectifs éducatifs. Les principaux organismes communautaires sont les CLSC, services à la famille, services d'aide juridique, maisons de la famille, maisons de répit-gardiennage, centres de bénévolat, centres pour femmes, centres d'entraide pour hommes, regroupements de familles monoparentales, maisons pour jeunes, associations de personnes handicapées, etc.

CRÉER DES LIENS DANS LA COMMUNAUTÉ

Le ministère de l'Éducation accorde aux écoles une certaine autonomie en leur permettant d'adapter leurs services aux besoins et caractéristiques de la population qu'elles servent. La présence d'un représentant de la communauté au conseil d'établissement vise à renforcer les liens avec la communauté. En rendant publiques ses activités, le conseil y contribue également.

Le service de garde doit s'intégrer à sa communauté afin que celle-ci puisse bien comprendre tout le sens de sa mission éducative. Il existe plusieurs façon de se faire connaître et d'utiliser les ressources du milieu. Voir l'encadré 3.6.

ENCADRÉ 3.6 • PROMOTION DES SERVICES DE GARDE

- Faire connaître son service dans des endroits publics en installant, par exemple, un kiosque dans un centre commercial ou en obtenant la permission d'afficher les œuvres artistiques des enfants dans un édifice ou un immeuble commercial.

- Inclure dans le programme d'activités des visites de commerces ou d'industries locales : boulangerie, chocolaterie, épicerie.

- Inviter le public aux représentations de spectacles, aux expositions des œuvres des enfants, aux activités de financement, etc.

- Profiter de la Semaine des services de garde pour faire la promotion du service à l'extérieur des cadres de l'école.

- Créer des activités en rapport avec les centres d'accueil pour personnes âgées, les centres d'itinérants, les milieux hospitaliers, etc.

- Solliciter les commerçants du quartier : un directeur de caisse pour acheter des chandails en vue d'une compétition sportive ; un gérant d'épicerie pour la cafetière et le café pour une fête familiale. Certains épiciers sont même prêts à payer une partie du buffet si en retour vous leur faites de la publicité.

- S'engager dans des causes qui touchent toute la communauté en mettant à contribution les enfants et les parents (conservation des espaces verts, protection d'espèces d'animaux, protection de l'environnement) ou, encore, collaborer avec d'autres organismes à diverses collectes pour des causes humanitaires (paniers de Noël, jouets, etc.).

Le service de garde doit aussi développer de bonnes relations avec les représentants de la municipalité, principalement avec le conseiller de son quartier, avec les préposés aux services de loisirs et avec les policiers qui peuvent fournir leur collaboration, par exemple, lors d'un rallye de vélo (avec les 9-12 ans). Cette collaboration peut permettre de :

- vérifier la disponibilité des locaux, des équipements, du matériel, de certains services (piscine, aréna, centre sportif, bibliothèque) et obtenir la collaboration de personnes-ressources ;

- proposer la participation du service de garde à des événements spéciaux orga-nisés par la municipalité : fêtes de la Saint-Jean-Baptiste, festivals, fêtes de quartier ;

- réaliser avec les enfants un plan de réaménagement du parc avoisinant ou, en-core, participer avec eux à des « opérations de nettoyage » de certains lieux pu-blics ;

- conclure des ententes avec les services de loisirs. Plusieurs municipalités et servi-ces de garde ont mis en commun leurs ressources afin de permettre aux utilisa-teurs des camps de jour offerts par la municipalité de bénéficier des services du SGMS en dehors des heures du camp (matin, midi, soir).

3.6 L'ASSOCIATION DES SERVICES DE GARDE EN MILIEU SCOLAIRE DU QUÉBEC

L'Association des services de garde en milieu scolaire du Québec est une associa-tion provinciale à but non lucratif qui existe depuis 1985 et qui est gérée par un conseil d'administration. Outre le personnel permanent, elle compte des membres actifs et des membres associés. Les membres actifs proviennent des services de garde en milieu sco-laire représentés par le directeur ou la directrice de l'école qui offre le service, par une éducatrice ou par un parent utilisateur. Les membres associés sont des personnes ou organismes qui œuvrent dans un secteur connexe aux SGMS. Il peut s'agir d'enseignants des niveaux collégial et universitaire, d'étudiants, de formateurs, de chercheurs, de con-seillers, de coordonnateurs en organisation scolaire, de responsables de dossiers, de di-recteurs généraux, d'analystes financiers ou de directeurs des ressources humaines.

L'Association offre un éventail de ressources, d'informations et de services sous diverses formes. Ses objectifs sont les suivants :

- Promouvoir des services de garde de qualité afin d'assurer aux enfants un milieu favorable à leur développement.

- Augmenter l'accessibilité aux services de garde en milieu scolaire en favorisant l'implantation de ces services.

- Diffuser de l'information sur les services de garde en milieu scolaire.

- Favoriser l'échange entre les services de garde en milieu scolaire et les autres intervenants intéressés par ce service.

- Soutenir les directrices et directeurs d'écoles, le personnel en SGMS et les parents dans leurs démarches.

- Représenter ces services de garde auprès de toutes les instances gouvernementales concernées afin de favoriser la concertation et la collaboration.

SERVICES ET ACTIVITÉS

L'Association offre un service de consultation et de soutien technique pour :

- l'implantation de SGMS ;

- l'aménagement et l'équipement ;

- l'élaboration d'un programme d'activités ;

- la recherche de solutions aux problèmes de fonctionnement.

Plusieurs activités de l'Association favorisent la promotion et la défense du rôle social et éducatif des SGMS. Mentionnons en premier lieu ses périodiques :

- une revue trimestrielle, *Gardavue* ;

- un bulletin de liaison, *Page de Garde*.

Il y a aussi les conférences et les colloques qu'elle organise ou auxquels elle participe, l'organisation de la Semaine des services de garde en milieu scolaire et le concours « Mésange » visant à reconnaître l'excellence du travail accompli par les services de garde. Son partenariat avec les organismes gouvernementaux, les maisons d'enseignement et diverses associations lui permet de participer à des tables nationales et de siéger à des comités dont ceux des programmes du réseau collégial et universitaire.

L'Association offre aussi des activités de formation et de perfectionnement :

- des conférences ;

- des colloques régionaux ;

- un congrès provincial biennal ;

- des collaborations avec les maisons d'enseignement.

De même, elle a diffusé des outils de sensibilisation et de formation concernant l'intégration d'enfants handicapés et publié un ouvrage de référence et de soutien professionnel, *Le service de garde en milieu scolaire : un défi éducatif*, et qu'un outil pédagogique destiné aux enseignantes de maternelles et aux éducatrices qui accueillent les enfants de quatre ans provenant de milieux défavorisés.

L'Association possède un centre de documentation accessible aux membres et aux étudiants. On y trouve des vidéos traitant de sujets tels que le passage de la garderie à la maternelle, les enfants handicapés, la prévention de la violence, le développement sexuel des enfants, l'école et les familles, etc. On peut aussi emprunter des trousses éducatives contenant une foule d'informations et d'activités touchant divers sujets comme le jardinage, la musique et la danse traditionnelle, le fonctionnement du corps humain, les loups, la navigation, les oiseaux. On peut consulter des exemples de projets à long terme concernant la découverte du Québec, les pirates, les Amérindiens, le théâtre, le monde cavernicole, la découverte de l'espace, la création d'un vidéo, d'un journal, l'Halloween, le jardinage, la fête des Mères, etc. Ces projets ont été réalisés par des étudiantes en « techniques d'éducation en services de garde ».

QUESTIONS DE RÉVISION

1. Comment établir les conditions nécessaires à la bonne entente entre l'école et le SGMS ?

2. Nommez quelques stratégies qu'une éducatrice peut adopter pour améliorer sa relation avec les parents.

3. Quelles actions pourrait-on promouvoir pour que le SGMS soit davantage intégré et reconnu à l'école ?

4. Quelle est l'importance pour un SGMS de se doter d'un comité consultatif de parents ?

5. Quels sont les avantages qu'un membre du service de garde siège au conseil d'établissement ?

6. Si vous faites un stage en service de garde en milieu scolaire, décrivez trois situations où l'éducatrice communique avec les parents. Commentez une situation où les compétences de communication laissent à désirer. Cette situation aurait-elle pu être traitée autrement ?

7. L'enfant peut-il se développer au maximum dans un milieu qui a cessé d'évoluer, de se remettre en question, de s'autocritiquer ?

8. Un service de garde peut-il maintenir une qualité de vie appréciable s'il ne se demande jamais s'il est sur la bonne voie ?

9. De quelle façon un service de garde peut-il développer un partenariat avec la communauté ?

CHAPITRE 4

Le développement physique et social

OBJECTIFS

- Décrire les étapes du développement physique, sexuel et social chez les enfants d'âge scolaire.

- Signaler les principaux problèmes qui accompagnent ces étapes.

- Indiquer comment ces changements sont vécus en SGMS.

- Souligner l'importance de l'amitié afin de favoriser le développement social des enfants.

- Préciser les attitudes à adopter pour favoriser le développement physique, sexuel et social de l'enfant.

Lorsqu'on s'interroge pour savoir si le développement d'un enfant correspond à l'énoncé des théories des diverses écoles, il faut se garder des conclusions hâtives. Bien qu'il soit important de connaître les théories du développement de l'enfant, on doit se rappeler qu'il s'agit de généralités. Il est possible, en effet, que nous ayons tous un jour rencontré des enfants qui défiaient la plupart les théories formulées, sinon toutes. Un enfant dont le développement ne correspond pas aux schémas des diverses théories n'est pas nécessairement anormal pour autant. Il y a des enfants à ce point uniques qu'il est difficile de les classer.

D'ailleurs, une éducatrice devra éviter toute catégorisation ou normalisation qui incite immanquablement à porter un jugement de valeur. Les théories du développement de l'enfant sont descriptives et non normatives. Elles ne peuvent jamais prévoir exactement comment l'enfant se développera. Car, bien qu'il y ait des étapes immuables dans le développement, on constate également qu'il existe des différences dans les rythmes d'acquisition selon les sujets. C'est la raison pour laquelle une théorie ne peut que décrire comment certains groupes d'enfants se développent et évoluent avec le temps.

4.1   LE DÉVELOPPEMENT PHYSIQUE

Par développement physique, on entend tous les changements corporels qui affectent l'enfant : l'augmentation du poids et de la taille, la maturation osseuse, dentaire, sexuelle, etc. En fait, la transformation physiologique est le développement progressif de tout le corps suivant des phases alternées de latence et de poussée. Les changements physiques chez la plupart des enfants s'effectuent plus rapidement au cours de la période préscolaire et durant les années d'adolescence.

Les différences physiques entre les enfants d'âge préscolaire, ceux du primaire et les adolescents sont notables. Vers six ans, l'enfant émerge des formes potelées de la petite enfance pour adopter une morphologie qui commence à différencier le garçon et la fille. La croissance est rapide chez les enfants de 0 à 6 ans et chez les adolescents. Elle se fait à un rythme lent, mais régulier pendant les années du primaire jusqu'à la période précédant la puberté. Avant d'examiner les différentes tendances de la croissance chez les enfants du primaire, il est important de mentionner que les rythmes d'évolution entre les deux sexes sont différents. Les enfants font généralement une poussée de croissance juste avant la puberté. Pour les filles, cette poussée survient habituellement entre 9 et 10 ans. Chez les garçons, elle est plus tardive et apparaît avec un décalage d'environ deux ans par rapport aux filles. Par conséquent, les filles sont habituellement plus précoces que les garçons durant les années du primaire. Cependant, faut-il le rappeler, il existe de nombreuses exceptions à cette règle.

4.1.1   LES DIFFÉRENTS JALONS DU DÉVELOPPEMENT PHYSIQUE

La croissance

Durant les années du primaire, la taille d'un enfant croît à un rythme de 5 à 6 pour cent environ par année. Puisque la taille équivaut à la croissance de l'ossature et puisque le squelette est relativement résistant aux forces extérieures comme la maladie, la nutrition, l'exercice, etc., la taille tend à augmenter de façon assez régulière.

Jusqu'à l'âge de dix ans environ, les garçons sont en moyenne un peu plus grands que les filles. Toutefois, de 9 à 10 ans et jusqu'à l'âge de 15 ou 16 ans, la taille des filles dépasse légèrement celle des garçons.

La maturation s'observe aussi en matière de dentition. C'est seulement au début de la période scolaire que les premières dents de lait tombent. Elles sont remplacées par des dents permanentes.

La qualité des soins, de l'alimentation, du sommeil et de l'hygiène est fondamentale pour le bien-être de l'enfant. Il a besoin d'un apport calorique élevé parce que son organisme subit une série de modifications. Il doit donc manger suffisamment. Une alimentation incomplète ou présentant des carences en protéines ou en vitamines peut entraver sa croissance. Une bonne nutrition permet aux os, aux muscles et aux autres tissus corporels de se développer normalement. Elle fournit aussi à l'enfant l'énergie nécessaire pour être actif. L'enfant d'âge scolaire a besoin d'un régime équilibré privilégiant la consommation d'aliments sains afin de satisfaire son appétit, nourrir son organisme en croissance et soutenir une plus grande activité. Il est également important qu'il apprenne les rudiments d'une saine alimentation afin de d'acquérir très tôt de bonnes habitudes.

ÉLÉMENTS DE RÉFLEXION

Dans un SGMS, les enfants pourraient contribuer au choix et à la préparation des repas et des collations. Ce serait une excellente occasion de favoriser les discussions concernant l'alimentation. Les enfants apprennent toujours mieux lorsqu'on leur donne la chance d'expérimenter par eux-mêmes et de prendre des décisions qui les concernent. De cette manière, l'idée d'une bonne alimentation peut vraiment s'actualiser pour eux, car ils comprennent mieux l'importance de la nutrition. Dépendant de la clientèle, les SGMS peuvent aussi combler les besoins alimentaires des enfants en fournissant un apport nutritif supplémentaire à ceux qui éprouvent des problèmes de malnutrition.

À l'intérieur de chaque groupe, surtout chez les plus âgés, il y a des enfants de tailles différentes. Certains d'entre eux en font un complexe : ils se considèrent soit trop petits, soit trop grands. Généralement, les garçons souffriront d'un complexe en raison de leur petite taille alors qu'à l'inverse les filles se sentiront mal dans leur peau si elles sont plus grandes que la moyenne. Beaucoup d'enfants sont mal à l'aise lorsqu'ils diffèrent de la norme. En étant consciente de cet aspect, l'éducatrice du SGMS peut les aider en leur faisant accepter et apprécier leur taille.

Le poids

Durant la période de l'enfance moyenne, le poids d'un enfant augmente généralement à un rythme d'environ 10 pour cent par année. Il augmente de façon moins régulière que la taille, puisqu'il subit davantage l'influence de facteurs environnementaux comme la maladie, la nutrition et l'exercice. Par conséquent, on constate dans n'importe quel groupe d'âge scolaire que les variations en poids sont plus importantes que celles en taille. Jusqu'à l'âge de 11 ans, les garçons sont en général plus lourds que les filles. Après cet âge, ce sont les filles qui pèsent davantage que les garçons.

ÉLÉMENTS DE RÉFLEXION

Il est fréquent que les enfants aux prises avec un problème d'obésité soient l'objet de taquineries et de moqueries. Il leur arrive aussi d'avoir de la difficulté à se faire des amis. En ce sens, l'éducatrice peut leur venir en aide pour leur enseigner certaines habiletés sociales. Elle peut les encourager à devenir plus actifs, à mieux s'alimenter et à s'accepter comme ils sont. Il est important de trouver des moyens de promouvoir l'activité physique et de convaincre les enfants souffrant d'un excédent pondéral que, pour reprendre un cliché, « la modération a bien meilleur goût ». Pour certains, l'argument selon lequel l'exercice améliorera leur apparence et les rendra plus attirant pour le sexe opposé peut réussir à les convaincre. L'importance de s'adonner à l'activité physique demeure un objectif primordial à transmettre à ces enfants.

La modification des proportions

Comparés aux enfants d'âge préscolaire, les enfants du primaire paraissent plus gracieux et moins gauches. Avec un centre de gravité plus bas, un ratio taille-poids plus équilibré et des capacités motrices améliorées, ils sont généralement plus solides sur leurs pieds que les plus jeunes. Ces nouvelles proportions et ce meilleur équilibre leur permettent de mieux contrôler leur motricité. Une distribution du poids sur toute la structure corporelle les aide à garder l'équilibre tout en courant, grimpant, sautant, etc.

ÉLÉMENTS DE RÉFLEXION

Il est important de fournir aux enfants de nombreuses occasions de jeux afin de leur donner la possibilité de dépenser de l'énergie et d'exercer leur motricité globale. Des activités leur permettant de grimper et de descendre, de sauter et de se balancer devraient être au programme. Les cours d'école, les parcs, les terrains de jeux et les gymnases devraient être accessibles régulièrement. Les enfants devraient également avoir la possibilité de participer à des excursions pleines d'aventures et de défis en plein air. Par ailleurs, des journées d'activités spéciales peuvent être organisées telles que des olympiades, des jeux en piscine, un « Fort Boyard » ou, encore, des activités d'hébertisme.

Un meilleur contrôle de la motricité

La majorité des enfants du primaire connaissent une amélioration significative dans le contrôle et la coordination de leur motricité globale et fine. Le développement de la motricité globale se répercute sur la rapidité, la puissance, la coordination, l'agilité et l'équilibre. L'enfant de cet âge améliore sa motricité en même temps qu'il acquiert de nouvelles habiletés. Il est capable de courir plus vite, de sauter plus haut et plus loin, de mieux lancer, d'attraper et de botter un ballon, etc. Il profite d'une plus grande maîtrise de mouvements complexes comme ceux qui sont exigés pour la danse, la nage, le patin, le tennis, etc.

La motricité fine concerne les fonctions motrices d'une région corporelle, sans que les autres parties du corps ne soient nécessairement mises à contribution. Le développement des compétences de motricité fine se traduit par une augmentation spectaculaire des habiletés manuelles comme la capacité à écrire et à dessiner. Une meilleure coordination des nerfs et des mouvements des muscles rend possible cette nouvelle dextérité. L'enfant peut apprendre à pratiquer des activités requérant des habiletés manuelles comme celles qui sont nécessaires pour actionner les touches d'un ordinateur, pour effectuer des trucs de magie et des nœuds ou pour apprendre à jouer d'un instrument de musique, etc. L'éducatrice peut évaluer la progression de cette motricité fine en suivant l'évolution des dessins, des bricolages et des peintures.

ÉLÉMENTS DE RÉFLEXION

Pour inciter l'enfant à développer sa motricité fine et globale, il est nécessaire de l'encourager et de le valoriser au cours du processus d'apprentissage. Pour pratiquer et intégrer ses habiletés récemment acquises, il a besoin d'avoir suffisamment de temps. Les fêtes et les spectacles constituent une bonne occasion pour lui de montrer son savoir-faire et ses talents et de faire la démonstration de ses compétences devant les personnes qui comptent à ses yeux.

La force et l'endurance

Au cours du primaire, les muscles et les tendons se développent et se renforcent. La respiration de l'enfant se modifie ; elle devient plus lente, plus profonde et plus régulière. Les infections des voies respiratoires deviennent plus rares et moins fortes que durant la petite enfance. Durant ces années, le cœur grossit lentement. Si on le compare à d'autres stades de la vie, il est même petit proportionnellement au reste du corps. Jusqu'à la fin des années scolaires, les battements du cœur de l'enfant atteindront probablement la moyenne de l'âge adulte, soit 70 à 100 battements la minute. Des voies respiratoires et un cœur en santé aident l'enfant à accroître son endurance et sa vigueur et lui permettent de participer aux activités qui requièrent une grande capacité cardiovasculaire sur une plus longue période de temps.

ÉLÉMENTS DE RÉFLEXION

Le programme éducatif devrait comprendre des activités requérant une bonne dose d'énergie afin de permettre à l'enfant d'améliorer son endurance et sa force et de les évaluer. L'enfant aime afficher la force et la maîtrise qu'il a récemment acquises. Il est fier de démontrer aux autres ses nouvelles capacités physiques. En devenant de plus en plus conscient de ses habiletés motrices, il acquiert nécessairement plus d'assurance.

L'exercice procure un sentiment de bien-être physique et psychique ; bouger constitue un moyen de libérer les tensions et d'équilibrer les énergies. L'enfant d'âge scolaire a tendance à dépenser beaucoup d'énergie, mais il se fatigue aussi très vite. Il a besoin de participer à des jeux actifs, combinés à des activités plus tranquilles. L'éducatrice devrait être consciente du fait que certains enfants ne sont pas physiquement en forme. Ceux qui regardent trop la télévision, qui jouent assidûment à des jeux électroniques et qui pratiquent rarement une activité sportive ne développent pas leur force et leur endurance. Il faudrait encourager ces enfants à goûter aux plaisirs des activités physiques, sans toutefois brimer leurs intérêts. L'alternance des activités motrices et de détente s'avère également essentielle. Ces deux aspects doivent faire l'objet d'une attention particulière lors de la planification des activités.

Afin que son développement physique se fasse de manière optimale, l'enfant a besoin de bouger. Ce besoin peut se traduire par des activités qui exigent de l'énergie tels un jeu extérieur ou un sport. Il peut également s'agir d'une activité qui demande de la concentration comme le ballon-poire, le saut à la corde, la marelle. Comme le service de garde représente le creuset idéal pour initier les enfants à la pratique régulière d'une activité physique, il lui incombe d'offrir des jeux qui sauront plaire.

La détente

Dans une même journée, les sentiments négatifs s'accumulent. Les adultes, mais aussi la vie en groupe peuvent en être la cause. Après l'école, il arrive souvent qu'on entende des enfants se plaindre qu'ils sont épuisés. Ils manquent d'énergie et d'entrain. En SGMS, ils vivent de nouvelles frustrations, car ils sont souvent sollicités pour participer à des activités et à des jeux alors qu'ils n'en ont pas toujours envie. Ils doivent donc s'adapter et apprendre à faire des concessions.

Il est profitable pour tout le monde d'intégrer quotidiennement des activités facultatives de détente susceptibles d'atténuer le stress et les tensions. Afin de maintenir un environnement calme, il faut aussi savoir déceler les signes de stress et de fatigue chez les enfants au cours de leurs activités. Il est alors plus facile de désamorcer une situation conflictuelle si on l'a prévue.

Il doit donc y avoir dans le SGMS un coin confortable où les enfants peuvent s'isoler pour trouver la tranquillité et où ils ont le droit de ne rien faire, s'ils le désirent. Cet endroit doit susciter une douce impression de calme et de paix.

4.2   LE DÉVELOPPEMENT SEXUEL

La maturation sexuelle commence habituellement durant la dernière moitié ou à la fin du primaire et entraîne des modifications physiques marquées. Les filles et les garçons se différencient de plus en plus en tant qu'êtres sexués.

Comme les autres aspects de la croissance et du développement, les changements qui se produisent durant la maturation sexuelle suivent une séquence définie. Pour les filles, le début de la puberté survient vers 11 ans, alors que pour les garçons cette période se situe environ six mois plus tard. Toutefois, le moment et la vitesse de ces changements varient considérablement d'un enfant à l'autre.

Il est important de se rappeler que chaque enfant se développe de façon différente et selon son rythme. Ceux qui grandissent lentement peuvent paraître gauches et maladroits. Les changements corporels sont vécus différemment par chacun. La fille qui commence à avoir des seins attire les regards et suscite parfois des remarques désobligeantes. Le garçon costaud est fier de se comparer aux plus petits que lui. Par contre, l'enfant plus petit, malhabile ou maigre peut vivre péniblement cette période. Ces enfants risquent de se faire harceler beaucoup durant les années du primaire. Ils auront besoin, pour gagner de l'assurance, d'acquérir des habiletés qui leur sont propres, de trouver des modèles à qui s'identifier ou des héros à admirer et à imiter. Les éducatrices devraient prôner auprès des enfants les valeurs de respect, d'acceptation et de tolérance et décourager les taquineries. Le dénigrement est tout simplement inacceptable.

La préadolescence est l'âge où l'enfant commence à s'intéresser de plus en plus au sexe opposé. Il s'ensuit souvent des relations interpersonnelles difficiles marquées par l'affrontement et les taquineries. Le mépris que le garçon affiche à l'égard « des filles » masque difficilement l'intérêt qu'il leur voue en secret. Les filles expriment leur attirance plus ouvertement que les garçons. Peu à peu, ils apprennent à entretenir des relations normales avec le sexe opposé.

L'utilisation d'un langage à connotation sexuelle et les conversations ayant trait au sexe trahissent aussi l'intérêt croissant de l'enfant pour ce sujet. Quelquefois, il va parler de sexe simplement pour attirer l'attention. Certains éprouvent un malin plaisir à scandaliser leur entourage par leur langage ou leurs blagues axées sur le sexe. Ces propos peuvent trahir le désir d'en savoir plus. Le rôle de l'éducatrice consiste à tenter de répondre aux questions avec tact et précision. Elle aura parfois à expliquer la signification de certains mots et elle devra apprendre aux enfants à différencier le normal du vulgaire en se rappelant que certains enfants, les garçons particulièrement, croient que la vulgarité est synonyme de virilité. Elle devra expliquer que certaines expressions risquent d'offenser et, par respect pour les autres, qu'il est nécessaire de les éliminer.

Dans notre société moderne, le sexe est hautement commercialisé et exploité. Il peut arriver qu'un enfant soit troublé par ce qu'il voit à la télévision, au cinéma, dans les revues ou sur Internet, ce qui peut l'amener quelquefois à dire ou à faire des choses inappropriées. La découverte de la sexualité peut l'inciter à l'expérimenter. Il peut s'ensuivre une culpabilité et une gêne à ce propos. En étant sensible à ses préoccupations, on peut l'aider à trouver les bonnes réponses afin de départager ce qui est vrai de ce qui ne l'est pas. L'éducation sexuelle consiste avant tout à informer et à expliquer. Il est essentiel de satisfaire la curiosité de l'enfant.

ÉLÉMENTS DE RÉFLEXION

Le besoin de savoir d'un enfant est légitime. Cependant, si les commentaires de l'éducatrice concernant le sexe sont mal interprétés, cela pourrait la mettre dans une situation embarrassante susceptible d'aller jusqu'à menacer sa carrière. Par mesure de précaution, lorsque l'enfant insiste pour avoir des explications sur le sexe, les parents devraient toujours être mis au courant. Si ces derniers sont d'accord pour que l'éducatrice réponde aux interrogations de l'enfant à ce sujet, elle devrait quand même s'assurer qu'elle le fait, autant que possible, en présence d'un autre adulte.

4.3   LE DÉVELOPPEMENT SOCIAL

L'enfant, dans la société d'aujourd'hui, commence sa vie sociale de plus en plus tôt. Il va en garderie en très bas âge et c'est ainsi qu'il fait face à de nouvelles exigences sociales. Parallèlement, il est souvent engagé dans divers types d'activités organisées comme les équipes de soccer, les scouts ou les cours de judo. Il s'ensuit que, très tôt, il vit avec un groupe pendant une partie importante de la journée. Il rencontre beaucoup plus de monde et sa vie sociale s'élargit énormément. Plus il établit des contacts, plus il augmente sa capacité d'établir des relations interpersonnelles et de développer des habiletés lui permettant de s'intégrer aux différents groupes. Ce processus de socialisation exige un effort d'adaptation assez important.

En SGMS, l'éducatrice participe activement au processus de socialisation. Avec la contribution des parents, elle aide l'enfant à comprendre les particularités de son milieu et de sa culture. Bien sûr, l'enfant fait aussi l'apprentissage de la société au sein de son propre milieu familial et il y développe un certain nombre d'habiletés, mais ses rapports avec les membres de sa famille sont régis par la hiérarchie. C'est grâce aux relations interpersonnelles qu'il établit avec ses camarades que l'enfant va apprendre comment survivre parmi ses pairs dans une grande variété de situations sociales. C'est avec ses amis et ses camarades qu'il va s'initier aux principes sociaux qui sont nécessaires pour le maintien d'une société démocratique. Une fois que l'enfant comprend les notions élémentaires de compromis et de coopération, il peut utiliser ces habiletés dans plusieurs domaines.

4.3.1 L'AMITIÉ

Qu'est-ce que l'amitié ? C'est un sentiment réciproque d'affection fondé sur des liens non familiaux. La capacité de se faire des amis revêt une importance capitale dans le processus d'évolution sociale de l'enfant. Les amitiés peuvent être une source de plaisirs intenses ou de profondes frustrations. Elles sont vitales pour la qualité de vie de l'enfant.

Il convient de faire une distinction entre les amis et les pairs. Un ami est habituellement un pair, mais un pair n'est pas nécessairement un ami. Les pairs sont généralement du même âge, proviennent du même milieu socioéconomique et du même quartier ou village et partagent normalement les mêmes intérêts. Les pairs sont des « égaux » en ce sens qu'ils sont tous membres d'un même groupe social.

Au fur et à mesure que l'enfant franchit les étapes du primaire, le groupe de pairs prend de plus en plus d'importance dans son processus de socialisation. L'enfant qui entretient des rapports interpersonnels positifs et productifs avec ses pairs se construit une solide compétence sociale. En développant cette capacité de s'entendre avec les camarades de son âge, l'enfant acquiert un sentiment de pouvoir, le sentiment qu'il peut agir sur son environnement social.

Les amis constituent une source importante d'informations pour l'enfant d'âge scolaire. Ce dernier a besoin de camarades comme modèles, car ceux-ci lui procurent des renseignements importants que les adultes ne lui fournissent pas. L'enfant acquiert plusieurs comportements nouveaux grâce à l'observation et à l'imitation des autres. C'est à ses camarades qu'il se compare afin d'évaluer ses habiletés, ses forces et ses limites. Au fur et à mesure qu'il vieillit, l'enfant du primaire en vient à se voir comme les autres le perçoivent. Par conséquent, ses amis jouent un rôle prépondérant dans le façonnement de son identité personnelle.

Grâce à l'amitié, l'enfant fait l'apprentissage d'habiletés sociales, c'est-à-dire d'un large éventail de techniques visant à établir et à gérer ses interactions sociales. La communication, peut-être la plus importante de ces habiletés, dépend largement, pour être efficace, de la capacité de se voir à la place d'une autre personne. Il est important qu'un enfant apprenne à penser aux autres, à leurs désirs et à leurs besoins. Sinon, il aura très peu d'amis qu'il ne pourra sans doute pas conserver non plus.

Il doit aussi apprendre à exprimer ses propres désirs et besoins de manière à les satisfaire. Ses interactions avec ses semblables permettent à l'enfant de développer des échanges donnant, donnant à travers lesquels il trouve son propre style, sa propre personnalité et sa propre façon d'établir ses relations amicales. Se faire des amis et les garder exigent de la part de l'enfant plusieurs autres habiletés sociales, incluant la capacité de faire participer les autres à une activité ainsi que le tact et l'aptitude à résoudre des conflits.

ÉLÉMENTS DE RÉFLEXION

Il est important que le personnel réalise que l'enfant acquiert plusieurs habiletés sociales non seulement dans son milieu familial, mais aussi grâce à ses rapports avec ses amis. Le programme éducatif des SGMS devrait être conçu de façon à ce qu'il puisse réaliser cet apprentissage naturel et créer des liens amicaux. L'éducatrice doit chercher à promouvoir les amitiés et les interactions spontanées dans le groupe, entre autres, en plaçant les tables pour les jeux et le dîner de manière à encourager ces choix. Ce faisant, elle permet à l'enfant de sélectionner son ou ses partenaires pour certaines activités. Elle doit organiser des jeux de coopération et favoriser la cohésion et les relations harmonieuses entre les membres du groupe. Elle doit aussi inciter les enfants à réagir aux propos des autres de façon constructive. Une façon d'atteindre ces objectifs pourrait être la création d'un groupe-conseil de pairs, donnant ainsi aux enfants la possibilité d'échanger leçons et valeurs sociales.

4.3.2 L'IMPORTANCE DE SE FAIRE DES AMIS

Les amis exercent trois fonctions principales dans la vie des enfants du primaire : ils fournissent une occasion d'acquérir des habiletés sociales, ils facilitent les comparaisons sociales et, finalement, ils créent un sentiment d'appartenance à un groupe. Certains enfants sont sociables de nature et ont de la facilité à se faire des amis presque sans effort. D'autres éprouvent, au contraire, beaucoup de difficultés en cette matière ; ils sont solitaires ou timides ou n'ont pas l'habitude de la vie de groupe. L'éducatrice doit considérer l'amitié comme une habileté à acquérir, comme d'ailleurs n'importe quel autre savoir-faire. Les enfants ont besoin de trois importantes habiletés pour se faire des amis et pour les garder : a) la capacité d'adopter le point de vue de l'autre ; b) celle de voir les autres comme des êtres psychiques autant que physiques ; c) celle d'être sociable.

A) *Adopter le point de vue de l'autre*

Les enfants d'âge préscolaire ont tendance à être égocentriques dans leurs perceptions des règles sociales. Cette individualité très prononcée amène chaque enfant à se croire le « centre de l'univers ». Les autres sont ses amis en raison de ce qu'ils peuvent faire pour lui. Il dira :« il est mon ami parce qu'il joue avec moi » ou « il est mon ami parce qu'il me prête son jouet ». L'enfant avec un peu plus de maturité commence à réaliser que les autres ont aussi des besoins et des sentiments. Il réalise également qu'ils veulent que leurs besoins soient satisfaits et que se faire des amis suppose un certain type d'échanges donnant, donnant. L'émergence de la capacité à adopter le point de vue d'une autre personne peut être considérée comme un signe de maturation sociale.

ÉLÉMENTS DE RÉFLEXION

Pour encourager l'enfant à prendre l'habitude d'adopter le point de vue des autres, l'éducatrice peut lui demander : « Que penses-tu que ton petit camarade ressent présentement ? » ou « Crois-tu que ta copine voit les choses exactement de la même façon que toi tu les vois ? » ou « Comprends-tu pourquoi il a agi de cette façon ? »

B) *Voir les autres comme des êtres psychiques*

L'enfant du préscolaire a tendance à voir les autres principalement comme des êtres physiques. Quand il décrit ses camarades, il ne les représente que physiquement. À titre d'exemple, il dira : « Mon ami a les cheveux roux » ou « C'est lui qui court le plus vite ! » Au fur et à mesure qu'il acquiert de la maturité, il commence à percevoir chez les gens la dimension psychologique. Désormais, il comprend que les amis sont plus que de commodes partenaires de jeux, qu'ils sont des personnes qui éprouvent comme lui des sentiments. Les plus vieux sont capables d'ajouter à leur description physique des caractéristiques psychologiques comme « Il est toujours de bonne humeur » ou « Elle aime les mêmes choses que moi ». La capacité de percevoir l'autre en tant qu'entité psychique signifie que l'enfant le voit comme un être humain, quelqu'un digne de respect et de considération. Cette prise de conscience forme la base de toutes les autres habiletés à se faire des amis.

 ÉLÉMENTS DE RÉFLEXION

Il serait bon d'encourager chaque enfant à réfléchir sur sa conception de l'amitié. « Pourquoi a-t-il des amis ? Quel critère utilise-t-il dans le choix de ses amis ? Veut-il conserver ses amis longtemps et, si oui, comment s'y prendra-t-il ? » Les réponses des enfants à ces questions les amèneront à considérer l'amitié comme une relation à long terme. L'éducatrice pourrait également parler de ses propres amitiés et de ce qu'elles représentent pour elle. Cela pourrait être un bon moyen de leur faire réaliser comment les autres se font des amis et qu'il est possible de les conserver pendant longtemps. Pour apprendre aux enfants à traiter les autres comme des êtres psychiques dignes de respect, l'éducatrice devrait adopter les mesures suivantes :

- Chaque fois que l'occasion se présente, souligner les qualités des enfants, « Merci d'être honnête Carl ».

- Habituer les enfants à décrire leurs camarades en termes psychologiques, par exemple, « Qu'est-ce que vous croyez que Brigitte pensait lorsqu'elle est sortie de la pièce ? »

- Valider les réactions de chaque enfant, incluant les manifestations ayant trait à l'échelle de valeur, aux attitudes et aux croyances, par exemple, « Cette question a l'air d'être importante pour toi » ou « Qu'est-ce qui fait que tu aimes quelqu'un ? » ou « Je ne suis pas sûre que je suis d'accord avec toi, mais je respecte ton point de vue. »

C) *Être sociable*

L'enfant d'âge préscolaire a tendance à percevoir les interactions sociales (jouer, parler, etc.) comme des échanges ponctuels et éphémères. Si on demandait à un enfant de la maternelle pourquoi il joue avec tel enfant en particulier, il pourrait répondre quelque chose comme « parce qu'il est là » ou « parce que c'est lui qui avait le jouet ». Au fur et à mesure qu'il vieillit, il perçoit ses interactions du point de vue de relations susceptibles de durer. Il réalise qu'il ne va pas vers n'importe qui, qu'il préfère certains enfants à d'autres et qu'il a développé des liens avec une autre personne qui a un passé, un présent et, possiblement, un avenir. L'enfant en vient à considérer le concept d'amitié comme une relation continue et durable plutôt qu'un moyen utilisé momentanément pour jouer.

La plupart du temps, les enfants saisissent les notions d'ami et d'amitié grâce à d'autres enfants et non grâce aux adultes. Une éducatrice aura beau discourir sur la façon de se faire des amis, en fait, c'est l'enfant lui-même qui doit apprendre à développer cette habileté à travers ses interactions avec ses semblables. Au fil de ses échanges avec ses camarades, l'enfant découvre que, sous certains aspects, les autres lui ressemblent, mais aussi qu'ils sont différents. C'est alors qu'il tentera de collaborer avec les autres, qu'il apprendra à apprécier leurs capacités, leurs valeurs et leurs aspirations. En somme l'amitié commence lorsqu'on peut dire à quelqu'un : « Tu n'es pas comme moi, tu as raison d'être comme tu es et je t'apprécie parce que tu es différent de moi. »

ÉLÉMENTS DE RÉFLEXION

La qualité du réseau social de l'enfant est déterminante. Celui-ci apprend à entretenir de bonnes relations s'il trouve dans son milieu environnant plusieurs modèles de personnes sociables, ayant une attitude positive et qui sont capables de communiquer efficacement. Plus l'enfant est en contact avec des gens sociables à qui il peut s'identifier, plus il est susceptible de le devenir. Les enfants façonnent leurs comportements sociaux sur les modèles qui s'offrent à eux. Ils ont donc intérêt à évoluer dans un SGMS où l'équipe favorise la communication et les rapports harmonieux.

L'éducatrice devrait aussi encourager l'enfant à résoudre lui-même ses problèmes dans les situations où elle sait qu'il possède déjà toutes les compétences sociales nécessaires pour le faire. Toutefois, elle peut lui venir en aide en suggérant des façons qui le guideront dans le processus de résolution de problèmes. Ainsi, elle peut l'inciter à parler à son tour, à considérer le point de vue de l'autre et à respecter une opinion même s'il n'est pas d'accord. Ces lignes directrices combinées à la confiance de l'éducatrice quant à la capacité des enfants à parvenir à une solution peuvent contribuer largement à les aider à mieux se comprendre mutuellement et à acquérir des comportements qui leur permettent de se faire facilement des amis et de les conserver.

4.3.3 LES COMPARAISONS SOCIALES

L'amitié est une tribune où les enfants peuvent se comparer entre eux. On entend souvent de jeunes enfants dire des choses comme : « Je peux courir plus vite que toi » ou « Mon dessin est plus beau que le tien ». Au premier abord, cette attitude peut sembler compétitive. Toutefois, lorsqu'on s'y arrête un peu, on découvre que ce genre d'affirmation reflète simplement un besoin de s'évaluer en fonction des autres. Ce que l'enfant veut dire, c'est peut-être moins qu'il est mieux qu'un autre, mais plutôt comment il s'en tire comparativement aux autres enfants de son âge. La comparaison sociale est parfois nécessaire afin que l'enfant acquière une image de lui-même conforme à la réalité. En fait, cela le motive parfois à « se développer », précisément parce qu'il se rend compte qu'il est en retard par rapport à ses camarades.

ÉLÉMENTS DE RÉFLEXION

Même si l'enfant du primaire se compare constamment aux autres, l'éducatrice devrait éviter de faire de même. Elle peut l'aider dans la recherche de son identité en l'encourageant à comparer ses habiletés actuelles avec celles d'avant. Cette façon de procéder permettra à l'enfant de prendre conscience de son propre développement plutôt que de se comparer négativement avec ses amis. De plus, toute compétition entre eux devrait être évitée.

4.3.4 L'APPARTENANCE AU GROUPE

Vers 7 ans, l'enfant éprouve un grand besoin d'appartenir à un groupe, de faire partie d'une bande qui partage les mêmes règles. Les enfants de cet âge aiment s'organiser entre eux, constituer des sous-groupes d'amis, de même sexe, du même âge et ayant les mêmes intérêts. Le sentiment d'appartenance à un groupe peut donner à un enfant un certain degré de sécurité émotive, spécialement lorsque les choses ne vont pas bien à l'école ou à la maison. C'est ce qui explique souvent sa résistance farouche face au déménagement. Un enfant qui possède un sentiment d'appartenance se voit comme un membre important d'un groupe plus large. Il utilise ensuite cette idée qu'il a de lui-même pour s'épanouir en tant que personne. Les enfants peuvent créer aussi leurs propres réseaux de soutien entre eux. Cet esprit d'équipe entraîne l'action collective.

ÉLÉMENTS DE RÉFLEXION

Les programmes éducatifs de SGMS devraient fournir aux enfants une foule d'occasions d'échanger avec leurs camarades à l'intérieur de groupes où les membres font preuve de respect et d'un esprit constructif. Si l'éducatrice sait accorder au phénomène de la bande toute sa valeur et si elle connaît l'importance de la relation de l'enfant avec ses pairs, elle comprendra alors que les bandes et les clubs secrets ont leur utilité. Ils favorisent chez l'enfant un sentiment d'appartenance grâce auquel il acquiert des valeurs telles que la loyauté, la participation et l'empathie. L'éducatrice peut créer (ou permettre aux enfants d'organiser) une variété de clubs dans le cadre du programme. Il pourrait s'agir d'un club de collectionneurs, de voyages ou d'informatique. Les enfants peuvent trouver au sein de ces groupements l'occasion d'interagir avec leurs pairs. De plus, si le club est géré adéquatement, ils auront la chance d'apprendre à communiquer efficacement avec les autres d'une manière respectueuse et productive.

4.3.5 LE CONFORMISME

On a souligné précédemment l'influence des pairs sur l'enfant du primaire. Ce dernier est largement exposé aux valeurs multiples de ses camarades. Ces valeurs exercent une forte pression sur l'enfant qui doit les adopter s'il veut être accepté. L'influence des pairs est très persuasive ; elle impose aux autres ce qu'il faut penser et comment il faut agir. Les enfants apprennent ces comportements sociaux par l'imitation, les jeux, les arts, l'humour et le langage.

L'utilisation d'un langage particulier, à la mode ou branché est propre à certains milieux et à certains groupes. Ce phénomène crée des connivences entre les membres du groupe, mais aussi des exclusions pour les non-initiés. Un groupe peut partager un même vocabulaire, un même code secret ou simplement un langage modifié. Souvent, les membres d'un groupe vont encourager et récompenser l'utilisation d'un langage cru. Ce comportement peut être une indication d'appartenance au groupe autant qu'une rébellion contre l'autorité. Tout ce qui se rapporte à la mode influence aussi fortement les enfants. À titre d'exemple, les vêtements doivent être impérativement d'une certaine couleur et d'un certain style, sinon c'est le rejet, l'impossibilité de faire partie de la gang.

Or, l'enfant du primaire désire désespérément être accepté par ses pairs. Ce besoin d'être comme tout le monde tourne presque à la hantise. Il ne veut surtout pas se démarquer, même lorsque les agissements du groupe vont à l'encontre de ses valeurs personnelles. Pour lui, il est quelquefois plus important d'être accepté par ses camarades que par les adultes. Ce besoin accru de l'approbation de son entourage coïncide avec l'expansion rapide de sa vie sociale. Il s'opère également un désinvestissement relatif par rapport à la famille au profit des camarades et des héros médiatiques. On assiste également à une certaine ségrégation sexuelle. Les filles et les garçons ont tendance à se retrouver en groupe du même sexe jusqu'à la préadolescence. Ils tentent de s'apprivoiser mutuellement par des taquineries et, éventuellement, certains enfants plus délurés voient naître leurs premières flammes !

Le conformisme cause souvent des problèmes là où s'exerce une forte pression sociale. Certains groupes exigent de la part de leurs membres un conformisme presque total. Une des méthodes utilisées consiste à susciter un sentiment de solidarité en exprimant un comportement ouvertement hostile envers les figures d'autorité et en créant des exclusions. Ce comportement discriminatoire relève d'une mentalité « nous/eux » qui peut être illustrée par les exemples suivants : « Tu peux faire partie de notre groupe à la condition de laisser l'autre gang » ou « Nous sommes fiers d'appartenir à notre bande et nous méprisons tous les autres ». Les exclus peuvent être les filles ou les garçons, les Blancs ou les Noirs, les Juifs ou les Arabes, etc. Cet esprit de clan basé sur la discrimination, la peur, le ressentiment, la colère, la rancune ou le mépris est évidemment malsain. Cela peut dégénérer en actions destructives engendrées par des idées également destructives. Un enfant qui prend pour modèles des personnes haineuses ou rancunières ne se réserve certainement pas une vie heureuse. Il convient de préciser que ce sont les enfants de 7 à 10 ans qui sont les plus vulnérables aux pressions de leur entourage.

ÉLÉMENTS DE RÉFLEXION

Bien qu'une éducatrice puisse réussir à minimiser les conséquences des pressions négatives d'un groupe, il lui est toutefois impossible de les éliminer totalement. Le fait que les enfants s'efforcent de se conformer aux valeurs et aux normes de leurs pairs ne cause pas réellement un problème. C'est lorsque l'influence est de quelque façon que ce soit destructive qu'il faut s'inquiéter. Par voie de conséquence, le défi pour une éducatrice consiste à permettre à cette pression de trouver un exutoire positif. L'organisation occasionnelle de discussions visant à parler ouvertement de l'influence du groupe peut contribuer largement à sensibiliser les jeunes aux dangers de la pression négative des pairs. Il est important que l'enfant trouve l'équilibre entre son développement social (apprendre à s'entendre avec son entourage) et son développement individuel (apprendre à être lui-même). Idéalement, les deux devraient se compléter. Un enfant ne devrait pas acquérir l'un au détriment de l'autre. Une éducatrice peut combattre les fortes pressions négatives en valorisant les différences entre les enfants, car les reconnaître, c'est leur attribuer une valeur dynamique incontestable. Chaque enfant devrait pouvoir évoluer dans un climat où toutes les différences physiques sont acceptées afin d'arriver à s'accepter lui-même, à se respecter et à s'aimer. Il a besoin de sentir que les différences sont valorisées et de comprendre qu'elles sont une manifestation de son individualité.

4.3.6 LES ENFANTS IMPOPULAIRES

Il y a des enfants qui, tristement, n'arrivent pas à se faire des amis parce qu'ils ne possèdent pas les habiletés de base. Sans expérience préalable, l'enfant ne sait tout simplement pas comment nouer des liens d'amitié et comment les maintenir. Malheureusement, l'enfant moins sociable aura tendance à s'isoler de plus en plus ; et plus il s'isolera, moins il aura d'occasions de développer ses habiletés sociales. Ce manque de compétence risque de faire échouer ses tentatives pour établir des contacts, avec ce résultat qu'il sera souvent solitaire.

Les difficultés à se faire des amis peuvent entraîner des conséquences négatives sérieuses d'adaptation. En effet, cela peut se traduire ultérieurement par un risque de délinquance, de décrochage scolaire, de problèmes mentaux et même de suicide. L'éducatrice doit être attentive aux signes susceptibles d'indiquer que l'enfant a du mal à s'intégrer, comme le rejet, les sautes d'humeur, la tristesse et l'isolement.

L'enfant rejeté est aux prises avec l'impuissance parce qu'il ignore les solutions pour résoudre son problème. En général, il désire avoir des relations significatives avec ses camarades. Mais comme il est souvent malhabile dans ses relations interpersonnelles et qu'il manifeste peu de compétences valorisées par le groupe, l'enfant impopulaire a tendance à souffrir d'ennui et de solitude. Endurer la solitude à un si jeune âge s'avère stressant et accablant. L'ennui constitue un sentiment destructif et dangereux. La combinaison des deux sentiments peut mener au désespoir.

ÉLÉMENTS DE RÉFLEXION

Dans chaque service de garde, il se trouve au moins un enfant qui éprouve des difficultés à se faire des amis. L'éducatrice qui cultive l'art de l'observation, c'est-à-dire la capacité de remarquer ce qui arrive autant que ce qui ne se produit pas, peut s'attarder aux aspects suivants : Comment les équipes sont-elles choisies ? Les groupes se forment-ils spontanément ? Qui est toujours choisi ? Qui est toujours laissé pour compte ? Elle doit, par la suite, observer plus attentivement les habiletés qui manquent à l'enfant pour se faire des amis et tenter de rebâtir son sentiment d'estime de soi. L'éducatrice peut choisir de programmer des activités selon une thématique portant sur l'amitié pour les enfants qui éprouvent des difficultés en cette matière.

ENCADRÉ 4.1 • QUELQUES MOYENS DE FAVORISER DES LIENS D'AMITIÉ

- Déceler chez un enfant les comportements qui l'empêchent de se faire des amis. En discuter avec lui. Essayer de savoir s'il est conscient que ses comportements le rendent impopulaire et de l'effet qu'ils produisent chez ses camarades. Explorer avec lui la possibilité d'adopter un plan d'action afin de changer ces comportements indésirables.

- Créer une relation fictive d'amitié avec l'enfant. L'éducatrice devient une sorte de confidente. L'aider à identifier les composantes d'un lien d'amitié : ce qui rend cette relation amicale, comment on fait connaissance, les circonstances où on se fait confiance et celles où on se soutient mutuellement et comment on surmonte les difficultés et les obstacles.

- Demander à l'enfant de décrire le genre d'ami qu'il aimerait avoir et le genre d'ami qu'il voudrait être pour les autres. Lui faire découvrir les attitudes nécessaires pour être un bon ami.

- Aider et soutenir activement les efforts d'un enfant qui tente d'établir une relation amicale. Lui demander de partager avec vous les stratégies qu'il utilise pour se faire des amis. Le conseiller et l'habituer à choisir ses amis judicieusement.

- Valoriser les efforts d'un enfant qui essaie de se montrer amical envers les autres.

- Essayer de créer des situations afin que ses premières tentatives pour se faire des amis soient couronnées de succès.

- Souligner les qualités de l'enfant et le valoriser dans ce qu'il fait et dans sa façon d'être avec ses pairs. L'aider à connaître ses forces particulières et ses talents.

- Encourager et valoriser les comportements amicaux et les présenter comme des valeurs positives pouvant bénéficier à tout le groupe. Organiser des jeux qui obligent les enfants à faire connaissance et à partager leurs intérêts.

QUESTIONS DE RÉVISION

1. Expliquez comment les changements corporels de l'enfant affectent l'image qu'il se fait de lui-même.

2. Comment le préadolescent manifeste-t-il son intérêt à l'égard de la sexualité ?

3. Pourquoi l'amitié est-elle si importante pour les enfants du primaire ? Expliquez de quelle façon un programme éducatif de SGMS peut être planifié afin d'aider les enfants à apprendre à se faire des amis. Utilisez des exemples précis.

4. Quelles sont les trois habiletés nécessaires pour se faire des amis ? Expliquez les.

5. Pourquoi les comparaisons sociales, l'appartenance au groupe et le conformisme sont-ils si importants chez les enfants d'âge scolaire ?

6. Énumérez trois façons par lesquelles une activité du service de garde, comme l'impro, pourrait aider les enfants à se développer physiquement et trois façons par lesquelles elle les aiderait à développer leurs compétences sociales.

CHAPITRE 5

Le développement cognitif et moral

OBJECTIFS

- Décrire les étapes du développement cognitif et moral des enfants du primaire.

- Exposer les principaux aspects qui permettent à l'enfant d'acquérir un sens moral.

- Démontrer la valeur de l'exemple dans l'acquisition du sens moral.

- Préciser les attitudes à adopter pour favoriser le développement cognitif et moral de l'enfant.

Le présent chapitre aborde les étapes du développement cognitif et moral des enfants. On y montre comment s'effectue le passage d'un stade à un autre, fruit de la maturation cognitive et d'une certaine expérience sociale. En effet, la vie collective en service de garde permet l'émergence de l'empathie, de la confiance envers autrui et du sentiment d'appartenance au groupe. L'enfant y apprend à respecter les règles et les autres personnes de son entourage, la base même de sa conscience morale.

5.1   LE DÉVELOPPEMENT COGNITIF

L'expression « développement cognitif » renvoie à la transformation et à l'organisation des structures intellectuelles. L'intelligence est la faculté de comprendre, de raisonner et de rationaliser. Elle englobe la mémoire, la capacité d'adaptation et celle de résoudre des problèmes. La compétence intellectuelle se manifeste à travers l'ensemble de ces processus mentaux.

Au cours des années du primaire, les capacités cognitives de l'enfant progressent de façon importante. Les changements survenant sur le plan intellectuel ont un effet énorme sur les autres aspects du développement de l'enfant, l'affectif et le moral, en raison de leur caractère indissociable.

Jean Piaget, éminent psychologue suisse, a divisé le développement de l'intelligence en quatre périodes : le niveau sensori-moteur, qui se situe entre 0 et 2 ans ; le stade préopératoire, entre 2 et 7 ans ; le stade opératoire, entre 7 et 11 ans ; et, finalement, celui de la pensée formelle, à partir de 12 ans.

5.1.1   LA PENSÉE PRÉOPÉRATOIRE

Au cours des deux premières années de sa vie, le développement mental du bébé est particulièrement rapide et important. Son expérience est constituée de sensations et de mouvements qui se transforment progressivement au moyen d'une coordination sensorielle des actions, sans que n'interviennent la représentation ou la pensée. L'intelligence du nourrisson se développe grâce aux cinq sens : c'est la période sensori-motrice.

Vers l'âge de 2 ans, l'enfant entre dans le stade de la pensée préopératoire avec l'émergence d'un nouvel outil intellectuel. Il s'agit de la capacité de se représenter mentalement les objets et les événements, sans nécessairement avoir de contacts directs avec eux. Progressivement, cette fonction génératrice de la représentation lui permet

d'intérioriser ses perceptions sous forme d'images ou de symboles. Le raffinement de ses idées et la maîtrise du langage jouent un grand rôle durant cette période.

Au stade de la pensée préopératoire, la capacité de conceptualiser permet à l'enfant d'utiliser son imagination et d'amorcer une réflexion menant à une certaine forme de résolution de problèmes. Bien qu'il commence à être de plus en plus habile à interpréter le monde qui l'entoure, sa pensée reste parfois unidimensionnelle et égocentrique. Il a tendance à appréhender une situation ou un problème d'une seule façon, habituellement en se considérant au centre de l'attention, sans se soucier des autres. Par voie de conséquence, il peut échouer lorsqu'il s'agit de résoudre un problème qui le force à tenir compte de plusieurs informations simultanément ou à considérer le point de vue d'une autre personne.

Vers 5 ans, l'enfant a encore besoin de toucher ou de déplacer des objets pour établir des corrélations entre ces objets et saisir un concept. Par exemple, il aura besoin d'utiliser des bâtons de *popsicle* ou des images représentant des pommes pour apprendre à effectuer les opérations d'addition et de soustraction. Même lorsqu'il s'agit de comprendre un concept comme celui de se faire des amis, il se base sur des réalités comme les interactions physiques qu'il a avec ses camarades. Pour faire comme les modèles auxquels il s'identifie, il a besoin de les voir établir un contact visuel, sourire, poser des questions et ainsi de suite. Le passage graduel de la pensée du niveau préopératoire au niveau opératoire concret influence grandement l'enfant du primaire.

5.1.2 LA PENSÉE OPÉRATOIRE CONCRÈTE

Au stade de la pensée opératoire concrète, qui se situe vers 7 ans, l'enfant commence à raisonner et à résoudre des problèmes. C'est ainsi qu'il peut manipuler symboliquement des objets sans avoir besoin d'y toucher ou de les déplacer. La pensée symbolique représente un grand exploit pour un enfant de cet âge. Il peut dessiner un arbre et savoir que cela représente un arbre. Il peut écrire son nom et savoir que cela représente son nom.

La structure mentale de l'enfant du premier cycle évolue de façon décisive. Il devient capable d'analyse. Sa nouvelle faculté de raisonner lui permet d'utiliser la logique et de faire des raisonnements à partir du concret. C'est seulement au seuil de l'adolescence qu'il disposera enfin de la maturité intellectuelle nécessaire pour être capable de raisonner selon le mode déductif. La présence ou le souvenir d'objets concrets ne sera plus nécessaire. Il pourra émettre une hypothèse et la vérifier. Il sera capable de résoudre des problèmes à partir de données abstraites.

ÉLÉMENTS DE RÉFLEXION

Bien que l'enfant de 7 ou 8 ans soit capable d'abstraction, il a encore besoin d'exercer une pensée concrète, c'est-à-dire d'établir des rapports avec ce qu'il connaît et avec la nouveauté. L'enfant a besoin de voir un comportement en termes concrets. Seulement à ce moment-là peut-il l'intégrer et s'imaginer le reproduire. C'est la raison pour laquelle il est si important pour l'éducatrice de donner des exemples et de fournir des modèles de comportements désirés.

L'éducatrice se doit aussi d'utiliser avec les enfants des exemples précis. Supposons qu'elle veuille leur parler de l'importance d'être responsable : ils pourront mieux conceptualiser cette notion si elle leur raconte une histoire ou si elle leur fournit une représentation mentale qui frappe l'imagination. Elle pourrait ainsi expliquer que le fait d'être responsable signifie accepter les conséquences de ses actes. Plus concrètement, cela veut dire qu'il faut tout nettoyer une fois la période de peinture terminée. L'éducatrice pourrait également établir des liens avec des expériences passées. Par exemple, elle peut leur rappeler une situation récente où ils ont collaboré pour réaliser un travail particulier. Elle peut leur demander : « Vous souvenez-vous comment nous avons fait une bonne équipe la semaine dernière ? Eh bien, essayons cette fois-ci de nous entraider et de travailler tous ensemble de la même façon que nous l'avons fait à cette occasion. »

CAPACITÉ D'APPRENTISSAGE DE PLUS EN PLUS GRANDE

Vers 9 ans, les capacités de mémorisation, d'attention et de concentration de l'enfant s'affinent. Par ailleurs, on constate qu'il peut émettre des hypothèses avec facilité et qu'il est capable d'ignorer des informations non pertinentes. Ces développements surviennent en même temps qu'un nouvel intérêt pour l'activité de travail (par opposition à l'activité ludique). L'enfant désire apprendre ce qui l'intéresse.

ÉLÉMENTS DE RÉFLEXION

Il apparaît essentiel pour l'éducatrice de faire tous les efforts possibles afin de connaître les intérêts, les préférences et les objectifs personnels des enfants. Il est également important qu'elle leur propose une grande variété d'activités. Placé devant l'obligation de faire des choix, l'enfant peut non seulement explorer ce qui l'intéresse, mais peut aussi essayer de nouvelles choses et exercer ses talents, ce qui l'amène à trouver de nouveaux intérêts et à se fixer d'autres objectifs.

LE DÉSIR D'EXPLORER

L'enfant du primaire aime découvrir, créer et faire fonctionner de nouvelles choses. Il adore explorer le monde. Plus il apprend de son environnement, plus il accumule des informations pour alimenter sa nouvelle capacité de raisonner. Il aime bien résoudre des problèmes, chercher la solution d'une énigme, démonter des objets pour savoir comment ils sont faits, etc.

ÉLÉMENTS DE RÉFLEXION

Les enfants devraient pouvoir disposer de tout ce qui peut les stimuler et les inciter à explorer, à enquêter, à poser des questions et à résoudre des problèmes. Il peut s'agir d'horloges ou de radios qu'ils auraient le loisir de démonter et, avec un peu de veine, de remonter. Les outils, les jeux de construction comme les blocs Lego, les matériaux de bois ou de tissu, les modèles réduits à assembler et les livres contribuent à satisfaire leur curiosité naturelle. Les activités d'un SGMS devraient être diversifiées et stimulantes, comme on le verra au chapitre 8. On devrait privilégier des méthodes actives où l'enfant participe à part entière à la conception, à la réalisation et à l'évaluation des projets. Le rôle de l'éducatrice consistera alors à prendre en charge leurs projets, leurs recherches ou leurs devoirs et à prendre le temps de répondre à leurs nombreuses et incessantes questions.

5.1.3 LES OUTILS DU DÉVELOPPEMENT INTELLECTUEL

La communication, la curiosité et l'humour sont les outils qui aident l'enfant dans son développement intellectuel.

LA COMMUNICATION

La communication est un outil important dans le développement des capacités intellectuelles en raison du lien qui existe entre la structuration de la pensée et le développement du langage. La maîtrise de la langue permet à l'individu d'accéder à une autonomie de pensée et d'expression. L'enfant du primaire aime verbaliser sa pensée. Il a besoin de parler, de penser tout haut et de confronter ses idées avec celles des autres.

Afin d'encourager les enfants à développer leurs capacités d'expression, l'éducatrice peut créer des situations propices aux échanges verbaux. En les faisant travailler en petits groupes sur des projets, ils seront dans l'obligation de discuter, de partager des informations et de communiquer clairement. Les adultes pourront aider les enfants en faisant des commentaires et en sollicitant leur opinion et leurs idées.

LA CURIOSITÉ

L'enfant d'âge préscolaire questionne sans relâche. « C'est quoi ça ? », « C'est pourquoi ça ? » Il prend plaisir à poser ces questions sans être très intéressé par les réponses. La mentalité enfantine est intentionnaliste. À 7 ans, l'enfant devient en mesure d'analyser. Les pourquoi de la période précédente amènent l'emploi du « parce que », premier signe de raisonnement. L'enfant est intéressé par la vérité et sollicite des réponses justes et des explications élaborées. Il est donc nécessaire que l'éducatrice soit sensible à ses interrogations et qu'elle prenne le temps de lui répondre. La curiosité est source de connaissances. L'éducatrice peut cultiver cette curiosité naturelle en habituant l'enfant à être objectif et à se méfier des réponses toutes faites. Elle peut lui enseigner à adopter une attitude scientifique en étant précise, rigoureuse et logique.

L'HUMOUR

L'humour est propre à l'homme qui est le seul animal qui rit. Une farce, pour être drôle, doit contenir un effet de surprise ou dégager un aspect insolite. L'enfant de cet âge est intrigué par les blagues, les devinettes, les plaisanteries et la magie.

L'histoire qui suit réjouirait un enfant de 8 ans, mais elle amuserait sans doute moins celui de 5 ans ou un jeune adolescent.

> Un homme appelle une pizzeria et se commande une petite pizza. L'employé lui demande s'il désire qu'elle soit coupée en six ou en huit morceaux. L'homme répond : « Oh, seulement en six, s'il vous plaît. Je ne crois pas que je pourrais en manger huit morceaux. »

Cette farce serait drôle pour un enfant de 8 ans parce qu'il est capable de percevoir qu'il y a une faille dans le raisonnement de l'homme. Un enfant de 5 ans, pour sa part, ne verrait aucun problème avec la réponse de l'homme parce qu'il n'a pas la capacité de distinguer promptement entre les nombres et les quantités. Un enfant de 12 ans ne rirait peut-être pas parce que la farce est si évidente.

Le rôle de l'humour dans l'évolution de l'enfant est bien plus important qu'on ne l'imagine et il évolue avec chaque stade de développement. L'humour permet à l'enfant de susciter le rire, le sien et celui des autres, et surtout d'exercer sa capacité de jouer avec les concepts. Un humour sain ne rabaisse personne en matière de genre, de race, d'habileté, etc. et il n'est ni insultant ni dégradant. On peut l'utiliser pour soulager le stress et pour casser la glace dans les situations de conflits et de tensions.

L'humour est une forme d'esprit qui consiste à présenter la réalité de manière à en dégager les aspects plaisants et insolites. Faire rire les autres n'est pas donné à tout le monde, mais on peut trouver matière à rire en autant qu'on cultive la bonne humeur. Les bienfaits du rire sont thérapeutiques, car la gaieté est un état lié au plaisir de vivre. Quelquefois, le rire est si contagieux qu'il se transmet spontanément à un groupe tout entier, même sans raison apparente. La bonne humeur est communicative, d'où son importance dans un SGMS.

5.2   LE DÉVELOPPEMENT MORAL

Le développement moral est un processus continu, fortement subordonné au développement cognitif. L'acquisition d'un cadre moral qui oriente le choix des décisions est un aspect central du développement humain. L'enfant devient un être moral quand il a la capacité de distinguer entre le bien et le mal, de se mettre à la place des autres et qu'il a le courage d'agir en conformité avec ses jugements. La conscience est fondée sur des valeurs intériorisées. Par conséquent, le rôle de l'adulte consiste à accroître le sentiment d'estime de soi de chaque enfant et à le rendre si fort que cela l'empêchera de mal agir.

5.2.1   L'ACQUISITION DES FONDEMENTS MORAUX

Le développement moral est soumis au développement des facultés intellectuelles. Ainsi, l'enfant doit acquérir certaines façons de penser pour pouvoir faire la distinction entre le bien et le mal. Un enfant peut pratiquer une certaine forme de respect des règles en reproduisant celles qu'il a intégrées inconsciemment. Pour pouvoir les appliquer, il doit en avoir une certaine conscience afin d'exercer un jugement. Piaget a souligné l'importance du jeu dans l'apprentissage des règles et il a établi le lien avec le développement moral. Selon lui, il existe trois stades distincts de jugement moral : la faible conscience des règles, la règle considérée comme facteur absolu, les règles de type contrat social.

PREMIER STADE : FAIBLE CONSCIENCE DES RÈGLES

« Durant le premier stade, la règle n'est pas encore coercitive, soit parce qu'elle est purement motrice, soit parce qu'elle est subie en quelque sorte inconsciemment, à titre d'exemple intéressant et non de réalité obligatoire » (Piaget). Étant typiquement égocentrique à cet âge, l'enfant se base habituellement sur la satisfaction de ses besoins pour décider de ce qui est bon et de ce qui est mauvais. Ainsi, les actions sont bonnes si elles l'aident à obtenir ce qu'il veut, mais elles sont mauvaises lorsqu'elles constituent un obstacle à cette acquisition. Par exemple, un enfant peut penser que c'est à son tour de s'amuser avec un jouet particulier, non pas parce qu'il est le prochain en ligne, mais parce qu'il désire ardemment que ce soit à son tour de le prendre.

À cet âge, il n'arrive pas à intégrer la complexité des instructions et des interdictions qui constituent les règles. Il va aussi les modifier à sa convenance… et alors le jeu de groupe s'arrête. L'enfant d'âge préscolaire fait très peu de cas des règles, que ce soit dans ses jeux, dans ses propos ou dans ses interactions sociales. C'est seulement plus tard qu'il commence à prendre conscience de l'importance des règles en observant les plus vieux dont le comportement est régi par les règles et en les imitant.

Deuxième stade : la règle considérée comme valeur absolue

« Durant le second stade, la règle est considérée comme sacrée et intangible, d'origine adulte et d'essence éternelle » (Piaget). L'enfant d'âge scolaire développe un grand respect pour les règles, allant même jusqu'à se les imposer. Elles sont perçues comme émanant de l'autorité, habituellement les adultes, donc déterminées de l'extérieur. L'enfant adapte d'ailleurs souvent son comportement avec les adultes de son entourage. L'enfant du début du primaire attribue aux règles des valeurs absolues de morale. Pour lui, elles sont intangibles et il ne penserait jamais à les mettre en doute. Toute modification proposée lui apparaît comme une transgression. Par exemple, des enfants de 7 ou 8 ans se montreraient très réticents à changer les règles d'un jeu de cartes. Qu'on puisse changer une règle pour rendre le jeu plus agréable dépasse tout simplement leur entendement ! Ce stade représente l'éveil de la conscience.

Troisième stade : les règles de type contrat social

« Durant le troisième stade, la règle est considérée comme une loi due au consentement mutuel qu'il est obligatoire de respecter si l'on veut être loyal, mais qu'il est permis de transgresser à volonté à condition de rallier l'opinion générale » (Piaget). Vers l'âge de 9 ans, la plupart des enfants atteignent le stade du relativisme moral. Ayant plus de maturité, l'enfant en arrive à réaliser que les règles sociales sont des ententes arbitraires qui sont adoptées par des groupes et qu'elles peuvent être changées par consentement mutuel entre ses membres.

Quand il comprend que les règles sont des ententes négociées socialement entre des parties consentantes, l'enfant est mieux placé pour déterminer les directives qui guideront ses comportements. En fait, afin de développer un sentiment de contrôle et d'indépendance, il doit avoir son mot à dire dans la construction du système social dans lequel il évolue.

Désormais, le jugement du bon et du mauvais s'appuie sur les règles prescrites par la collectivité. L'action est fréquemment jugée selon les intentions qui la sous-tendent. L'enfant peut considérer les sentiments et les points de vue des autres lorsqu'il juge leurs comportements. Prenons l'exemple d'un garçon qui se fiche que sa présence sur le terrain nuise aux chances de son équipe de gagner. Ce qu'il veut, c'est jouer aussi longtemps que les autres. Il est au deuxième stade. Pour sa part, l'enfant qui a atteint le troisième stade veut non seulement jouer, il désire en plus faire partie de l'équipe gagnante. Il accepte de se retirer parce qu'il comprend que gagner peut vouloir dire qu'il est susceptible de ne pas jouer tout le temps que dure la partie.

5.2.2   LE RÔLE DES PAIRS DANS LE DÉVELOPPEMENT MORAL

La négociation sociale avec les pairs est un élément important du développement moral de l'enfant. Celui-ci doit avoir subi une double maturation intellectuelle et sociale pour être en mesure de réaliser que les règles sont des contrats sociaux. Vers 7 ans, il commence à prendre conscience des autres. Il n'est plus le centre du monde, mais un être parmi les autres. Cette genèse du déclin de l'égocentrisme et la capacité progressive de l'enfant de prendre une certaine distance vis-à-vis de lui-même l'amèneront à évaluer les problèmes moraux sous des angles différents.

Au début du primaire, l'enfant est capable de négocier des règles avec ses camarades et de découvrir que ce sont des contrats sociaux : il commence son intégration sociale. Il passe donc beaucoup de temps entouré d'autres enfants et il arrive souvent que des conflits surgissent. Puisque tous ses pairs possèdent à peu près le même statut, l'enfant apprend vite qu'il doit négocier une ligne de conduite et faire des compromis afin de pouvoir agir en coopération ou de travailler à l'accomplissement d'un but commun, comme bâtir un fort ou organiser une fête. Il s'aperçoit que les règles sont vraiment des contrats sociaux dont le pouvoir découle d'un consentement mutuel et non de l'autorité d'adultes.

C'est grâce à cette égalité de statut qu'il partage avec ses amis que le code moral de l'enfant deviendra plus flexible. Non seulement réalise-t-il que les règles peuvent être changées, mais il atteint un stade où, bien qu'il soit encore tributaire de l'autorité des adultes, il se fie de plus en plus à ses propres décisions et à celles de ses camarades. De plus, il acquiert à travers ses rapports avec les autres la notion d'équité. Parallèlement, il découvre que la moralité de l'acte est avant tout liée à l'intention de celui qui pose cet acte. Il prend conscience de la valeur de l'intention et de l'importance de ses actes.

Cet adulte en devenir commence à saisir la règle d'or : « Ne fais pas aux autres ce que tu ne voudrais pas qu'on te fasse. » Une pensée logique mieux articulée lui permet d'exprimer la façon dont il veut être traité. Il comprend ce qu'une autre personne peut ressentir. Il peut aussi évaluer la façon de traiter cette personne en se basant sur la manière dont il voudrait lui-même être traité dans des circonstances similaires.

Il est très enrichissant sur le plan pédagogique de faire participer les enfants aux discussions qui concernent la gestion des comportements et la résolution de problèmes sociaux. Ces occasions leur fournissent l'occasion d'intérioriser les règles et les attentes. Ils peuvent aussi appréhender les raisons et les principes moraux à l'origine de certaines règles. Il est fortement recommandé de permettre aux plus grands dans les SGMS de participer de façon significative à l'élaboration des règles, consignes et attentes qui servent à déterminer si un comportement est approprié ou inapproprié.

5.2.3   DES MODÈLES À IMITER

L'enfant apprend beaucoup par l'exemple. C'est la raison pour laquelle les personnes à qui il peut s'identifier exerceront une importante influence. Pour citer le moraliste français Joseph Joubert : « Les enfants ont davantage besoin de modèles que de critiques. »

Ces modèles peuvent être un autre enfant ou un adulte. Il serait important que l'éducatrice donne l'exemple des comportements sociaux qu'elle souhaite que les enfants reproduisent. Les occasions de coopérer, d'écouter, de valoriser et de rendre service sont nombreuses dans un SGMS. En expliquant ce qu'elle fait (je vais partager mon dîner avec Josée…) et en donnant les raisons de son comportement (… parce qu'elle a oublié d'apporter le sien et que, si j'oubliais d'apporter ma collation, j'aimerais bien que quelqu'un partage avec moi), l'éducatrice, en fait, renforce la valeur de l'attitude positive. Cela peut survenir spontanément ou il peut s'agir d'un acte délibéré de la part du personnel. Quoi qu'il en soit, cela permet aux autres enfants d'observer un comportement positif.

Il est un peu plus compliqué, mais non moins important, de montrer comment on résiste à la tentation de mal agir, que ce soit tricher, mentir ou prendre plus que sa part ; il s'agit en effet d'agissements souvent impossibles à déceler dans le comportement d'une personne. Toutefois, l'éducatrice pourrait illustrer la façon de résister aux tentations en verbalisant son raisonnement. Elle pourrait dire : « J'ai le goût de prendre un gros morceau parce que la collation d'aujourd'hui a vraiment l'air délicieuse. Mais je ne vais prendre que ma part parce que, sinon, il va en manquer » ou « J'ai envie de dire que ma balle était bonne, mais impossible de mentir, elle a touché la ligne. Un point pour toi. » Il est important de formuler la règle et le raisonnement qui nous empêchent de commettre la mauvaise action. Dans le même ordre d'idées, l'enfant adore que l'éducatrice raconte ses propres expériences et qu'elle le traite d'égal à égal. Il est touché lorsqu'un adulte admet ses erreurs : cela a pour effet de l'encourager. Loin de le mépriser, il le considère, au contraire, comme un modèle à imiter.

5.2.4 LA MAÎTRISE DE SOI

On peut aider un enfant à se dominer en lui donnant des stratégies qui l'incitent à résister à la tentation de mal agir et en renforçant son image morale. Avec de l'aide, l'enfant peut apprendre à se raisonner quand il fait face à un dilemme moral. Par exemple, celui qui a tendance à frapper les autres quand il ressent de la frustration pourrait s'habituer à verbaliser aussitôt qu'il sent que la moutarde lui monte au nez : « Je me sens frustré. Je pense que je devrais m'en aller faire un tour. Sinon j'aurai envie de frapper quelqu'un. » De même, un enfant qui a la mauvaise habitude de prendre plus que sa part de collation peut dire : « Je ne devrais prendre que la part qui me revient. Je vais attendre que tout le monde se soit servi pour voir s'il en reste. »

Ces simples énoncés que l'enfant peut formuler quand il fait face à la tentation de mal agir augmenteront sa volonté d'être fidèle à ses promesses et de contrôler ses envies. Cette stratégie sera encore renforcée s'il est immédiatement félicité pour avoir réussi à se dominer. Il apprend donc à utiliser son propre jugement avec le soutien et le renforcement positif dont il a besoin.

Un enfant qui se considère honnête ou serviable a tendance à se comporter de façon honnête et serviable. Il arrive à avoir cette image morale de lui-même de deux manières : en se conduisant bien socialement et moralement et en se faisant souvent dire qu'il est honnête et serviable. Une fois qu'il en est convaincu, en général, il se sent obligé de l'être. C'est comme s'il n'avait pas le choix : il agit ainsi parce que cela fait partie de sa nature. L'éducatrice doit savoir faire preuve d'un sens aigu de l'observation et être attentive aux détails apparemment insignifiants afin d'être en mesure de pouvoir déceler les comportements positifs d'un enfant et de les renforcer.

QUESTIONS DE RÉVISION

1. Comment le fait d'offrir une variété d'activités peut-il aider l'enfant dans son développement cognitif ?

2. Énumérez trois caractéristiques d'un enfant au stade de la pensée opératoire concrète et donnez, par la suite, un exemple de chaque caractéristique qui pourrait être observée dans un SGMS.

3. Observez un groupe de grands (entre neuf et douze ans) et un groupe de plus jeunes enfants. Énumérez trois exemples précis illustrant les différences que vous avez notées dans la façon de penser des deux groupes.

4. Décrivez en quoi l'humour, la curiosité et la communication peuvent aider l'enfant dans son développement intellectuel.

5. Pourquoi le fait de donner l'exemple de comportements positifs, comme le respect, la coopération et le sens des responsabilités, revêt-il une grande importance pour les enfants au stade opératoire concret ?

6. Que veut dire l'énoncé : « Les règles sont prescrites par la société ? » Comment ce concept peut-il être utilisé dans un SGMS ? Pour quel groupe d'âge est-il le plus approprié ?

7. Expliquez pourquoi il est si important pour son développement moral qu'un enfant prenne conscience des autres.

8. De quelle façon les modèles positifs aident-ils les enfants dans leur développement moral ?

CHAPITRE 6

Le développement affectif

OBJECTIFS

- Préciser les notions d'image et d'estime de soi en rapport avec le développement de l'enfant du primaire.

- Expliquer les composantes de l'estime de soi chez l'enfant et comment une éducatrice doit en tenir compte.

- Décrire les grandes lignes du développement affectif chez l'enfant du primaire dans une optique globale.

- Définir les aspects importants du développement affectif, principalement ceux liés à l'autonomie, au sens des responsabilités et au respect de soi et des autres.

L'image de soi, l'estime, la confiance et l'expression des émotions sont assurément des notions clés dans le développement affectif. Quand on se préoccupe de l'affectivité, on fait nécessairement appel aux autres dimensions, c'est-à-dire que l'éducatrice exerce un effet d'entraînement sur le développement global de l'enfant. À la lumière de ces informations, nous proposons des modes d'intervention visant à soutenir l'enfant au quotidien et pendant des moments plus difficiles.

6.1   LE DÉVELOPPEMENT AFFECTIF

Le développement affectif est une préoccupation importante durant les années du primaire, comme il l'est tout au long de la vie. Au fur et à mesure qu'il vieillit, l'enfant d'âge scolaire s'épanouit pour devenir un être unique. Son comportement reflète sa mentalité, son tempérament, ses valeurs et croyances et il donne des indications sur la façon dont sa personnalité évolue.

L'affirmation de la personnalité est fondée sur une combinaison de deux aspects du développement affectif : l'image de soi et le sentiment d'estime de soi.

6.1.1 L'IMAGE DE SOI

Les rôles adoptés par une personne, ses capacités, ses forces, ses talents, son tempérament, ses faiblesses et ses attentes contribuent à façonner la représentation qu'elle se fait d'elle-même. On peut faire ici une analogie avec un album de photos. Par exemple, celui d'une enfant de 8 ans pourrait renfermer des images de la petite fille, de l'élève, de la gymnaste, etc. L'ensemble des photos l'aide à répondre à la question : « Qui suis-je ? » On se rend donc compte que l'image de soi a trait aux photos elles-mêmes et non à l'opinion que le sujet a de lui-même ; celle-ci dépend plutôt du sentiment d'estime de soi.

Il y a des gens qui disposent d'un nombre restreint de photos dans leur album intime, ce qui nous fait dire que leur image de soi est limitée. D'autres se voient dans une gamme variée de rôles et, de ce fait, la représentation qu'ils ont d'eux-mêmes est plus large.

Habituellement, une personne qui a une bonne image de soi possède une meilleure capacité d'adaptation. En effet, elle peut encaisser les échecs dans plusieurs de ses rôles (p. ex., dans celui d'élève) en mettant l'accent plutôt sur la valorisation que lui apportent les autres représentations qu'elle a d'elle-même. La situation est tout à fait différente pour quelqu'un qui ne se voit que dans un ou deux rôles et que ceux-ci sont remis en question. Par exemple, si une fillette se concentre uniquement sur sa fonction d'élève et qu'elle obtient de faibles notes, toute son image de soi peut en être affectée.

ÉLÉMENTS DE RÉFLEXION

Un SGMS constitue un lieu par excellence pour aider les enfants à ajouter à leur album des représentations de ce qu'ils sont. L'éducatrice apprend à connaître les forces et les limites des enfants à travers les conversations, les jeux et les activités. Au moyen d'un programme pédagogique imaginatif et diversifié, chacun pourra expérimenter divers rôles : athlète, scientifique, explorateur, artiste, chef d'équipe, membre d'un groupe, etc. Un SGMS de qualité doit se fixer comme objectif de permettre à chaque enfant d'améliorer l'image qu'il a de lui-même. Cette recherche d'identité chez l'enfant du primaire constitue une préoccupation constante. À ce stade de son développement affectif, il a besoin de répondre à la question « Qui suis-je ? » en rapport avec la valeur de ses compétences, de ses habiletés et de ses rôles sociaux.

6.1.2 L'ESTIME DE SOI

Le sentiment d'estime de soi est la valeur qu'une personne accorde aux différentes représentations qu'elle a d'elle-même. Pour reprendre l'analogie de l'album de photos, l'estime de soi renvoie au sentiment éprouvé devant ses photos. Plus une personne en est satisfaite, plus elle a une bonne opinion d'elle-même. Il est essentiel que l'enfant, avant de devenir adolescent, se construise un solide sentiment d'estime de soi. L'estime de soi constitue, en effet, la base de la perception à partir de laquelle il fait face aux expériences de la vie. C'est le moteur de la réussite ou de l'échec.

L'enfant tend à éprouver un sentiment d'estime de soi différent selon le rôle qu'il adopte, c'est-à-dire selon le contexte. Par exemple, il peut avoir une piètre opinion de lui-même en tant que nageur, mais se trouver très bon comme joueur dans une équipe de soccer. Il peut aussi avoir un sentiment d'estime de soi global qui est davantage que la somme de ses sentiments d'estime de soi contextuels, en ce sens qu'il renvoie à l'opinion globale qu'il a de lui-même, à la façon dont il juge l'ensemble de son album de photos.

Il convient de distinguer entre ces deux types d'estime de soi parce que, quelquefois, on a tendance à conclure prématurément qu'un enfant a une piètre opinion de lui-même alors qu'en fait il se peut que cette opinion négative ne s'applique qu'à une situation particulière. Par exemple, un enfant peut adopter des comportements de faible estime de soi sur les bancs de l'école et, à l'inverse, afficher une haute estime de lui-même dans les sports. Afin de déterminer le degré d'estime de soi d'un enfant, l'éducatrice doit observer la façon dont il se comporte dans plusieurs situations et avec d'autres adultes de son entourage.

L'éducatrice peut renforcer l'estime de soi d'un enfant en lui faisant découvrir l'une de ses photos sous un angle plus positif ou en l'amenant à réaliser l'importance de l'une de ses forces. Finalement, de façon à accroître son niveau d'estime de soi, l'enfant doit vivre des situations qui lui permettront de développer la conscience qu'il a de lui-même. En d'autres mots, lorsqu'une éducatrice aide un enfant à avoir confiance en sa valeur, elle l'aide à multiplier ses chances de se sentir bien dans sa peau.

Lorsque ses efforts, ses habiletés et ses réalisations sont reconnus et approuvés par ses pairs et par les adultes, l'enfant développe un intérêt pour le travail et il y prend goût, ce qui lui procure le sens de sa propre valeur. Au contraire, lorsque ses efforts ne sont pas encouragés et favorablement accueillis, l'enfant peut éprouver un sentiment d'infériorité et perdre l'estime de soi. Et quand il subit constamment la désapprobation de son entourage, il peut en arriver à conclure que cela ne vaut même pas la peine de faire des efforts.

L'éducatrice doit encourager l'enfant à prendre des risques, à essayer de nouvelles choses, à diversifier ses tentatives pour vivre des succès. Elle doit lui apprendre à considérer les échecs inévitables comme une leçon de vie. C'est ainsi qu'il acquerra l'ouverture d'esprit nécessaire pour trouver en lui les sources de réconfort et d'encouragement devant les obstacles.

 ÉLÉMENTS DE RÉFLEXION

Une éducatrice devrait être attentive lorsqu'un enfant essaie de créer ou d'apprendre. Elle devrait valoriser ses réalisations et démontrer de l'empathie face à ses efforts et ses réussites. Par exemple, Élizabeth, 7 ans, tente depuis une demi-heure de maîtriser sa technique au tennis et elle aimerait bien qu'on l'observe. Elle frappe la balle contre un mur et son objectif consiste à l'envoyer régulièrement dans un carré qu'elle a dessiné à la craie sur le mur. L'éducatrice pourrait lui dire : « Wow, Élizabeth, cela paraît quand tu pratiques ! Je m'aperçois que tu t'améliores beaucoup ! » Élizabeth appréciera sûrement que quelqu'un remarque ses efforts.

Pour aider un enfant à avoir une meilleure opinion de lui-même, il est important d'établir avec lui des liens significatifs. L'estime de soi ne peut être renforcée en une journée ou par un seul commentaire. Toutefois, un seul commentaire négatif en une seule journée peut contribuer à le ravager. Le sentiment d'estime de soi se développe grâce à des relations interpersonnelles qui sont importantes pour l'enfant et qui favorisent son développement. Pour être marquantes, elles doivent être construites impérativement sur la confiance et le respect mutuel.

6.2   CONSIDÉRER L'IMAGE ET L'ESTIME DE SOI DANS UNE PERSPECTIVE DE DÉVELOPPEMENT

Le concept de soi évolue parallèlement aux développements physique, social, cognitif, affectif et moral. Il est important d'évaluer la façon dont un enfant se perçoit dans une perspective de développement. Cela permet à l'éducatrice de prendre en considération son niveau d'évolution et ses expériences particulières pour mieux juger de l'image qu'il se fait de lui-même et de son niveau d'estime de soi. La façon dont un enfant se perçoit change considérablement au fur et à mesure qu'il grandit, particulièrement durant la période comprise entre la maternelle et l'adolescence.

6.2.1 L'ÉMERGENCE DE LA CONSCIENCE DE SOI

L'enfant naît sans avoir conscience de son moi. Il ne se perçoit pas comme un être singulier. Dans sa phase intra-utérine et au cours des mois suivant sa naissance, il ne se différencie pas de son environnement. Il acquiert la conscience de soi par ses rapports avec les personnes qui s'occupent de lui. Le visage de ses parents est un miroir qui lui renvoie une image de lui-même.

À l'âge de quelques mois, il commence à distinguer son existence de celle de son entourage. Sa mère lui apparaît progressivement comme un être qui existe séparément de lui. Il réalise aussi que le berceau n'est pas une extension de lui-même, non plus que le jouet en peluche ou le chat. Ces prises de conscience marquent la genèse de son moi. Une fois que le bébé a commencé à réaliser qu'il existe séparément du monde autour de lui en tant qu'entité distincte et unique, il amorce la découverte et l'actualisation de son moi. Ensuite arrive la fameuse période du « Je suis capable » entre 2 et 4 ans. L'enfant veut tout faire tout seul et utiliser ses nouvelles capacités. Il apprend alors que c'est plus difficile qu'il ne le pense et même qu'il peut être dangereux de tenter certaines expériences.

6.2.2 LA CONSCIENCE DE SOI DE L'ENFANT D'ÂGE PRÉSCOLAIRE

L'enfant d'âge préscolaire a tendance à se définir en fonction du groupe auquel il appartient. L'âge est un des premiers facteurs qu'il intègre dans la représentation qu'il se fait de lui-même. Lorsqu'il déclare qu'il est grand, c'est par opposition aux deux autres pôles chronologiques, les bébés et les adultes. « Je ne suis pas un bébé, je suis grand maintenant » illustre le type d'affirmations caractéristiques de cet âge. Le genre est une autre catégorie utilisée pour construire son identité. Vers 4 ans, l'enfant est tout à fait conscient de son genre, bien que le garçon ne soit pas toujours sûr de rester un garçon ou la fille une fille toute sa vie. La certitude de son identité sexuelle apparaît vers 7 ans.

Quand on lui demande de se décrire, l'enfant d'âge préscolaire a tendance à mettre l'accent sur ses caractéristiques physiques, ses possessions, les actions qu'il peut accomplir, sa famille, ses amis proches, etc. Pour ce faire, il utilise en général des termes concrets, basés sur des réalités observables. À mesure qu'il grandit, il aura davantage recours aux éléments abstraits pour se définir.

6.2.3   LA CONSCIENCE DE SOI DE L'ENFANT DU PRIMAIRE

La personnalité de l'enfant subit d'importantes mutations au cours des années du primaire. La représentation qu'il se fait de lui-même change graduellement pour s'appuyer sur des critères abstraits. Elle est basée de moins en moins sur des caractéristiques physiques et de plus en plus sur d'autres considérations comme les émotions, les traits de caractère et les compétences. Ce changement reflète le développement cognitif qui permet à l'enfant de se représenter de façon plus sophistiquée. Cette nouvelle manière de se décrire illustre aussi la tendance à cet âge à se déterminer en termes d'acquisition et de maîtrise d'habiletés.

Au début du primaire, l'enfant est porté à se décrire à l'aide de termes ressemblant à des caractéristiques personnelles comme : « Je suis gentille » ou « Je suis bon au soccer, particulièrement dans les buts ». Plus tard, il en vient à se dépeindre en utilisant des traits de caractère : « Je suis franche » ou « Je suis honnête, je ne triche jamais ». Il se définit aussi selon son tempérament : « Je suis optimiste » ou « J'ai mauvais caractère ».

Vers la fin du primaire, il commence à se décrire en termes de ses rapports interpersonnels : « Je m'entends bien avec les autres. J'aime les sports parce que cela me permet de me faire des amis » ou « Je suis sociable ». À l'aube de l'adolescence, il commence à se définir comme un être psychologique unique : « Mes valeurs sont différentes des siennes », « Je suis préoccupé par l'environnement pour les raisons suivantes... » ou « Je crois que le respect et la confiance sont importants dans une relation ».

ÉLÉMENTS DE RÉFLEXION

L'éducatrice doit être sensible à la façon dont les enfants se perçoivent. En les observant attentivement et en discutant avec eux de sujets importants, elle peut savoir à quel niveau ils traitent l'information qui les concerne et de quelle façon ils expriment ce qu'ils sont et ce qu'ils veulent devenir. Plusieurs SGMS ont choisi de faire une place importante au développement du concept de soi en tant que sujet éducatif. Les éducatrices, les enseignants et les parents en font la promotion au quotidien.

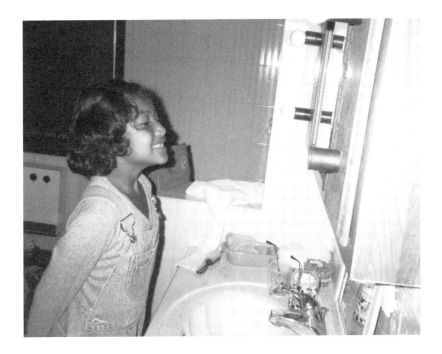

6.3   LES ÉLÉMENTS CLÉS DU DÉVELOPPEMENT AFFECTIF

Il existe plusieurs éléments qui contribuent au développement affectif. Nous les résumons ci-après et nous exposons aussi les différents rôles que les adultes peuvent jouer pour aider l'enfant à s'épanouir.

6.3.1   LA CONFIANCE EN SOI

Avoir confiance en soi, c'est se sentir bien et sûr de soi. Cela signifie aussi savoir ce qu'on attend de nous, pouvoir se fier aux gens et aux situations et comprendre les règles et les restrictions.

L'éducatrice peut aider les enfants à avoir confiance en eux de plusieurs façons :

— en établissant des relations significatives basées sur la confiance mutuelle (chap. 2) ;

— en faisant constamment respecter les règles et les limites qui ont été fixées de façon démocratique (chap. 9) ;

— en créant avec eux un environnement positif et chaleureux (chap. 7).

6.3.2   LA CONNAISSANCE DE SOI

La personnalité exprime une idée d'originalité et d'individualité. Pour avoir conscience de son être singulier, l'enfant a besoin de se connaître, de pouvoir énumérer ses qualités et ses caractéristiques physiques de façon précise et réaliste. L'éducatrice peut l'aider en ce sens afin de lui permettre d'avoir une idée réaliste de ce qu'il est en validant la juste opinion qu'il a de lui-même. Plusieurs enfants ont une image déformée d'eux-mêmes. Un enfant pourra dire : « Je suis trop gros » ou « Je ne suis pas assez grand » alors que, souvent, ce n'est pas le cas. Il en viendra à s'apprécier si on lui donne la possibilité de se voir vraiment comme il est, avec ses forces et ses faiblesses.

Le fait d'amener l'enfant à identifier les modèles positifs qui sont importants dans sa vie peut contribuer à affirmer son identité. Quand un enfant est capable de décrire quelques-unes de ses sources d'influence, il est alors en mesure de les apprécier et de les accentuer. L'éducatrice peut encourager l'enfant à répondre aux questions suivantes :

- Qui sont mes héros et héroïnes et pourquoi ?

- Quelles sont mes qualités et qui m'a aidé à les acquérir ?

- Qui est-ce que je respecte et admire et comment puis-je lui ressembler ?

- Quel genre de personne est-ce que je veux être ?

L'éducatrice peut aider l'enfant à prendre conscience de son individualité en discutant avec lui et en réussissant à lui faire accepter et apprécier ses qualités personnelles. Chaque éducatrice devrait connaître les forces et les intérêts de chacun des enfants et les avoir à l'esprit lorsqu'elle s'entretient avec eux. Finalement, elle peut aussi contribuer à l'épanouissement de la personnalité de l'enfant en l'aidant à identifier et à exprimer de façon respectueuse ses comportements et ses émotions.

6.3.3   LE SENTIMENT D'APPARTENANCE

Lorsqu'un enfant se sent approuvé dans son milieu et que ses sentiments sont respectés, particulièrement par les personnes qu'il considère importantes, il éprouve alors un sentiment d'appartenance.

L'éducatrice peut contribuer à renforcer le sentiment d'appartenance :

- en favorisant les regroupements, par exemple, les exercices de planification, les jeux collectifs, les dîners, etc. ;

- en encourageant l'acceptation et en condamnant la discrimination à l'intérieur du groupe ;

- en fournissant aux enfants des occasions de découvrir les intérêts, les capacités et les réalités des autres ;

- en donnant un caractère rituel à certaines activités coutumières, par exemple, consacrer le dernier vendredi du mois à une activité spéciale ;

- en améliorant les habiletés des enfants à se faire des amis (chap. 4) ;

- en favorisant le soutien et l'approbation des pairs.

6.3.4 LE SENTIMENT DE COMPÉTENCE

La compétence a trait au sentiment de succès et d'accomplissement qui permet de prendre des initiatives ou de réaliser des activités considérées importantes. Elle s'exprime à travers une attitude ou des propos positifs tels que : « Je peux le faire » et « Je vais essayer ». Elle comprend la capacité de prendre conscience de ses forces et d'accepter ses faiblesses ainsi que la volonté de s'améliorer. L'éducatrice peut aider les enfants à développer un sentiment de compétence :

- en multipliant les occasions de leur faire prendre conscience de leurs habiletés et de leurs talents ;

- en leur donnant les moyens d'enregistrer et d'évaluer eux-mêmes leurs progrès ;

- en les encourageant à tenter de nouvelles expériences faisant appel à leur autonomie ;

- en leur apprenant à faire valoir leurs propres efforts ;

- en fournissant l'encouragement et le soutien nécessaires pour les aider à tirer profit de leurs erreurs.

Il est important de valoriser la collaboration et la participation, pas seulement la compétition et la performance.

L'éducatrice sera donc à l'affût de toutes les occasions de faire jouer plusieurs enfants ensemble. Certains équipements requièrent une plus grande participation, comme les balançoires à bascule, les cordes à danser, les jeux de parachute, etc. Plus les enfants auront appris à coopérer, plus ils seront en mesure de vivre sainement les activités de compétition.

6.3.5　LE SENTIMENT DE MOTIVATION

Être motivé, c'est être poussé par une ambition d'agir. C'est se donner une mission qui procure un sentiment d'utilité dans la vie. La motivation est cristallisée dans cette croyance que les choses valent la peine d'être faites et d'être accomplies au mieux de nos capacités. Lorsqu'une motivation pousse une personne à se fixer des objectifs réalistes et atteignables, cela l'aide à se prendre en charge et à vouloir assumer la responsabilité de ses actes.

L'éducatrice peut aider l'enfant à trouver des motivations et à se donner une mission :

– en l'habituant à prendre des décisions, à trouver des solutions et à identifier les conséquences possibles ;

– en l'aidant à faire le compte de ses réalisations et de ses capacités réelles ;

– en l'incitant à apprendre et à maîtriser les principes et les techniques qui lui permettront d'être plus efficace.

6.3.6   LA QUÊTE D'INDÉPENDANCE ET D'AUTONOMIE

La quête d'indépendance fait partie intégrante de l'évolution du moi chez l'enfant du primaire. Pour lui, être indépendant signifie pouvoir faire et décider des choses par lui-même. Il veut être son propre maître. En même temps, il éprouve le besoin d'être rassuré, protégé et de sentir qu'on s'occupe de lui.

Au fur et à mesure que l'enfant acquiert des habiletés, il cherche à s'affranchir de la maison et de la famille. Il veut prendre en charge ses propres activités et échapper à la supervision des adultes. Toutefois, il ne possède pas encore toutes les compétences et les capacités nécessaires pour être tout à fait autonome. Bien sûr, il désire encore qu'on s'occupe et qu'on se soucie de lui, mais en même temps il a besoin d'apprendre à faire preuve d'autonomie, à expérimenter une indépendance « encadrée ». Il faut lui donner l'occasion d'exercer en toute sécurité son indépendance et d'assumer les responsabilités qui en découlent dans des situations où il bénéficie du soutien et de l'assistance d'adultes attentifs.

Les enfants, collectivement ou individuellement, devraient avoir la possibilité de prendre des décisions pertinentes qui les concernent directement et connaître les conséquences qui en découlent. À titre d'exemples, ils pourraient décider de l'heure et du contenu de la collation, des endroits où faire les excursions, de la façon dont ils devraient se comporter, etc. Les plus responsables pourraient faire l'objet d'une surveillance plus relâchée tout en demeurant à portée de voix pendant une période de temps déterminée. Il est toujours bon de se demander jusqu'où on peut leur donner la liberté de décider, de même que ce qu'ils sont aptes à décider par eux-mêmes et à assumer comme responsabilités.

6.3.7   LE SENS DES RESPONSABILITÉS

En grandissant, l'enfant deviendra plus responsable face à lui-même, à ses choix et à ses gestes. La responsabilisation est essentielle au développement d'un moi fort. Tout enfant aspire à devenir autonome. D'ailleurs, il éprouve un réel contentement après avoir décidé d'assumer la responsabilité de ses actes. Il affichera une attitude responsable dans la mesure où il aura réfléchi aux conséquences possibles de ses décisions et qu'il sera prêt à les assumer.

Le très jeune enfant ne peut agir de façon responsable parce qu'il ne possède pas les structures mentales nécessaires. Afin d'être capable d'établir un lien entre ses actions et les conséquences possibles, il doit avoir la maturation intellectuelle pour saisir la notion d'enchaînement causal. Ces capacités intellectuelles qui sont à la base du sens des responsabilités se développent durant les années du primaire. Au cours de cette période, l'enfant construit sa propre conception du monde. Il assimile une quantité d'informations et d'expériences et tente de les organiser afin de trouver sa place dans ce monde et de connaître son fonctionnement. Cette vision prend forme à la suite des réflexions suivantes :

- Comment puis-je influencer le monde où je vis ?

- Que puis-je changer dans le monde ?

- À quel point puis-je contrôler mon environnement et ma vie ?

- Est-ce que j'aurai la capacité d'étudier afin d'être capable de réaliser des changements positifs dans ma vie et dans celle des autres ?

- Est-ce que je possède ce qu'il faut pour faire face à la vie ?

Il se peut que l'enfant ne soit pas du tout conscient que ce genre d'interrogations l'habite. Mais quand on l'observe attentivement, on se rend compte que ses choix et ses comportements sont orientés en fonction de ces préoccupations. Par exemple, si Julien âgé de 8 ans croit qu'il n'a que peu, sinon, aucune influence sur son entourage, il agira comme s'il était toujours contrôlé par des éléments extérieurs, comme ses camarades, ses parents, les médias, la société, etc. Il rejettera constamment la responsabilité de ses échecs et de ses déveines sur n'importe qui ou n'importe quoi, sauf sur lui-même. Il dira toujours que ce n'est pas de sa faute, croira qu'il n'est pas à blâmer et éprouvera un pénible sentiment d'impuissance. Par conséquent, il ne se sentira nullement obligé d'aider à ranger les jouets après qu'il aura joué avec ses camarades parce que « ce n'est pas lui qui les a sortis » ou que « c'est eux qui les ont utilisés en dernier ».

D'un autre côté, s'il pense qu'il peut effectivement avoir une influence sur son entourage, il se montrera serviable. Et ce faisant, il réalisera qu'on l'apprécie pour sa serviabilité et il se rendra compte que cela augmente les chances qu'on lui permette d'utiliser les jouets la prochaine fois qu'il en aura envie.

À mesure que Julien acquiert le sens des responsabilités, il sera capable de voir l'intérêt de ranger pour lui et pour les autres. Il se sentira obligé de le faire d'abord parce qu'il a lui-même utilisé le jouet, ensuite, pour ne pas qu'il traîne et, finalement, pour éviter aux autres d'avoir à le chercher parce qu'il n'est pas à sa place. Cela représente un net progrès de sa responsabilisation. L'enfant a besoin de posséder un sentiment de grande responsabilité personnelle afin de faire face avec discernement aux pressions sociales. C'est au cours des années du primaire que cette maturation s'effectue.

6.3.8 LE RESPECT DE SOI ET DES AUTRES

L'enfant doit apprendre à se respecter et à respecter les autres, deux notions essentielles et complémentaires pour développer une saine et forte personnalité.

LE RESPECT DE SOI

Apprendre à se respecter soi-même constitue un travail de longue haleine. L'enfant a un besoin continuel de sentir qu'il est important, qu'il a de la valeur, qu'il est capable d'influence. L'éducatrice peut l'aider à se respecter de plusieurs façons. Elle peut valoriser ses forces et ses qualités. Elle peut l'aider à gagner de l'assurance en lui fournissant des occasions de développer de nouvelles habiletés et à devenir un expert dans un domaine particulier. Il se sentira digne de respect si elle lui voue une attention spéciale, si elle lui porte un réel intérêt et si elle prend soin de lui avec bienveillance. Le fait de contribuer à des projets collectifs, de travailler avec ses camarades dans le respect et l'enthousiasme à atteindre un objectif commun, constitue une excellente façon d'améliorer le sens de sa propre valeur.

LE RESPECT DES AUTRES

Un enfant qui sait respecter les autres au lieu de les considérer seulement en fonction de ce qu'ils peuvent lui apporter deviendra quelqu'un de bien. Pour y arriver, il doit considérer que les gens sont dignes d'estime et leur accorder de la valeur. S'il éprouve réellement du respect, il voudra traiter les autres comme il aimerait être lui-même traité. Le respect doit être gratuit. Par exemple, lorsque l'éducatrice sourit à une fillette et que celle-ci lui retourne son sourire, la petite reçoit comme message : « Je suis appréciée et digne de respect. » Elle se sent respectée simplement parce qu'elle existe. Cette certitude est essentielle au bien-être affectif de l'enfant. On peut respecter quelqu'un sans nécessairement l'aimer ou partager ses valeurs. Quand on n'aime pas quelqu'un, on peut tout simplement le respecter et se demander comment on aimerait qu'il nous traite. Nous pouvons alors nous comporter envers lui ou elle de la même manière.

ENCADRÉ 6.1 • SCÉNARIO D'UNE CONVERSATION RESPECTUEUSE

Situation :	*Deux enfants du primaire travaillent à la menuiserie.*
Clarence :	Robert, est-ce que je peux utiliser le marteau quand tu auras fini ?
Robert :	J'ai besoin d'utiliser la scie en ce moment, alors tu pourrais le prendre tout de suite ? (Il tend le marteau à Clarence.)
Clarence :	D'accord. Merci. Si tu en as besoin plus tard, dis-le-moi.

Dans ce bref dialogue, on se rend compte que les deux enfants reconnaissent le droit de chacun à utiliser le même outil. Ils se comportent comme ils voudraient être traités si les rôles étaient inversés.

ÉLÉMENTS DE RÉFLEXION

Le respect est la pierre angulaire de relations interpersonnelles honnêtes et productives. Quand un enfant se respecte, il est libre de respecter les autres. Promouvoir le respect est la marque d'un SGMS de qualité. Il s'agit d'une contribution inestimable à la société dans laquelle nous vivons.

6.4   L'EXPRESSION DES ÉMOTIONS

Les émotions sont les réactions conscientes et inconscientes d'une personne aux stimuli externes. Les gens peuvent se sentir heureux, tristes, effrayés, en sécurité, jaloux ou chaleureux. Notons qu'il existe toujours un côté personnel et social aux émotions si bien que, par exemple, placé devant une situation identique, l'enfant asiatique réagira différemment de l'enfant nord-américain.

6.4.1   DISTINGUER LES ÉMOTIONS DES SENTIMENTS

Au premier abord, il est difficile de distinguer les émotions des sentiments, car les deux font référence au monde affectif. L'anxiété, la peur, l'excitation et la colère sont des émotions. Ce sont des manifestations extérieures de ce qu'une personne ressent. L'émotion est observable lorsqu'elle fait surface, tandis que les sentiments sont difficiles à déceler, car ce sont des états d'âme. L'insécurité, la jalousie, la solitude sont des sentiments. Ces états sont assez stables et durables alors que les émotions sont des réactions momentanées conscientes ou inconscientes et étroitement liées aux événements et aux stimuli externes. La seule façon de découvrir les sentiments d'une personne, c'est de lui parler afin de tenter de comprendre ce qui la préoccupe.

La manifestation des émotions est une façon de communiquer des informations au sujet des sentiments, des besoins et des désirs. Elle sert aussi à établir une certaine distance sociale. Par exemple, lorsqu'un enfant sourit ou dit quelque chose de positif, on pourra en déduire qu'un rapprochement est possible, mais s'il manifeste de la frustration ou de la colère, on conclura alors qu'il est préférable de ne pas insister.

L'enfant à qui on permet d'exprimer ses émotions aura toutes les chances de se développer harmonieusement sur le plan affectif. En plus d'avoir la liberté d'exprimer ce qu'il ressent, il a besoin de temps et d'espace pour explorer ses émotions. Quand il se fâche, par exemple, il a besoin de sentir qu'il peut dire qu'il est en colère. Quand il est frustré parce qu'il éprouve des difficultés à acquérir une habileté que ses camarades semblent maîtriser facilement, il a besoin de pouvoir exprimer sa frustration.

En même temps, l'enfant a besoin de comprendre que, s'il peut exprimer ses émotions, il doit le faire d'une manière respectueuse. Le fait d'être en colère ne lui donne pas le droit de frapper un camarade, de l'insulter ou de vandaliser son travail. L'éducatrice doit essayer d'être à l'écoute de l'enfant qui tente d'exprimer ses émotions. Elle doit donner son opinion tout en suggérant de meilleures options. Elle doit toutefois se rappeler que certains enfants ne tolèrent pas que quelqu'un soit trop proche d'eux quand ils sont aux prises avec des émotions intenses.

 ÉLÉMENTS DE RÉFLEXION

L'adulte conscient des besoins affectifs de l'enfant peut l'aider à exprimer ses émotions et ses sentiments. Le dessin, le bricolage et la peinture représentent de bons moyens d'expression de même que les jeux tels que les marionnettes, les figurines et les arts d'interprétation comme le théâtre et l'improvisation. L'éducatrice peut aussi instituer des thèmes ou organiser des activités spéciales. Par exemple, la Saint-Valentin peut être une occasion de parler de l'amour et l'Halloween, des peurs. L'éducatrice doit prendre l'habitude de sonder les sentiments de l'enfant en verbalisant ce qu'elle croit qu'il ressent. « Tu es vraiment triste d'avoir perdu ton chien » ou « C'est vrai que c'est gênant de parler devant les autres ». Quand il a de la peine, elle peut lui demander : « Tu as le goût de pleurer ? », « As-tu envie de parler de ce qui te dérange ? »

Il s'agit d'être attentif lorsqu'il exprime ses émotions et de l'encourager à extérioriser ce qu'il ressent de façon positive. L'enfant apprend à répondre aux attentes des autres tout en étant raisonnable. Cela signifie qu'il fait en sorte que sa réflexion l'emporte sur ses impulsions du moment et qu'il apprend à maîtriser certaines émotions.

6.4.2 L'AGRESSIVITÉ

L'enfant doit apprendre à contrôler ses émotions négatives et à les exprimer autrement. Il convient de définir un acte d'agression comme toute forme de comportement visant à blesser ou à nuire à quelqu'un. Cela comprend tous les actes ou mots à dessein de causer du tort. Toutefois, cela exclut les blessures accidentelles ou les rudesses et les chutes qui surviennent au cours de jeux ou de joutes sportives.

Les actes agressifs sont divisés en deux catégories : l'agression instrumentale et l'agression hostile. Si le but d'un enfant est d'obtenir quelque chose (un jouet, une permission, etc.), alors l'agression sert d'instrument pour atteindre ce résultat. Si, par contre, il vise carrément à blesser quelqu'un, alors elle est hostile. Les plus jeunes enfants ont tendance à utiliser davantage l'agression pour obtenir ce qu'ils veulent, tandis que les plus âgés ont tendance à exprimer des comportements s'apparentant à de l'agression plus hostile.

L'enfant agressif se révèle très dérangeant. Il interprète souvent mal le comportement de ses camarades et tend à leur attribuer des intentions hostiles. Un enfant très agressif peut percevoir le monde qui l'entoure d'une façon tout à fait différente que celle de la plupart des autres enfants. Si un enfant est toujours victime d'abus et de mauvais traitements, il considérera tous les gens comme des menaces potentielles. Il pensera aussi que tous les maux qu'il subit sont attribuables à quelqu'un et il pourra devenir méfiant et violent. Cette hostilité n'est pas nécessairement le reflet de sa personnalité, conséquence de son vécu et de sa perception du monde.

Il suffit d'imaginer une situation où un gamin de ce genre marche près d'un losange de baseball où d'autres enfants s'entraînent à frapper la balle. Soudain, une balle l'atteint. Quelqu'un d'autre normalement saurait qu'il s'agit d'un accident. Mais parce qu'il considère le monde comme un endroit peuplé de personnes qui ont l'intention de lui faire du mal, il saute tout de suite à la conclusion qu'on l'a visé exprès. Et il voudra probablement se venger.

De même, s'il s'attend à ce qu'on lui fasse du tort, un enfant essayera de déceler chez les autres les signes annonciateurs d'une agression et il attaquera avant même que la personne qui représente pour lui une menace possible n'agisse. C'est le cas de Julie, âgée de 5 ans. Parce qu'elle considère tous les autres enfants comme de potentiels agresseurs, elle a automatiquement assailli une petite fille qui courait dans sa direction. Quand l'éducatrice lui a demandé pourquoi elle avait agi ainsi (ce n'est peut-être pas une bonne question à poser dans ces circonstances), elle a pris un air maussade et s'est tue. Elle n'a pas pu expliquer la raison de son comportement ; mais, pour elle, ce geste était cohérent en regard de la situation qu'elle percevait.

Il arrive que le comportement agressif d'un enfant finisse par lui donner une mauvaise réputation. Parce que ses camarades s'attendent à ce qu'il soit agressif, l'enfant hostile sera probablement rejeté par eux. Cette situation a pour effet de le renforcer dans son opinion que les gens lui en veulent et risque de dégénérer en cercle vicieux. Il continuera de penser que ses actes sont justifiés. La rééducation d'un enfant au comportement agressif exige tout autant la modification de sa perception que celle de son attitude hostile et destructrice.

6.4.3   LE DANGER DE LA COMPÉTITION

La compétition est une notion ancrée dans notre société et valorisée par elle et, pourtant, il y a un danger caché. Nombreux sont les adultes qui font appel à cet esprit de rivalité pour amener les enfants à faire ce qu'ils veulent. Lorsqu'on lance un défi comme « on s'en va dehors, le premier qui a fini de s'habiller pourra choisir le jeu », on force souvent les enfants à se comparer les uns aux autres. Ce genre de remarque anodine est logique, stimulante et terriblement efficace ! Toutefois, cette tactique a l'inconvénient de récompenser les enfants pour leur victoire sur les autres au lieu de leur apprendre le plaisir d'accomplir des choses ensemble.

Une autre manière d'encourager la compétition consiste à mettre l'accent sur la notion de gagnant et de perdant. Cette attitude incite certains enfants à avoir des comportements qui mettent de la pression sur leurs pairs. Par exemple, ils refuseront d'inclure dans leur équipe un enfant et l'élimineront même du jeu pour avoir de meilleures chances de gagner. Ce qui est malsain dans cette attitude, c'est que la volonté de gagner, qui peut aller jusqu'à la tricherie, l'emporte sur le plaisir de jouer. La solidarité doit se vivre autrement, car la compétition entre les personnes, surtout si elle est continuelle, engendre la méfiance et l'agressivité.

ÉLÉMENTS DE RÉFLEXION

L'équipe du SGMS doit proposer des jeux de coopération ou changer certains points du règlement lorsque la compétition devient un problème.

6.4.4 LA PEUR

Parmi les émotions que peut ressentir l'enfant, la peur est certainement l'une des plus intenses. Les peurs se modifient avec l'âge. Certaines sont logiques, d'autres non. Certaines contribuent à nous faire prendre conscience d'une menace ou d'un danger. Par exemple, la peur des gros chiens qui aboient, grognent et montrent leurs crocs est justifiée. De même, la crainte des automobiles qui circulent à trop grande vitesse est tout à fait légitime, comme celle des falaises escarpées ou de la foudre. Cette sorte de frayeur est adaptative. Elle aide les gens à survivre.

Il existe d'autres types de peurs qui sont moins logiques, même si elles sont tout à fait réelles dans l'esprit de l'enfant. Ce dernier peut être marqué par des scènes de violence ou d'horreur vues à la télévision, sur vidéo, dans les livres ou sur Internet. D'autres enfants n'ont peur de rien en particulier et certains recherchent les sensations fortes. L'enfant est facilement impressionnable et il peut être envahi d'inquiétudes. Cela se manifeste par des tics, des manies et des cauchemars, selon le tempérament. Il se peut qu'il éprouve sporadiquement et sans raison apparente une sorte d'anxiété : pendant un moment, il est bien ; l'instant d'après, il a peur, puis il est bien de nouveau. Quand on lui demande pourquoi il a peur, il répond qu'il n'en sait rien ou il invente une raison pour cacher le fait qu'il n'en connaît pas la cause.

 ÉLÉMENTS DE RÉFLEXION

Il est important d'indiquer à l'enfant les actions à prendre pour faire face à l'objet de ses craintes. Il devient ainsi maître de la situation et il réalise qu'il possède des habiletés pour vaincre ses frayeurs. On peut lui demander de décrire ou de dessiner ce qui lui fait peur. On l'encourage à exprimer ses inquiétudes en posant des questions précises. On peut laisser les autres enfants parler d'un de leurs cauchemars.

Les peurs de Guillaume Bousquet, 9 ans.

La peur devient un réel problème dans un service de garde lorsqu'elle entrave le développement normal de l'enfant et qu'elle l'empêche de profiter des activités. Elle constitue un réel obstacle aussi lorsque l'enfant craint d'essayer des choses nouvelles. Il convient alors de discuter de ce problème avec les parents et peut-être aussi avec le personnel de l'école.

Lorsqu'on se trouve en présence d'un enfant en proie à la peur, la pire chose qu'on puisse lui dire, c'est justement de ne pas avoir peur ou qu'il n'y a pas de raison d'avoir peur. Ces affirmations nient la légitimité de l'émotion ressentie par l'enfant qui se sent alors grandement humilié. Non seulement est-il effrayé, mais, en plus, il éprouve de l'anxiété parce qu'on lui dit que sa peur n'est pas fondée et qu'il ne peut pas se fier à ce qu'il ressent.

Il est plus habile d'adopter une approche empathique. L'éducatrice doit essayer de faire parler l'enfant au sujet de la situation qu'il perçoit, par exemple sur ce qu'il ressent lorsqu'il a peur et lui faire sentir qu'elle comprend sa détresse. Il n'est pas nécessaire qu'elle soit d'accord avec sa logique. Toutefois, elle devrait essayer de la comprendre. Certaines frayeurs sont en réalité symboliques. Elles se rattachent à un objet (p. ex., l'école), mais elles représentent en réalité autre chose (p. ex., la pression des parents pour réussir, la peur de l'abandon, etc.). La plupart des peurs enfantines qui sont pour nous irrationnelles devraient simplement êtres notées et acceptées. Dans une atmosphère d'acceptation, il est plus facile pour l'enfant d'affronter ses peurs et de chercher de l'aide pour leur faire face au moment et de la façon qu'il le désire.

QUESTIONS DE RÉVISION

1. Décrivez brièvement les principales différences entre l'image de soi et l'estime de soi. Pourquoi est-ce important de faire cette distinction ?

2. Quel rôle un SGMS de qualité peut-il jouer à l'égard de la quête de compétence liée à l'image et à l'estime de soi ?

3. Expliquez brièvement comment le niveau de développement d'un enfant affecte l'image de soi.

4. Observez quatre enfants dans un SGMS. Évaluez sommairement leur niveau d'estime de soi. Quels critères avez-vous utilisés pour en arriver à ces conclusions ?

5. Pourquoi l'adulte qui souligne toujours les lacunes plutôt que les points forts de l'enfant nuit-il à son développement affectif ?

6. Pourquoi est-ce si important pour l'éducatrice de travailler sur la perception que l'enfant a de lui-même lorsque ce dernier adopte des comportements agressifs ou hostiles ?

7. Quelle attitude faut-il adopter avec un enfant qui est aux prises avec des peurs ?

CHAPITRE 7

Les ressources physiques et matérielles du service de garde

Diane Berger

OBJECTIFS

- Identifier les besoins communs et spécifiques des divers groupes d'âges en regard de l'organisation physique du SGMS.

- Indiquer quelques façons d'aménager les aires d'activités intérieures et extérieures pour répondre aux besoins des enfants.

- Expliquer les réalités de cohabitation des locaux scolaires.

- Décrire les facteurs permettant une certaine qualité de vie dans le milieu.

- Montrer comment l'organisation physique se répercute sur le développement de l'enfant, sur l'éducatrice et sur les parents.

I l n'existe pas de solution unique à l'aménagement d'un service de garde. Il est tributaire des locaux et de l'organisation scolaire, qui varient d'une école à l'autre. Ce chapitre présente une multitude d'idées et de suggestions d'aménagement. Cependant, diverses propositions sont irréalisables dans certains milieux, et cela, pour toutes sortes de raisons. Dans d'autres cas, il est bon que les aires de jeux soient polyvalentes. Il suffit d'adapter les idées et les suggestions aux caractéristiques et aux besoins. Ce qu'il faut retenir, c'est que les jeux, jouets, matériaux, aménagements et équipements doivent favoriser le développement global des 5-12 ans.

Aucune organisation physique (aménagement intérieur et extérieur) ni utilisation de matériel ne sauraient être efficaces dans un milieu de vie qui ne prend pas en compte les besoins des enfants. On a beau prévoir et imaginer le plus bel aménagement possible pour les locaux d'un service de garde, s'il ne répond pas directement aux besoins et aux intérêts des enfants, on passe à côté de l'essentiel.

7.1   AMÉNAGER LE SGMS EN TENANT COMPTE DES BESOINS DES ENFANTS

Il importe ici d'insister sur la qualité de l'aménagement des locaux du service de garde, l'objectif étant la création d'un milieu favorable au développement des enfants. Nous avons jugé utile de relever d'abord les besoins qui nous paraissent prioritaires en matière d'aménagement et d'organisation physique d'un milieu de vie éducatif.

L'environnement physique des locaux du SGMS doit être chaleureux et hospitalier, refléter la philosophie du programme éducatif et favoriser l'atteinte des objectifs. Il doit permettre aux enfants de jouer, de socialiser et de se divertir. Il doit en outre faciliter l'accueil de plusieurs groupes d'enfants ainsi que la pratique d'activités individuelles. L'aménagement doit être conçu de façon à délimiter des espaces propres à différents types d'activités dans le but d'offrir à l'enfant plusieurs choix et un accès facile. L'environnement physique doit refléter, d'une certaine manière, la personnalité et le caractère des enfants et du personnel qui utilisent les locaux. Il doit nécessairement être différent de celui que l'enfant retrouve en classe.

7.1.1   LES BESOINS D'ORDRE, DE PROPRETÉ, DE BEAUTÉ

La qualité de l'environnement dans lequel évoluent les enfants et les éducatrices est très importante. Un environnement terne, austère, sans décorations, chaleur ou personnalité n'est ni attirant ni invitant. Il inspire un sentiment de monotonie, favorise le désengagement, le désintéressement et le décrochage. Cette impression se répercute autant chez l'enfant, chez l'éducatrice et chez les parents qui, conséquemment, n'ont pas le goût de s'investir dans ce milieu de vie.

Un environnement agréable, un décor qui se transforme, se renouvelle ainsi que des thèmes exploités par les enfants suscitent la participation et favorisent une plus grande énergie. Il suffit de penser à la joie éprouvée par quelqu'un qui décore son logis à son image et selon ses goûts, qui fait du changement, ne serait-ce qu'en déplaçant les meubles. Il a davantage le goût de rester chez lui, de profiter de son habitation. L'éducatrice, avec l'aide et les idées des enfants, peut créer un environnement stimulant. Il le sera pour elle dans son travail, pour les enfants qui développeront un sentiment d'appartenance à leur milieu de vie et pour les parents qui seront incités à y entrer et à découvrir les changements, qui seront curieux de voir les résultats des projets des enfants.

Pour créer un environnement sain où règnent l'harmonie et la beauté, il est essentiel de maintenir la propreté et l'ordre des lieux. Il faut aussi habituer les enfants à respecter leur environnement : utiliser du matériel recyclé, ranger, arroser les plantes, éviter le gaspillage d'aliments, se soucier de finir ce qu'ils entreprennent, économiser les ressources, etc. À cet égard, la période de rangement doit permettre aux enfants de développer une attitude responsable en replaçant les jeux et jouets aux bons endroits, en signalant à l'éducatrice toute perte et bris de jeux. Les espaces de rangement doivent être clairement identifiés et faciles à repérer. L'éducatrice, avec l'aide des enfants, doit établir des règles d'utilisation claires et les conséquences du non-respect de ces règles. Pour ce, il est nécessaire que les jeux et le matériel soient à la portée des enfants, qu'ils soient bien identifiés et classés. Les boîtes doivent être plastifiées, les petits objets rangés par thème dans des contenants de plastique : petits animaux, figurines, etc. De plus, des pictogrammes ou des indications doivent clairement indiquer où ranger les jeux.

Les sorties en forêt, au musée ou au jardin botanique de même que le recyclage, le jardinage et l'embellissement de la cour sont des activités idéales qui permettent à l'éducatrice de sensibiliser les enfants aux beautés de l'environnement.

7.1.2 LE BESOIN D'INTIMITÉ

L'enfant peut vivre jusqu'à onze heures consécutives dans son milieu scolaire. Il doit donc avoir la possibilité de s'isoler, loin des cris et des bousculades, lorsqu'il en ressent le besoin. Il lui faut un coin paisible où il peut « s'écraser », se retrouver avec lui-même ou tout simplement se reposer. Cet endroit ne doit surtout pas être le bureau ou la chaise de l'éducatrice ou de la responsable et il doit faire partie de son territoire à lui. Ce coin doit être partiellement sinon totalement fermé, puisqu'il doit permettre à l'enfant de se séparer de l'univers bruyant du groupe. Il ne doit pas être associé aux punitions ou à l'endroit que l'éducatrice utilise pour se couper physiquement des enfants. Francine Nadeau, psychologue bien connue, parle de la boîte « anti-copain » qui permet de se protéger contre l'envahissement du groupe. « Une petite pièce ou coin doux pour refaire sa peau psychologique ! » L'aménagement de cet espace peut prendre diverses formes à l'intérieur du local. Si l'on ne dispose pas d'un endroit fermé, un petit coin suffit pour inspirer le calme. Cela peut être une aire de lecture pour les plus petits, une maisonnette pour les plus vieux ou des îlots de travail. On peut, à l'occasion, permettre aux enfants de fabriquer des cabanes de drap, de tissu ou de carton, une petite tente ou, encore, des abris faits avec des tables renversées ou des chaises couchées. On peut aussi mettre à leur disposition une cloison mobile qu'ils pourront utiliser pour aménager eux-mêmes leur espace de tranquillité.

Un endroit aménagé de façon permanente doit être attirant, douillet et juste assez grand pour accueillir un enfant à la fois. Pour amener ce dernier à trouver paix et tranquillité, il est important qu'il ne soit pas dérangé et cela doit être clair pour tous les enfants du groupe. Ce coin peut être agrémenté d'oreillers, de tapis, etc.

7.1.3 LE BESOIN D'UN COIN CALME ET APPROPRIÉ POUR LES TRAVAUX SCOLAIRES

Il est important de faire alterner les activités de concentration et les activités motrices ou de détente. Après plusieurs heures exigeantes de concentration à l'école, il faut allouer aux enfants une période d'activités leur permettant de s'oxygéner la tête et le corps. Entre l'école et la période de devoirs ou de leçons au SGMS, c'est-à-dire avant de retourner à des activités de concentration, il est essentiel qu'ils soient actifs.

La période des devoirs doit se tenir dans un endroit calme, bien aéré et propice à la concentration. Il peut y avoir un coin d'ordinateur avec tout le matériel pertinent, c'est-à-dire dictionnaires, grammaires, etc. Il est important de souligner que les parents demeurent les premiers responsables de l'éducation de leur enfant. En ce sens, ils doivent absolument pouvoir vérifier les devoirs de leur enfant lorsque ce dernier est rendu chez lui. Ce qu'il faut surtout éviter, c'est que les enfants se retrouvent à faire leurs devoirs au cours de diverses activités ou sur le coin d'un banc dans le gymnase, en pleine période d'activités physiques, avec tous les inconvénients qui s'ensuivent comme le bruit, les énervements, etc.

7.1.4 LE BESOIN DE DÎNER DANS UNE AIRE PROPICE À LA DÉTENTE

La plupart des écoles disposent d'une cafétéria ou, encore, d'une salle polyvalente adaptée pour la période du dîner. Le bruit constitue sans contredit un inconvénient pour les enfants et pour les éducatrices, puisqu'une cafétéria accueille souvent une centaine d'enfants à la fois. Le dîner se transforme alors en période bruyante où l'enfant surexcité par le bruit et l'agitation mange dans une ambiance peu propice à la digestion. Par ailleurs, de nombreuses écoles instaurent deux horaires de dîner : pendant qu'un groupe est à l'extérieur, l'autre mange et vice versa. Cette forme d'organisation a le désavantage d'inciter les enfants à ingurgiter rapidement leur repas, car on les empresse de sortir et d'aller bouger à l'extérieur.

Lors du repas, certains enfants ont besoin d'aide pour ouvrir leurs contenants d'aliments ; les plus jeunes, pour transporter leur cabaret, pour s'installer, etc. ; d'autres, pour réchauffer leurs mets au micro-ondes. L'éducatrice s'active à faire le service, à voir au bien-être de chacun, à gérer les présences, à rappeler à l'ordre les enfants qui s'amusent avec la nourriture, à faire de la discipline ; elle en oublie souvent l'essentiel : que l'enfant puisse vivre un moment de détente, de relaxation et d'échanges.

Pour que l'enfant mange son repas du midi dans le calme de façon à favoriser une bonne digestion, l'idéal est de former des groupes plus petits. Cela exige soit l'utilisation de plusieurs locaux comme les salles de classe, soit le réaménagement de la cafétéria en îlots plus petits, soit l'utilisation maximale des locaux de service de l'école.

L'éducatrice qui s'occupe d'un petit groupe peut tamiser l'éclairage dans son local, allumer des bougies, mettre de la musique, susciter les échanges entre elle et les enfants, animer la discussion. Elle peut préparer un programme d'activités selon un thème qui peut concerner les diverses cultures, les couleurs, les saisons, certains mets et saveurs, etc. Elle peut utiliser cette période pour enseigner les principes d'une saine alimentation, comme les éléments d'un repas équilibré et l'importance des quatre groupes alimentaires. Elle peut leur apprendre à lire les étiquettes afin qu'ils puissent par la suite faire des choix éclairés et ainsi, qui sait, les amener à changer certaines habitudes alimentaires.

Elle peut leur enseigner des notions de savoir-vivre afin d'éviter qu'ils avalent tout leur repas en cinq minutes et qu'ils dérangent les autres pendant les 15 minutes qui restent ! Elle peut leur demander d'utiliser une demi-heure pour dîner et leur montrer l'importance de prendre le temps de déguster, de manger lentement, de bien mastiquer les aliments afin de favoriser la digestion. Si leur système digestif ne monopolise pas toute leur énergie, ils ne ressentiront pas de lourdeur et seront capables de se concentrer en classe durant l'après-midi. Par ailleurs, l'éducatrice qui s'assoit avec les enfants pour alimenter la discussion crée un environnement social agréable et contribue à renforcer les liens affectifs entre elle et son groupe.

Le souci d'offrir un service de qualité le midi doit concerner tout le monde. Les avantages sont grands et les répercussions énormes sur la qualité de vie des enfants, des éducatrices et aussi des enseignants, puisque ce sont eux qui en subissent les conséquences l'après-midi.

7.1.5 LES BESOINS DES 9-12 ANS DE CRÉER UN MILIEU QUI LEUR CONVIENT

Les 9-12 ans sont à la fin de l'enfance et au seuil de l'adolescence. Ils aiment être traités en adultes. Il est possible d'adapter le service de garde en formule « club », c'est-à-dire en une maison des jeunes avec un programme d'activités susceptible de répondre à leurs besoins et qui les amène à relever des défis, à dépasser leurs limites en fournissant des occasions de donner leur pleine mesure et de se prendre en main. La vocation du service de garde ne doit-elle pas être axée davantage sur des projets parascolaires, des projets de loisirs, plutôt que seulement sur la garde des enfants ?

Les enfants de ce groupe d'âge ont des attentes particulières. Ils désirent avoir leur propre local, qu'ils peuvent aménager eux-mêmes, afin de se retrouver entre eux. Ils veulent s'occuper du mobilier et des appareils : avoir de belles peintures, des fauteuils avec coussins, chaises, télévision, radio, livres, rideaux. Ils aiment aussi que ce local exclusif soit verrouillé, avec un accès limité aux grands. Les intervenants doivent être sensibles à ce besoin et pouvoir y répondre dans la mesure du possible.

En leur permettant d'être maîtres de l'aménagement de leur environnement, de leur fonctionnement, des règlements, de leur programme d'activités, de la gestion de leur budget, les enfants prennent les décisions qui les concernent et ils en assument les conséquences. C'est pour eux une belle façon d'apprendre et de vivre un processus démocratique. Ainsi, ils sont plus motivés à demeurer et à participer activement au service de garde. De son côté, le service de garde a de meilleures chances d'améliorer sa crédibilité comme milieu éducatif auprès des préadolescent(e)s, ce qui peut l'aider à aller chercher la clientèle des 11-12 ans.

A : Discussion d'un groupe de 10-12 ans
B : Discussion d'un groupe de parents
C : Discussion d'une équipe de travail en SGMS

ENCADRÉ 7.1 • ALEXANDRE, 11 ANS, NOUS DONNE SON POINT DE VUE

« ... ce que j'aime du club des Aventuriers (c'est le nom de notre groupe au SGMS), c'est là que je retrouve mes amis tous les jours dans un local à nous, qu'on a aménagé et décoré avec des draps, des rideaux pour séparer les différents coins de notre local, avec des posters et des affiches. Il y a différents coins : télé (où l'on peut « s'évacher » et écouter nos émissions, puis aussi les vidéos qu'on produit !), coin ordinateur avec de nombreux jeux et un traitement de textes, coin construction (présentement on prépare notre spectacle d'impro, alors on travaille aux décors dans ce coin-là), coin brico, coin dîner (on a chacun notre napperon et nos affaires pour dîner ; ça arrive qu'on fait venir de la pizza durant les journées pédagogiques), coin humour (on affiche des « jokes », des images, des dessins). On a établi des règles de fonctionnement et on a même pensé aux conséquences à donner si on ne respecte pas les règles. J'aime ça, c'est notre endroit à moi et à ma gang. »

7.2   LE PROBLÈME DE DISPONIBILITÉ DES LOCAUX

Les services de garde ont beaucoup augmenté leur clientèle au cours des dernières années. Il est utopique de penser qu'un seul local suffit pour combler les besoins. C'est la raison pour laquelle l'école doit permettre que les locaux sous-utilisés en dehors des heures d'école soient mis à la disposition du service de garde. Cela peut contribuer à diminuer le nombre d'enfants par local et ainsi améliorer la qualité de vie, car il est légitime de s'interroger sur l'environnement et ses effets sur le bien-être de l'enfant. Un enfant peut-il, sans conséquences néfastes, être plongé de 7 h à 18 h dans un environnement continuellement bruyant, dans un milieu où les bousculades et les conflits sont continuels sans avoir la possibilité de s'isoler ? L'organisation physique peut être une source de stress et favoriser certains comportements violents, hyperactifs et agressifs.

Il est possible grâce à une organisation adéquate d'effectuer efficacement la rotation des locaux. Les enfants, à l'intérieur d'une semaine, doivent pouvoir bénéficier d'activités variées : calmes, actives, bruyantes, stimulantes, créatives, relaxantes, etc. En planifiant soigneusement l'utilisation des locaux disponibles, il sera possible d'offrir diverses activités en alternance pour répondre aux différents besoins et intérêts des enfants.

La majorité des SGMS occupent un local dans un édifice scolaire, la plupart du temps dans l'école même. Toutefois, en raison du manque de disponibilité, certains SGMS doivent loger dans d'autres types d'établissements comme un YMCA, un centre communautaire, un local de la municipalité, une salle paroissiale, un centre de loisirs, etc. Lorsqu'un service de garde est offert à l'extérieur de l'école, il est préférable qu'il soit situé à proximité pour faciliter le déplacement des enfants et avoir accès rapidement à ses locaux, à la cour et à ses équipements. Un service de garde doit pouvoir bénéficier d'une variété d'installations et d'équipements récréatifs pour être en mesure d'offrir un programme d'activités diversifié. Ces installations peuvent être regroupées en trois catégories :

- installations intérieures (local du service de garde et ceux de l'école tels que le gymnase, la bibliothèque, etc.) ;

- installations extérieures (cour d'école, terrain de jeux, petit boisé, terrain entouré d'une clôture, parc, etc.) ;

- installations communautaires (piscine locale, patinoire, théâtre, centre culturel, parc municipal, terrain de jeux, potager communautaire, plage, forêt, etc.).

ÉLÉMENTS DE RÉFLEXION

Les SGMS doivent utiliser de façon optimale les équipements et installations afin de combler les divers intérêts et les besoins des enfants d'âge scolaire. En ce sens, un environnement riche et stimulant favorise le développement de l'enfant sur tous les plans : social, cognitif, moral, psychomoteur et affectif.

De plus, un tel environnement influence le comportement des enfants et du personnel qui y vivent. La qualité de l'espace, de l'aménagement et du matériel affecte directement le niveau de participation des enfants et favorise les interactions positives entre tous les acteurs de ce milieu de vie.

7.3   L'AMÉNAGEMENT DES LOCAUX APPARTENANT AU SERVICE DE GARDE

Les SGMS construits ou ayant fait l'objet de rénovations essentielles après 1988 bénéficient d'un local équivalent à une classe ordinaire, soit environ 72 m^2. Les services de garde n'ayant pas eu cette chance ont pris racine dans une salle de classe désaffectée. D'autres occupent plusieurs classes et d'autres encore, moins chanceux, se contentent de petits recoins peu utilisés dans l'école.

Les locaux où les enfants sont accueillis le matin avant les classes et ceux où les parents viennent les chercher le soir ont avantage à être situés près de ceux qui sont utilisés par le service de garde, mais partagés avec l'école. Cette proximité ainsi que celle

des vestiaires, des installations sanitaires et des dépôts de matériel lourd est très avanta-
geuse pour le SGMS. Elle rend les déplacements plus faciles et permet un meilleur contrôle des allées et venues.

7.3.1   L'AMÉNAGEMENT PHYSIQUE DU LOCAL

Le local du SGMS doit permettre un aménagement en diverses aires d'activités
de jeux et de travail. Une heureuse subdivision des espaces favorise une grande variété
d'activités qui peuvent se transformer au gré des intérêts des enfants et des éducatrices.
Elle permet de briser la monotonie et la routine lors des périodes de jeux libres. Pour les
services de garde ne disposant que d'un petit local, le problème d'espace se fait vite sentir
lorsqu'on essaie de le subdiviser en coins d'activités spécifiques. Les éducatrices peuvent
alors utiliser des cloisons mobiles pour aménager des zones, de façon à réaliser les activités en alternance. Certains coins plus populaires peuvent cependant demeurer perma-
nents. Dans un local où le plafond est très élevé, on peut aménager une plate-forme ou
une mezzanine pour augmenter l'espace et créer plusieurs coins à vocations particulières.

Les coins calmes doivent être séparés des coins bruyants. Par exemple, celui des blocs pourrait être situé près de celui des jeux symboliques, celui des arts et du bricolage près de celui de la lecture et du repos. Il est important de souligner ici que le mobilier ne doit pas surcharger la pièce ni entraver la circulation.

Pour délimiter les différentes aires d'activités, des cloisons insonorisantes peuvent contribuer à assourdir les bruits, tout en permettant à l'éducatrice de surveiller son groupe d'enfants. Il faut aussi prévoir des passages pour faciliter la circulation libre des enfants d'une aire d'activités à l'autre.

Le mobilier doit être adaptable à tous les groupes d'âge et comporter des tables aux pieds ajustables et des chaises de différentes grandeurs. La quantité d'équipement et de mobilier est établie en fonction du nombre d'élèves et des différents groupes d'âge. Un comptoir et un évier dans le local du service de garde s'avèrent très utiles lors des activités nécessitant de l'eau et aussi pour les moments d'hygiène. À cet effet, il est bon de prévoir l'installation de porte-savon, de verres de carton et de serviettes de papier. Il doit également y avoir une trousse de premiers soins et une armoire fermée à clé, hors de la portée des enfants, pour y ranger les médicaments et les produits toxiques. Il doit en outre y avoir une ligne téléphonique à proximité ainsi que les numéros de téléphone d'urgence. Si les repas sont pris dans le local du service de garde, celui-ci doit être équipé d'un réfrigérateur, d'un évier et d'un four à micro-ondes. De plus, si l'espace et les installations le permettent, il est utile d'avoir une sécheuse à linge.

7.3.2 LES ESPACES DE RANGEMENT DU SGMS

Sans meubles ni armoires de rangement, le personnel d'un service de garde trouvera difficile de faire régner l'ordre. Des placards à tablettes amovibles, des armoires pouvant être placées contre les murs ou servir de séparateurs, des modules de rangement sur roulettes permettant aussi de diviser des secteurs et des meubles avec tiroirs et casiers de rangement sont quelques-uns des éléments qui sont indispensables. Les étagères ouvertes et étiquetées favorisent l'autonomie des enfants. Les tableaux d'affichage sont utiles pour décorer, exposer les travaux ou simplement faire sécher les productions.

LA PARTICIPATION ET LA RESPONSABILISATION DES ENFANTS

L'utilisation collective des locaux et du matériel nécessite l'application de règles rigoureuses. Le rangement, l'aménagement et le respect du matériel doivent concerner chaque enfant et chaque éducatrice. Les règles d'utilisation doivent être décidées en groupe et tous doivent collaborer. Le personnel et les enfants devraient convenir des sanctions à appliquer dans les cas où les règles seraient transgressées (voir chapitre 9).

Certains services de garde ont mis en place un système de contrôle des jeux. Par exemple, dans le coin des jeux de table, chaque jeu est représenté sur un grand babillard par une image ou un pictogramme que les enfants qui ne savent pas encore lire peuvent comprendre. Lorsqu'un enfant emprunte un jeu, il doit placer le jeton portant son nom sur le pictogramme correspondant. Il est ainsi facile de savoir qui a omis de ranger son jeu. L'enfant doit alors subir la sanction prévue. Peu importe le système utilisé, il est important que les enfants assument leurs responsabilités en matière de rangement, de perte ou de bris de matériel.

7.3.3 LA FLEXIBILITÉ D'UN AMÉNAGEMENT PHYSIQUE

La façon d'aménager l'environnement physique peut avoir une influence déterminante sur l'opinion que se fait un enfant du SGMS. Si l'aménagement des aires de jeu est bien pensé, il sera libre de choisir ses partenaires et ses activités. Il pourra pratiquer ces dernières à son propre rythme et avoir un certain degré d'indépendance et d'autonomie. En même temps, il pourra compter sur la présence d'adultes prêts à répondre à ses besoins.

Un grand local subdivisé en plus petites aires de jeu est davantage susceptible d'encourager l'enfant à avoir un nombre plus élevé d'interactions avec ses pairs, de s'amuser à des jeux imaginaires et à des jeux qui requièrent de la coopération. Il lui permet aussi de se concentrer sur son activité. Lorsque l'aménagement lui offre beaucoup de possibilités, il est plus incité à se lier aux autres et à s'occuper au lieu de les regarder passivement jouer ou, encore, de les déranger.

ÉLÉMENTS DE RÉFLEXION

Voici quelques principes concernant l'aménagement physique des aires de jeu dans un SGMS.

Des espaces délimités

Les zones d'activités doivent être clairement délimitées et identifiables. Les espaces doivent être aménagés de façon à ce que les enfants puissent travailler individuellement, en petits ou en larges groupes. Les allées et venues entre chacun des espaces doivent être faciles et sans entrave afin que les enfants ne soient pas dérangés.

Pour réaliser ces espaces fermés, on peut utiliser un ou plusieurs locaux du service de garde. On peut également se servir de matériel mobile et polyvalent, facile à transporter, qu'on peut installer dans les locaux partagés (cafétéria, salle polyvalente, bibliothèque, etc.).

Des espaces variés

Il est également important de disposer d'espaces qui sont assez polyvalents afin de pouvoir organiser différentes activités et différents jeux. Il faut prévoir des espaces pour les arts et le bricolage, les jeux actifs, les jeux de blocs, de manipulation, d'expression, d'interprétation, de musique, de lecture, de société et les casse-tête.

Des occasions pour les enfants de personnaliser les espaces

L'attachement des enfants à un environnement particulier, tout comme leur comportement dans ce milieu, varie en fonction du degré d'appartenance qu'ils ressentent. Ils doivent pouvoir laisser leur marque dans leur milieu. À titre d'exemple, ils peuvent exposer leurs travaux de bricolage, aider à disposer le mobilier ou mettre leur photo et leur nom sur un tableau d'affichage.

La facilité d'accès au matériel et aux fournitures

Les enfants doivent avoir facilement accès au matériel et aux fournitures, variés et appropriés à leur âge, disponibles en quantité suffisante et disposés sur des tablettes basses et ouvertes afin de leur permettre une utilisation autonome.

Des espaces de rangement adéquats

Pour assurer un bon fonctionnement, il est indispensable de disposer d'espaces de rangement adéquats. Qu'il s'agisse d'armoires, d'étagères ou de bacs, les meubles doivent être adaptés à l'activité. Dans chaque coin, les équipements doivent être classés dans des contenants ou des compartiments pour éviter les mélanges. Tout doit être bien disposé, à la portée des enfants et organisé de manière à leur donner le goût d'entreprendre un projet. Les enfants ainsi que le personnel ont besoin d'espace pour ranger leurs effets personnels lorsqu'ils sont au SGMS. En outre, les enfants ont besoin d'un endroit pour entreposer leurs projets en cours.

Le témoignage de la diversité culturelle

L'environnement physique doit refléter et mettre en valeur la diversité culturelle. Affiches, images et livres doivent valoriser chaque culture et éviter les stéréotypes. Une bonne façon d'atteindre cet objectif est d'avoir sous la main et d'utiliser des objets provenant de différentes cultures afin que les enfants puissent vivre la diversité comme un fait de tous les jours.

7.3.4   LES DIFFÉRENTS COINS D'ACTIVITÉS

Les coins d'activités doivent être équipés de manière à fournir une variété d'expériences d'apprentissage : ordinateur, sciences, arts plastiques, jeux de société, etc. De plus, le personnel, avec l'aide des enfants du service de garde, doit veiller à changer et à modifier ces espaces à partir des intérêts et des besoins des enfants. La décision concernant les types d'activités qui feront l'objet d'une aire spécifique doit s'appuyer sur des considérations reliées au développement des enfants de 5 à 12 ans. Certains coins peuvent être polyvalents et utilisés pour divers types d'activités non simultanées. D'autres peuvent être créés pour des occasions spéciales ou pour combler les besoins et les intérêts particuliers de certains enfants, par exemple la reproduction d'une pièce antique, la fabrication de bijoux, etc.

Pour équiper chaque coin, il est préférable d'acquérir du matériel neuf, pratique et de bonne qualité qui durera pendant plusieurs années. Dans certains cas, un jeu, un jouet ou un outil peut servir dans plusieurs coins, bien que son utilisation ne soit pas la même. Il est bon que le matériel soit différent et à la fois complémentaire de celui que l'enfant retrouve en classe.

Au moins une fois par année, le personnel du SGMS doit faire un inventaire de son matériel pour savoir ce qui manque et pour éviter d'acheter ce que le service possède déjà. Au cours de cet exercice, on pourra en profiter pour tenter de diversifier le matériel par rapport à celui de l'école et prévoir les nouveautés à acquérir. On peut aussi noter ce qui est brisé et incomplet et organiser des corvées de réparation ou des jeux pour trouver les morceaux manquants. Cela peut être l'occasion de sensibiliser les enfants au recyclage.

Le fait de ne pas mettre tous les jeux à la disposition des enfants peut être une bonne idée. Le fait d'en garder en réserve et d'en sortir un de temps en temps stimule l'intérêt et suggère une impression de nouveauté. Plus il y a de matériel à gérer, plus il y a de risques de gaspillage et plus il est facile de perdre des morceaux et des objets.

A) Le coin des jeux de blocs, de construction, d'assemblage

Avec des objets aussi simples que les blocs de bois ou de carton, les jeux de construction, de montage mécanique ou électronique et les casse-tête, l'enfant développe ses habiletés cognitives, psychomotrices, sociales et créatrices. On peut aussi trouver le coin d'activités des voitures, des figurines d'action, du matériel non structuré tel que des boîtes de carton de différentes grandeurs, des cylindres, des cailloux, etc. D'autres éléments sont importants, par exemple, un tapis de sol et une table pour les activités exigeant plus de dextérité. Un espace doit être aménagé pour ranger les travaux inachevés.

B) Le coin des jeux symboliques, de déguisement et d'expression dramatique

Les jeux symboliques et de déguisement pour les plus petits ou d'expression dramatique pour les plus vieux permettent aux enfants de faire semblant, de jouer un rôle, d'improviser, de mémoriser des textes, d'imiter des personnages. Ces activités peuvent les aider à enrichir leur langage et à exprimer ce qu'ils ressentent à travers les personnages qu'ils décident de jouer.

Pour inciter les enfants à inventer des situations, ce coin doit contenir des décors miniatures et plus grands qui reproduisent des scènes familières et autres. Il peut s'agir d'un dépanneur, d'une boutique de cadeaux, d'une salle d'urgence d'hôpital, d'un salon de coiffure, d'une cuisine, etc. On peut accessoiriser en ajoutant des articles de la vie quotidienne.

Les modèles réduits ne prennent pas beaucoup d'espace et, en outre, ils donnent l'occasion aux enfants de fabuler. Comme les jeux symboliques plaisent davantage aux jeunes du préscolaire et du premier cycle du primaire, il peut être intéressant d'offrir à ceux du deuxième cycle la possibilité de créer et de construire les décors qui servent dans ce coin d'activités. Il est important que cette aire de jeu soit bien délimitée et assez intime pour permettre aux enfants de reproduire l'univers souhaité. Pour stimuler leur créativité et leur donner le goût d'exploiter leurs idées, les costumes, les accessoires et le maquillage doivent être facilement repérables. Par exemple, si les vêtements et les costumes sont suspendus au lieu d'être enfouis dans des boîtes ou des coffres, les enfants peuvent aisément savoir ce qui est disponible et mieux décider des combinaisons à effectuer pour créer leur déguisement. De cette façon, aussi, les costumes et les vêtements sont moins froissés et demeurent en meilleur état. Le même souci de rangement et d'accessibilité s'applique pour les souliers, cravates, chapeaux, lunettes, gants, bijoux et accessoires qui doivent être accrochés ou placés sur des tablettes. Par ailleurs, il est essentiel que le coin soit muni de grands miroirs.

Les pièces de déguisement peuvent aussi comprendre des morceaux d'étoffes variées (velours, tissu à paillettes, tulle, etc.) que les enfants transforment au gré de leurs fantaisies : le tulle devient voile de princesse ou robe de danseuse ; le morceau de velours, la cape du chevalier, etc. Si le budget le permet, un théâtre de marionnettes procurera des heures de plaisir aux enfants de tous les âges.

C) Le coin des arts plastiques

Le coin des arts plastiques permet à l'enfant d'utiliser son imagination, de développer sa créativité et sa motricité fine, c'est-à-dire sa dextérité et sa coordination oculomotrice. Le fait de créer et de réaliser des œuvres lui donne un sentiment de fierté. L'éducatrice doit le laisser exploiter au maximum sa créativité. Elle peut aussi le sensibiliser à l'importance d'économiser et d'éviter le gaspillage et aux avantages de la récupération.

Plusieurs SGMS ont la permission d'utiliser le local des arts plastiques de l'école en dehors des heures de classe. Lorsque c'est le cas, le service de garde doit avoir son coin propre, équipé des objets de base mis à la disposition des enfants en tout temps. Pour ceux qui n'ont pas accès à ce genre de local, il est nécessaire de créer un coin dédié à la pratique des arts plastiques. Il doit être situé à proximité du comptoir et du lavabo. Il doit aussi être placé près des aires de jeux calmes et des sources naturelles d'éclairage. Dans ce coin, il est utile d'avoir des étagères ou des armoires assez vastes pour les gros cartons, les cartons de construction, les papiers de textures, couleurs et formes différentes, les feutrines, les tissus, etc. Les compartiments pour séparer ciseaux, crayons, colle, corde, peinture, gouache, pinceaux, argile, etc., sont également pratiques. De plus, tout le matériel de récupération doit être bien classé et identifié pour éviter le gaspillage et faciliter le rangement. Ce matériel doit être facile d'accès. Les tableaux de liège peuvent servir de support mural pour peindre et pour afficher des productions. Étant donné que le temps accordé à cette activité ne permet pas toujours de finir les travaux, c'est une bonne idée de prévoir un endroit pour faire sécher et entreposer les œuvres non terminées.

D) Le coin des jeux de table

Ce coin doit être situé à proximité des endroits calmes, puisqu'il exige une certaine forme de concentration. Il fait appel aux habiletés cognitives. Dans ce coin, l'enfant apprend à suivre des règles simples ou complexes : un apprentissage indispensable pour être capable de vivre en groupe. Il apprend à gagner, mais aussi à perdre : un apprentissage nécessaire pour savoir surmonter les déceptions et perdre avec élégance !

Parmi les jeux simples pour les enfants du premier cycle, nous pouvons penser ici à des jeux de loto, de dominos, de séquence (placer des images en ordre), de circuits, d'adresse, de stratégies élémentaires (bataille navale, dames chinoises, mille bornes), de hasard (dés, Boggle), de questions et réponses, de vocabulaire (mots croisés, mots cachés, scrabble junior), de mathématiques (calcul, nombres), d'agencement (casse-tête, encastrements, mosaïques, boutonnage, etc.) et d'enfilage (créer colliers et bracelets) ainsi qu'au tricot et à la broderie.

Les jeux de règles complexes (utilisés généralement par les enfants du deuxième cycle) favorisent les raisonnements, les combinaisons logiques et la recherche d'hypothèses et de stratégies. Parmi ces jeux, on compte les jeux de réflexion (échecs, dames, backgammon), de stratégie (Stratégo, Scotlandyard, Mastermind, Clue), de hasard (roulette, casino), de questions et réponses, de vocabulaire (mots croisés cubiques, messages codés), d'analyse mathématique (Hi-Q, cube Rubik), d'assemblage (construction électronique, modèles réduits) et de représentation (dessins électroniques programmés, plans et diagrammes).

Puisque les plus petits n'ont pas la maturité intellectuelle pour ces jeux, seuls les enfants de 9-12 ans y ont accès. Comme il arrive que les enfants perdent les règles et ne peuvent plus jouer, l'éducatrice a avantage à les photocopier et à les garder dans son classeur.

E) Le coin de lecture ou de repos

Les enfants doivent trouver dans ce coin la tranquillité requise pour lire, faire des recherches ou tout simplement se reposer. Il est nécessaire de rappeler que le SGMS doit offrir à l'enfant la possibilité de se retirer dans un petit coin calme, loin des cris et des bousculades lorsqu'il en ressent le besoin. L'aménagement doit inciter à la détente (coussins, fauteuils confortables, table pour faire certains travaux). Le coin doit être suffisamment entouré de cloisons réelles ou psychologiques pour assurer une certaine intimité (séparation à l'aide de rideaux, d'armoires). Il doit comporter des livres qui conviennent aux divers groupes et qui traitent de sujets variés : romans, bandes dessinées, comptines, idées de bricolage, chansons, dictionnaires, encyclopédies, revues, etc. Un ordinateur peut permettre à l'enfant d'effectuer des recherches et de sauvegarder ses découvertes. L'éclairage doit tout à la fois être propice à la lecture et créer une ambiance reposante. Des petites lampes suspendues ajoutent une atmosphère chaleureuse. Des bandes de tissu ou des cerfs-volants au plafond ainsi qu'une nappe décorative et antidérapante sur la table absorbent le bruit.

F) Le coin de musique

Lorsqu'une école dispose d'une salle réservée à la musique, le service de garde peut, comme c'est le cas pour le local des arts plastiques, y avoir accès en dehors des heures de classe. Ce partage permet de faire vivre aux enfants des activités favorisant l'expression sonore. Toutefois, l'éducatrice doit éviter que l'activité ressemble au cours de musique suivi en classe. Elle doit cependant tenir compte du programme de musique et du niveau de connaissances des enfants. La musique peut les aider à se détendre, à se défouler et à s'exprimer.

Lorsqu'il faut aménager un coin de musique, il est nécessaire d'acquérir quelques appareils électroniques comme une chaîne stéréo, un magnétophone avec micro (les enfants adorent !), des cassettes vierges, des disques compacts, des casques d'écoute, des instruments tels que harmonica, flûte, tambourin, maracas, triangle, clavier. Les enfants peuvent aussi fabriquer leurs propres instruments. Les apprentissages peuvent porter sur les différents styles de musique, l'histoire, la culture rattachée à certains instruments, la distinction des sons à l'aide d'enregistrements de chants des oiseaux, de mammifères marins, etc., le rythme, la mémoire auditive, la gestuelle, etc.

G) Le coin des sciences

Le coin des sciences nécessite un endroit calme, puisqu'il exige une certaine concentration de la part des enfants. Les enfants sont naturellement curieux. L'éducatrice peut stimuler cette capacité naturelle de fascination et d'étonnement face à l'univers dans lequel ils vivent en s'intéressant à leurs interrogations et en les habituant à chercher des réponses. C'est ainsi qu'elle leur donnera le goût d'apprendre. Pour cela, il n'est pas nécessaire que l'éducatrice possède une formation scientifique. En se servant de leurs interrogations et en recherchant avec eux les réponses, elle apprend en même temps qu'eux et leur enseigne aussi une autre chose importante : le droit à l'erreur.

Quelques tables et des chaises doivent meubler cette aire d'activité. Le matériel peut comprendre des livres et des revues scientifiques pour les jeunes et des instruments comme un microscope, une boussole et une balance, des objets tels que loupes, aimants, tasses à mesurer, poids, règles, rubans à mesurer, contenants variés, compte-gouttes et produits divers. Il peut aussi inclure des collections de roches ou de métaux, du matériel de jardinage, un aquarium avec diverses sortes de poissons. On peut de plus garder certains petits animaux, à condition que personne ne soit allergique, et apprendre aux enfants à en prendre soin les jours d'ouverture du service de garde comme les jours de fermeture. On peut en outre équiper le coin de jeux d'eau d'un système de tuyaux et de tubes pour transvider et de matériel pour vérifier les phénomènes de flottabilité, d'imperméabilité, d'absorption, de congélation, etc. Au cours de la saison chaude, toute expérimentation comportant de l'eau peut se faire à l'extérieur. Cela ne nécessite parfois qu'un bassin, soit pour baigner les poupées, soit pour y faire glisser les bateaux et vérifier s'ils flottent bien.

Le coin des sciences permet aux enfants de prendre conscience de l'environnement, d'acquérir des connaissances de base simples et d'apprendre à utiliser la démarche scientifique.

ENCADRÉ 7.2 • LES ÉTAPES D'UNE DÉMARCHE SCIENTIFIQUE SIMPLE

1. **La mise en situation.** Un enfant observe un phénomène. Il voit que, dans l'écorce d'un arbre, il y a des petits trous.

2. **Le problème** (interrogation). Il demande à l'éducatrice qui les a faits. Elle saisit cette occasion pour enseigner au groupe le protocole de recherche. Elle dit aux enfants d'observer, de regarder de près, de toucher, d'enregistrer les informations susceptibles d'être utiles, comme la sorte d'arbre, sa grosseur, la hauteur des trous, etc. Ces observations font partie de la mise en situation.

3. **L'hypothèse.** Les enfants sont invités à émettre une hypothèse concernant la question formulée par leur petit camarade qui est susceptible de fournir une réponse logique. L'éducatrice leur dit de se servir de leurs observations. Dans le cas des petits trous dans l'arbre, ils peuvent avoir été faits par un homme avec un clou, un pic ou, encore, par un insecte.

4. **L'expérimentation.** Elle leur demande de vérifier si leur hypothèse est juste ou non en consultant livres, revues et encyclopédies. Ensuite, elle leur dit de traiter les données, de vérifier si les renseignements trouvés concordent et de les comparer avec l'hypothèse.

5. La **conclusion.** C'est le moment de faire la synthèse des recherches, de prouver que l'hypothèse a bel et bien été vérifiée et pourquoi. L'éducatrice en profite pour demander aux enfants d'expliquer ce que leurs recherches leur ont permis d'apprendre.

H) Le coin de menuiserie

Le coin menuiserie permet à l'enfant d'acquérir des notions de calcul d'espace, de construction à partir d'un plan, d'apprendre diverses techniques telles que menuiserie, métal repoussé, vitrail, peinture sur bois, pochoir, fabrication d'objets de toutes sortes, etc. Au gré de ses fantaisies, il expérimente, manipule, prend des risques, les évalue, se trompe, recommence, découvre et se réalise.

Ce coin, peut-être plus bruyant, doit impérativement être situé dans une zone spéciale. **Il nécessite la supervision d'un adulte en tout temps et l'éducatrice doit s'assurer que l'enfant est capable de manipuler et d'utiliser les outils adéquatement avant de lui permettre de s'en servir seul.**

Il faut pouvoir ranger les matériaux comme le bois, le cuir, l'argile, le vitrail et les outils de toutes sortes. Un coin menuiserie bien aménagé comprend idéalement un établi solide et de bons outils : scie, équerre, tournevis, ruban à mesurer, perceuse, ponceuse, niveau, poinçon et les nombreux autres objets essentiels dans un atelier tels clous, vis, attaches, cordes, peinture, vernis, colle, etc. On peut aussi y trouver de vieux appareils que les enfants peuvent démonter et remonter.

Il est utile que les enfants récupèrent le matériel : morceaux de bois, cuir, vitrail, etc. Des bacs identifiés à cet effet permettent un rangement efficace. Le service de garde peut obtenir auprès des marchands de matériaux de construction du bois de récupération et du matériel comme des bouts de laminé, d'aluminium, de toiture, etc. Les fabricants d'objets et de vêtements en cuir sont aussi susceptibles de fournir des retailles à coûts modiques.

I) Le coin de l'art culinaire

Dans le coin de l'art culinaire, communément appelé par les enfants le coin de cuisine, les activités culinaires telles que fabriquer du beurre, concevoir et préparer une collation spéciale, préparer un repas végétarien, de fête ou autre pour ensuite le déguster représentent une excellente occasion d'aborder plusieurs sujets qui peuvent porter tant sur la valeur nutritive des aliments, les différences culturelles associées aux choix des mets que le plaisir social de partager un repas collectif. Rien de plus agréable que de respirer les effluves qui se répandent dans toute l'école !

La plupart des services de garde possèdent des réfrigérateurs et des fours à micro-ondes qui peuvent être utilisés dans ce coin. La cuisinière de l'école, située soit dans le salon du personnel ou dans la cafétéria, peut aussi être mise à profit. Des casseroles, moules et ustensiles sont nécessaires en plus des ingrédients employés à la réalisation des recettes.

7.3.5 QUELQUES PETITS CONSEILS POUR LES SERVICES DE GARDE QUI ONT DES PROBLÈMES D'ESPACE

D'abord une précision : jamais le personnel d'un service de garde aux prises avec des problèmes d'espace ne doit penser qu'il résoudra le problème en programmant plus d'activités à l'extérieur, beau temps, mauvais temps. La cour extérieure ne peut pas être considérée comme un local du service de garde. L'éducatrice l'utilise lorsqu'elle constate que les enfants ont besoin de bouger.

Divers problèmes peuvent survenir lorsque, par exemple, l'école autorise la tenue d'activités parascolaires dans ses locaux, au détriment du service de garde. Mais, étant donné que le conseil d'établissement a un pouvoir décisionnel quant à l'utilisation des locaux de l'école, la personne mandatée pour y représenter le service de garde peut dorénavant faire valoir ses besoins d'espace au cours des réunions.

Il arrive aussi que les classes ne sont pas tout le temps accessibles, car le partage n'est pas toujours bien accepté. Il est important que le personnel de l'école place les intérêts des enfants avant les leurs. Ainsi, une enseignante qui corrige dans sa classe, laquelle peut servir à la période de devoirs en dehors des heures scolaires, brime tout un groupe d'enfants du service de garde. Dans le même ordre d'idées, une éducatrice qui effectue sa planification dans le local du service de garde durant les heures scolaires empêche peut-être une enseignante et son groupe d'utiliser le local du service de garde pour certaines activités spéciales. Un esprit ouvert et une franche collaboration contribuent à assurer une certaine qualité de vie pour les enfants, les éducatrices et les enseignants.

Certains espaces comme les dépôts, vestiaires, sous-sols, mezzanines, verrières peuvent présenter un certain potentiel pour le service de garde, à condition de faire preuve d'un peu d'imagination et d'être prêt à effectuer quelques aménagements et transformations.

7.3.6 LA DÉCORATION

Travailler dans un environnement plaisant, dans un décor à son image qu'on transforme à son gré, selon les événements et sa fantaisie, crée un sentiment de bien-être. Le changement entraîne des retombées positives tant chez les enfants que chez le personnel. La décoration doit être planifiée de concert avec le personnel et les enfants.

Les couleurs sont des éléments importants de la décoration. Il faut se souvenir, lorsque vient le temps de choisir celles qui orneront les murs, de leurs effets stimulants ou calmants. Il est important qu'elles s'harmonisent. Il ne faut pas oublier de tenir compte de l'éclairage. Généralement, on retrouve des couleurs neutres pour les murs et les plafonds et des couleurs vives pour les éléments ajoutés : étagères, tables, chaises, fauteuils, bancs, etc.

Les couleurs comme le vert, le bleu, le lilas, en raison de leurs effets calmants, sont propices aux activités de concentration alors que les couleurs vives comme le rouge, le jaune, le vert lime et le violet sont plus indiquées dans les zones où ont lieu les jeux psychomoteurs ou ceux qui nécessitent moins de concentration. Une décoration judicieusement planifiée en fonction de chaque coin d'activité permet de stimuler l'intérêt des enfants.

7.3.7 L'ÉCLAIRAGE

Les usagers d'un service de garde doivent pouvoir bénéficier de la lumière naturelle et les fenêtres comporter des rideaux réglables, tentures ou stores, afin d'en contrôler l'entrée.

L'éclairage est un aspect important de l'environnement physique d'un service de garde. Le tube fluorescent procure un éclairage artificiel, efficace, performant et uniforme qui se rapproche beaucoup de l'éclairage naturel (certaines études rapportent qu'il inciterait les enfants à l'hyperactivité). Par contre, afin de créer un climat intime, de favoriser la détente et la relaxation, l'éclairage d'appoint, par exemple à l'aide de projecteurs sur rails contrôlés par rhéostat, s'avère efficace. Un système flexible permet de produire une lumière directe là où c'est nécessaire et une lumière tamisée à d'autres endroits.

7.3.8 LA VENTILATION ET LA QUALITÉ DE L'AIR

L'air ambiant devrait être remplacé selon une fréquence de six changements complets à l'heure. L'air d'une pièce se renouvelle grâce à une bonne ventilation. Cela peut se faire en ouvrant les fenêtres ou par un système de ventilation. Après une période d'activités, l'éducatrice doit aérer la pièce avant l'arrivée d'un autre groupe. Le local doit autant que possible être sans odeur, ni poussière ni fumée.

La température ambiante influence le comportement des utilisateurs d'une pièce ou d'un local. Certaines études ont établi des liens entre la température et le niveau d'agressivité. Une pièce surchauffée risque d'entraîner davantage de comportements agressifs. Dans un service de garde, comme les enfants sont tantôt calmes, tantôt actifs, il est important de conserver une température ambiante confortable, quitte à maintenir une température un peu plus basse dans les endroits où les enfants sont plus actifs et une température normale dans les locaux réservés aux activités plus calmes. La température idéale ne devrait pas excéder 22 °Celsius et s'y maintenir. Le degré d'humidité devrait se situer autour de 40 pour cent. Un local bien humidifié prévient les rhumes et la sécheresse de la peau. Pour les services de garde qui occupent un sous-sol d'école, le pourcentage d'humidité relative ne devrait pas dépasser 50 pour cent en toute saison.

Il arrive que, dans certaines écoles, le système de ventilation soit déficient, particulièrement en hiver. Ce système d'air vicié contribue à la prolifération des bactéries et des virus. Le fait de sortir à l'extérieur deux fois par jour permet de s'oxygéner les poumons.

7.3.9 LE BRUIT

La vie dans un univers trop bruyant entraîne des troubles de santé et de comportement. Bien que la tolérance au bruit varie d'un individu à l'autre, elle ne signifie pas pour autant qu'on l'accepte. À court terme, l'exposition au bruit peut provoquer le stress, l'insécurité, l'agressivité et une faible résistance à la maladie.

De nombreuses écoles sont construites de béton, de plâtre ou de gypse. Comme la fonction d'un local de service de garde est différente de celle d'une classe, une attention particulière doit être apportée à l'acoustique. Afin d'obtenir un niveau de réverbération acceptable, il importe de doser la proportion des surfaces réfléchissant les sons par rapport aux surfaces absorbantes. Des matériaux mous et poreux absorbent les sons. Le liège, les carreaux acoustiques appliqués sur des étagères ou des armoires de métal contribuent à réduire la sonorisation et servent de surface d'affichage. Les tentures épaisses atténuent les bruits venant de l'extérieur et absorbent l'écho produit à l'intérieur. Des arbres et des arbustes plantés à proximité du local ou de l'école diminuent les bruits provenant de l'extérieur.

Les tapis ou les carpettes, qui doivent être lavables pour des raisons d'hygiène, absorbent les sons et les revêtements coussinés amortissent les bruits d'impact. Un plafond de tuiles acoustiques réduit aussi l'écho. Dans un petit local au plafond très élevé, il est préférable de recouvrir le haut des murs de tuiles. Des panneaux suspendus ou des banderoles fixées au plafond peuvent contribuer à réduire le bruit. De même, des balles de tennis fixées sous les pattes de chaises et des bricolages en trois dimensions faits à partir de boîtes d'œufs, par exemple, absorbent les sons et contribuent à diminuer le bruit.

Il appartient à l'éducatrice de sensibiliser les enfants à l'importance de baisser la voix et de ne pas claquer les portes, bref, de se conduire avec civisme. Les postes de radio et de télévision, la chaîne stéréo, l'interphone, en marche toute la journée sans raison, incitent les gens à hausser le ton inutilement, ce qui entraîne irritation, distraction et fatigue.

7.3.10 LES HABITUDES D'HYGIÈNE

Le personnel du service de garde doit valoriser les habitudes d'hygiène personnelle. Il doit faire en sorte que les enfants se brossent les dents après avoir mangé. À cet effet, un système de rangement des brosses à dents doit être prévu. Il est important d'émettre des consignes d'utilisation claires afin d'éviter les échanges ou les prêts de brosses à dents qui favorisent la transmission de diverses maladies. Les enfants doivent, de plus, pouvoir ranger certains objets personnels tels que peignes, brosses à cheveux, soie dentaire.

Le mobilier et le recouvrement du plancher doivent être faciles d'entretien et gardés propres en tout temps. La surface des tables doit être nettoyée après chaque repas. Les papiers mouchoirs, les essuie-tout et le savon doivent être disponibles en tout temps.

7.3.11 PRÉVENIR LES RISQUES DE BLESSURE ET D'ACCIDENT

La prévention est toujours de mise. Afin de prévenir les accidents, le personnel d'un service de garde doit assurer une surveillance constante. Les médicaments et les produits de nettoyage doivent être rangés dans une armoire fermée à clé et hors de la portée des enfants.

Les matériaux doivent être sécuritaires, non toxiques, ininflammables, incassables et sans danger d'éclatement. Le mobilier doit être stable et solide (vis et écrous resserrés à l'occasion). Les coins et rebords du mobilier doivent être arrondis et sans protubérances (boulons, vis, clous). Les équipements et mobiliers doivent être proportionnels à la taille des enfants. En cas de blessure ou d'accident, l'éducatrice doit suivre en tout temps le protocole présenté à l'encadré 7.3.

ENCADRÉ 7.3 • PROTOCOLE À SUIVRE EN CAS DE BLESSURE OU D'ACCIDENT

Réagir rapidement

Lors d'un accident ou lorsqu'un enfant se blesse, il est important que l'éducatrice réagisse très vite. Il s'agit en fait de prendre le contrôle, de limiter les dommages, d'évaluer la situation, de demander de l'aide et de contrôler le reste du groupe.

Prendre le contrôle

Lors d'un accident, l'éducatrice doit agir avec diligence et détermination. Si elle connaît bien les procédures d'urgence et les systèmes de sécurité, elle sera efficace dans les situations problématiques.

Limiter les dommages

À la suite d'un accident, l'éducatrice doit tenter de limiter les dégâts et d'empêcher tout autre dommage et blessure potentiels. Elle doit prendre soin de l'enfant blessé, protéger les autres enfants du groupe et, s'il y a lieu, assurer sa propre protection. Certains enfants entrent en état de choc lorsqu'ils sont témoins d'un accident et ils manifestent alors des signes d'agitation et de désarroi ; dans ces conditions, ils sont susceptibles de subir eux-mêmes des traumatismes.

Évaluer la situation

Afin d'être en mesure d'évaluer la gravité de l'accident, l'éducatrice doit rapidement déterminer si :

  – la blessure met la vie de l'enfant en danger ;

  – l'enfant doit être hospitalisé ;

  – l'enfant doit voir son médecin ;

  – elle peut soigner la blessure elle-même.

Dans le cas où il y aurait des doutes sur la gravité de la situation, il vaut mieux être prudent et « prévenir plutôt que guérir ».

Demander de l'aide

Après avoir évalué la gravité de la situation, l'éducatrice peut décider d'aller chercher de l'aide, auprès des autres enfants, des autres éducatrices, de témoins ou de passants ou, encore, en faisant appel au personnel médical. Lorsqu'elle demande de l'aide, elle doit s'assurer que ses informations sont succinctes, claires et bien comprises.

Contrôler le reste du groupe

Lors d'un accident, l'éducatrice doit contrôler tous les enfants présents. Dans la plupart des cas, elle leur donne des instructions pour qu'ils demeurent ensemble et, si possible, elle leur confie des choses à faire. Elle doit demander à un autre adulte ou à un enfant de prendre le groupe en charge afin de se libérer pour s'occuper de l'enfant blessé.

Chaque éducatrice doit avoir une formation reconnue en secourisme. Les premiers soins comprennent habituellement la respiration artificielle, la réanimation cardiopulmonaire, le contrôle des saignements et la position sécuritaire du patient. Il est toutefois important de noter que le fait de détenir une telle formation ne constitue pas une garantie contre les accidents.

COMPTE RENDU ET SUIVI D'UN ACCIDENT

Quelles que soient les précautions qui ont été prises, un accident peut arriver. La plupart d'entre eux sont mineurs et peuvent être traités sur place. Dans les cas où un accident nécessite davantage qu'un simple pansement, il doit toujours faire l'objet d'un compte rendu et d'un suivi. Ces rapports, qui doivent être conservés dans un dossier, sont d'une grande utilité. En plus de permettre au SGMS et à la personne qui a porté secours de se protéger advenant des complications, le compte rendu permet de transmettre aux parents des informations précises sur l'accident.

Pour faire ce compte rendu, il faut réunir toutes les personnes intéressées, habituellement les enfants, les parents, les éducatrices et la personne responsable du SGMS, et passer en revue l'événement afin de savoir ce qui est réellement arrivé et la façon dont on peut éviter ce genre d'accident à l'avenir. Parfois, à ce genre de réunion, il est bon de faire participer seulement les enfants qui ont vécu l'expérience afin de clarifier la situation, de réconforter ceux qui ont été marqués par l'accident et de répondre à leurs questions. Cette rencontre n'est pas tenue dans le but de blâmer qui que ce soit ; il s'agit, au contraire, d'un entretien ouvert et honnête pour discuter des faits et échanger des idées sur les façons d'éviter les accidents.

La personne responsable du SGMS doit faire le suivi de chaque accident. Elle doit communiquer avec les parents de l'enfant blessé une ou deux fois après l'accident afin de s'informer de son état physique et affectif. Par la même occasion, elle peut communiquer aux parents tout changement apporté au processus d'urgence et aux systèmes de sécurité à la suite de l'accident.

7.4   L'ACCÈS AUX INSTALLATIONS ET AUX SERVICES DE L'ÉCOLE

Le fait d'avoir accès aux installations de l'école, comme le local de musique, le gymnase, la bibliothèque, etc., permet à l'enfant du service de garde d'accroître son sentiment d'appartenance à son école. Cela contribue aussi à favoriser un apprentissage diversifié et complémentaire que le service de garde seul ne peut fournir parce qu'il est trop coûteux.

La cohabitation et le partage de locaux nécessitent que chacun respecte certaines règles bien établies et qu'il y ait un code de conduite qui s'adresse autant aux enfants qu'aux adultes. Chaque groupe concerné doit disposer d'un espace d'affichage déterminé. Il doit également s'assurer d'aérer le local après chaque utilisation.

L'UTILISATION DU MATÉRIEL ET DES ÉQUIPEMENTS

Il importe de prévoir un équipement facile à transporter et adaptable comme des tables pliantes, des chaises et des bancs empilables ainsi que des espaces de rangement pour l'équipement, des armoires qui se verrouillent, des espaces de rangement pour le matériel, plusieurs chariots mobiles pour transporter les jeux et le matériel d'un local à l'autre.

LE GYMNASE

Pour développer leurs capacités psychomotrices, les enfants ont besoin de bouger, de crier et de dépenser leur énergie, surtout après une longue période pendant laquelle ils ont dû rester assis et se concentrer. Bien sûr, la cour de l'école permet ce genre d'activités, mais toujours selon le temps qu'il fait. C'est la raison pour laquelle il est essentiel que le SGMS ait accès au gymnase quotidiennement, puisque le local du service de garde n'est pas assez grand.

Au cours des quinze dernières années, l'obésité chez les enfants de 6 à 11 ans s'est accrue de 50 pour cent. À l'heure actuelle, 20 pour cent des enfants des pays industrialisés sont suffisamment obèses pour que cela menace leur santé dans le futur[1]. Parmi les facteurs qui expliquent ce phénomène, mentionnons les nombreuses heures passées devant la télévision, les jeux électroniques, l'ordinateur, le fait de rester assis à un pupitre toute la journée, une mauvaise alimentation (trop grande consommation de gras et de

---

1. Selon les découvertes de John Lefebvre, chercheur ontarien.

sucre). Il n'en demeure pas moins que les enfants d'aujourd'hui sont beaucoup moins actifs que les enfants ne l'étaient il y a 30 ans.

D'après Dominique Chalvin (1982), les enfants d'âge scolaire doivent consacrer au moins trois heures par jour à des activités physiques. Non seulement le gymnase leur permet de bouger, mais c'est là qu'ils peuvent renouveler et équilibrer leurs énergies. L'éducatrice peut leur apprendre à être à l'écoute de leur corps et à percevoir leurs besoins.

Le gymnase étant un local vaste, les enfants ont tendance à s'y comporter de façon surexcitée. Il est important que des règles claires soient établies afin d'assurer leur sécurité. De plus, ils doivent toujours utiliser le matériel sous la surveillance d'une éducatrice, surtout lorsqu'il s'agit d'appareils lourds comme la trampoline, le cheval allemand, les poutres, etc.

Au gymnase, les enfants peuvent développer leur motricité globale, leur schéma corporel et leur organisation perceptive, spatiale et temporelle. Ils peuvent aussi accroître leurs capacités physiques : force, endurance, souplesse et agilité.

LA SALLE POLYVALENTE OU LA CAFÉTÉRIA

La salle polyvalente ou la cafétéria est généralement de grande dimension et à cet endroit, comme dans le gymnase, les enfants ont tendance à être hyperactifs. Lorsqu'une éducatrice utilise ce local avec un groupe, elle doit circonscrire l'espace qu'elle veut occuper afin d'éviter que les enfants ne s'éparpillent partout dans la salle.

Il est possible de transformer la salle polyvalente ou la cafétéria, en dehors des heures de classe, en divers coins d'activités à l'aide de meubles amovibles (sur roulettes). Ce mobilier facile à déplacer et à modifier permet une certaine latitude pour créer des activités ou des aires de jeu.

LES SALLES DE CLASSE

Une salle de classe peut être utilisée, par exemple, lorsque l'éducatrice a besoin d'un local pour la période des devoirs ou, encore, pour le repas du midi. Dans ce dernier cas, il est essentiel que le nettoyage des pupitres et des chaises soit effectué par la suite.

LA BIBLIOTHÈQUE

Les activités tenues dans la bibliothèque, endroit de calme par excellence, doivent respecter la vocation des lieux. Ce local peut être utilisé pour la lecture, les recherches, les jeux d'observation, certains jeux de table, etc. Idéalement, les enfants doivent avoir accès à tout le matériel disponible à cet endroit.

LE LOCAL DE MUSIQUE

Le local de musique contient déjà des instruments et des équipements connexes, ce qui rend son utilisation intéressante pour le service de garde. Les activités d'expression sonore sont très liées au mode d'expression gestuelle (mimes, chansons, charades, comptines) ou, encore, au mode d'expression verbale. Ce local peut aussi être utilisé pour tout autre type d'activités suivant l'aménagement et les espaces disponibles.

LA SALLE DES ORDINATEURS

L'accès à la salle des ordinateurs permet aux enfants de poursuivre la formation acquise en classe. Ainsi, ceux qui ne possèdent pas d'ordinateur à la maison ont la chance de se familiariser avec cet outil, que ce soit durant les heures de classe ou durant celles du service de garde. Ils peuvent s'amuser à créer une carte d'invitation, une publicité pour un spectacle, faire de la recherche sur Internet ou tout simplement se divertir devant un jeu.

LE VESTIAIRE

Idéalement, le vestiaire doit être situé à proximité du local du service de garde. Si les enfants ne peuvent disposer de casiers à proximité, il faut en prévoir à l'intérieur ou, encore, dans le corridor. Lorsque le vestiaire est situé dans une aire achalandée, l'espace doit être assez grand pour que les enfants puissent s'habiller sans être bousculés par les gens qui circulent. Il doit être situé près de la sortie qui donne sur la cour de l'école, à une distance suffisante pour protéger des changements brusques de température.

Chaque enfant doit avoir son crochet, son espace pour ses bottes et ses chaussures, sa tablette pour ses mitaines, sa tuque, etc. Le service de garde doit prévoir un endroit (connu des parents et des enfants) pour entreposer les objets perdus. Cela peut être une corde à linge sur laquelle sont épinglés les vêtements ou, encore, une grosse boîte pour y déposer les objets et les vêtements qui ne sont pas identifiés.

LE BUREAU DE LA RESPONSABLE DU SERVICE DE GARDE

Le bureau de la responsable est l'endroit où s'effectue la gestion et l'administration du service de garde. C'est également un lieu d'échange entre les éducatrices, les parents (paiement, absence de l'enfant, inscription aux journées pédagogiques, santé de l'enfant, etc.), les enseignants, le directeur ou la directrice de l'école et aussi les gens de la communauté (fournisseurs, visiteurs, spécialistes).

Idéalement, le bureau de la responsable doit être un endroit fermé afin de lui permettre d'effectuer son travail de planification et de gestion. Il doit être situé à proximité du local du service de garde afin de limiter les déplacements, tant pour la responsable que pour les éducatrices et les parents.

C'est dans le bureau de la responsable qu'on range les dossiers des enfants avec les renseignements nécessaires aux éducatrices : la fiche médicale, le numéro de téléphone des parents ou du tuteur, les fiches de contrôle des présences, les livres de comptabilité et la documentation nécessaire aux éducatrices sur le projet éducatif de l'école, le programme éducatif du service de garde, les principales règles de fonctionnement du service, l'horaire, la documentation pertinente pour la planification des activités, les livres de référence sur le développement de l'enfant, etc.

7.5 LES DÉPLACEMENTS

Lorsque les vestiaires et les installations sanitaires sont situés loin du service de garde, cela occasionne de nombreux délais et des périodes d'attente pour les éducatrices et les enfants. Attendre en rang que les quelque 20 enfants du groupe soient prêts à se rendre aux toilettes, ensuite attendre qu'ils aient terminé, puis attendre qu'ils reprennent leur rang, pour revenir au local… vingt minutes, une demi-heure ont passé ! Il faut donc essayer de limiter les déplacements afin d'éviter de passer sa vie à attendre au lieu de réaliser des activités intéressantes avec les enfants. C'est la raison pour laquelle il faut amener l'enfant à développer son autonomie de façon à ce qu'il aille seul aux toilettes. Pour cela, les règles de fonctionnement et les consignes doivent être claires. Toutefois, on peut agrémenter ces moments d'attente en improvisant de courts jeux, des jeux d'observation, de devinettes, etc. L'éducatrice peut proposer une comptine ou une chanson.

Autant que possible, il vaut mieux que les enfants se déplacent en petits groupes. Par exemple, si l'on fait rentrer de l'extérieur une centaine d'enfants en même temps, cela risque de favoriser les comportements agressifs et violents. Il vaut mieux les faire entrer par petits groupes, ce qui occasionnera moins de bruit et moins de bousculades. L'éducatrice devra ainsi moins intervenir.

7.6 L'AMÉNAGEMENT EXTÉRIEUR OU LA COUR D'ÉCOLE MULTIFONCTIONNELLE

L'aménagement d'une cour d'école vise essentiellement deux buts : récréatif et éducatif. Un but récréatif parce qu'il s'agit d'offrir à l'enfant un environnement plus riche et plus stimulant pour le jeu. Un but éducatif parce qu'il s'agit d'offrir aux élèves et aux enseignants différentes possibilités d'exploration ou d'intégration en fonction des diverses matières d'études. L'aménagement d'une cour d'école doit tenter de répondre aux besoins de tous les enfants, selon leur âge, leur capacité physique, en créant un environnement stimulant qui favorise leur développement intégral.

Pour un service de garde, la cour d'école est très importante. Elle est utilisée surtout à l'heure du dîner, avant le début des classes, le matin, et lorsque l'école est finie, l'après-midi. L'enfant a besoin de ces sorties à l'extérieur pour bouger, s'oxygéner les poumons et se laisser aller. L'éducatrice peut en profiter pour apprendre aux enfants à se détendre par le jeu et par diverses activités psychomotrices.

Et comment sont aménagées les cours d'école ? Elles sont toutes clôturées et asphaltées. Certaines comprennent une aire gazonnée, d'autres comportent des structures de jeux.

À noter : les plus jeunes devraient disposer d'un espace à l'écart des plus âgés, surtout en période de jeux actifs.

7.6.1 L'AIRE DES JEUX LIBRES

L'aire des jeux libres est caractérisée par une surface plane. Différents jeux et activités peuvent y être organisés.

- *Les jeux corporels* : grâce aux poutres d'équilibre, aux glissoires, aux balançoires et aux structures conçues pour permettre aux enfants de grimper, de se pendre par les bras ou les jambes, de se hisser, de se balancer, etc., l'enfant développe sa musculature.

- *Les jeux de création* : il faut affecter un coin de la cour à ce genre d'activités et il doit être à l'écart des aires de jeux actifs. Les jeux de création stimulent les capacités sensorielles de l'enfant en lui permettant d'expérimenter avec les couleurs et les sons. Ils développent l'imagination, l'ingéniosité, la dextérité par la manipulation de la terre, du sable, de l'eau, de l'herbe, etc.

- *Les jeux d'improvisation* : ces jeux stimulent l'imagination de l'enfant, l'amènent à développer des aptitudes langagières. Des structures ou une simple poutre au sol suggèreront mille et une choses ou situations.

- *Les activités de repos et de détente* : elles permettent à l'enfant de rêvasser, d'être inactif, de réfléchir ou simplement de se détendre, de s'isoler du groupe, loin des activités bruyantes, de se retrouver seul ou avec un ami. Cela exige une zone tranquille comportant tables, bancs et abris, comme un gros tuyau dans lequel se réfugier. Cette zone devra de préférence être ombragée. C'est un endroit propice où un groupe de classe ou du service de garde peut observer la nature, y conduire des activités d'interprétation de la nature ou simplement y prendre son dîner ou sa collation lorsque le beau temps le permet.

7.6.2   L'AIRE DES JEUX COLLECTIFS

L'aire des jeux collectifs est caractérisée par de grandes surfaces polyvalentes permettant de courir, de jouer au ballon, à la balle, de sauter à la corde, de jouer à l'élastique. Cette surface est généralement à proximité de l'école, puisque les murs sans fenêtres (murs aveugles) sont importants pour tous les jeux de balle, de ballon, cibles à balles de neige, jeux d'adresse, etc.

LES ÉQUIPEMENTS DE JEUX

Le service de garde doit disposer d'un matériel qui facilite l'exploration, la manipulation, la découverte. Ce matériel, utilisable à l'extérieur et à l'intérieur, peut inclure des pelles, cerceaux, ballons, etc. Il doit être polyvalent et servir à des jeux différents, par exemple, les blocs peuvent servir à construire et à former des parcours, le bac à sable avec couvercle peut se transformer en table pour les jeux de blocs, jeux d'imagination, etc. On peut transformer un coin de la cour qui reçoit un bon ensoleillement en jardin ou même en potager.

Les activités d'arts plastiques extérieures seront faciles à réaliser avec de l'eau à proximité. D'ailleurs, une fontaine permettra aux enfants de s'abreuver ce qui évitera le va-et-vient dans l'école. Une surface plane peut se transformer en patinoire l'hiver ou en glissoire. Les arbres permettent d'ombrager un coin de la cour, les arbustes servent de cachette ou délimitent une aire de jeu et le gazon et le sable permettent d'atténuer les chutes. L'aire de jeu doit être aménagée pour servir à longueur d'année.

7.6.3   LA SÉCURITÉ

La cour extérieure et ses équipements doivent être sécuritaires. Les zones de jeux doivent être bien clôturées et la surface qui se trouve sous l'équipement à grimper doit pouvoir amortir les chutes.

Les parents qui viennent reconduire et chercher les enfants au service de garde utilisent généralement le stationnement de l'école, dont une partie est aménagée en débarcadère qui mène par un trottoir à une entrée de l'école. Idéalement, le local du service de garde est situé près d'une entrée protégée de la circulation des automobiles et des autobus scolaires par une clôture ou par une haie.

Le personnel doit sans cesse enlever de la cour les débris de toute sorte qui sont un danger potentiel et inspecter régulièrement les équipements et diverses installations afin de limiter les risques d'accidents. Les règles de sécurité doivent être comprises par les enfants.

7.6.4   LA GESTION DU MATÉRIEL EMPRUNTÉ PAR LES ENFANTS

Il est important que les enfants qui fréquentent le service de garde se sentent responsables du matériel qu'ils empruntent pour jouer dehors. Un ballon envoyé sur le toit de l'école, les cordes à danser et les élastiques qu'on oublie de ramasser, les balles propulsées un peu partout, très vite il n'y a plus assez de matériel pour tous les enfants.

Certains services de garde ont établi un système d'emprunt qui est géré par les enfants plus âgés. Ils inscrivent le nom de l'enfant qui fait l'emprunt sur un jeton fixé par une bande velcro et, ainsi, ils peuvent contrôler les retours. Des sanctions pour ceux qui ne respectent pas les règles d'emprunt sont prévues et connues des enfants.

En conclusion, la cour de l'école, pour être vraiment un endroit intéressant, doit permettre aux enfants, aux enseignants et aux éducatrices d'établir des liens entre ce qui se vit dans la classe, dans le service de garde et ce que l'on retrouve dans la cour. En ce sens, la cour de l'école doit être une zone d'exploration et d'intégration des matières permettant des expériences diversifiées tant sur le plan scolaire (en classe) que sur le plan récréatif (SGMS).

QUESTIONS DE RÉVISION

1. Pouvez-vous identifier et expliquer les besoins communs des 5-12 ans et les besoins plus spécifiques des 9-12 ans en regard de l'organisation physique du service de garde ?

2. Faites la liste des coins d'activités que l'on peut retrouver dans un local de SGMS qui favorisent le développement global des 5-12 ans et donnez-en un aperçu.

3. Quelles sont les actions nécessaires pour favoriser une bonne cohabitation entre l'école et le SGMS qui font un usage commun de certaines installations ?

4. Réalisez, en équipe de deux ou trois personnes, le plan d'aménagement d'un local de SGMS.

5. Faites la liste des locaux qui peuvent être partagés entre le service de garde et l'école et identifiez les possibilités d'utilisation pour le service de garde.

6. Identifiez les éléments dont il faut tenir compte pour maintenir une certaine qualité de vie dans les locaux utilisés par le service de garde.

7. Nommez et décrivez les différentes possibilités d'aires de jeux dans la cour extérieure pour les 5-12 ans.

8. En équipe, dessinez le plan d'une cour d'école dans laquelle on trouve des aires de jeux libres et des aires de jeux collectifs.

CHAPITRE 8

La conception et l'évaluation du programme éducatif

OBJECTIFS

- Expliquer le concept de programme éducatif.

- Décrire comment le programme éducatif agit sur la qualité de vie.

- Souligner l'importance d'une philosophie de programme dans un SGMS et suggérer quelques orientations.

- Expliquer les répercussions d'une planification à court terme et à long terme dans l'horaire.

- Analyser les répercussions de l'horaire sur le développement de l'enfant.

- Décrire les diverses façons de planifier les activités en fonction des besoins et des intérêts des enfants.

- Mettre en évidence l'importance du jeu et des activités planifiées par les enfants.

- Décrire les éléments principaux dans le processus de planification d'un programme éducatif.

- Exposer les quatre approches dans l'élaboration d'une planification.

- Définir et décrire plusieurs formats d'activités qui peuvent être utilisés dans un SGMS.

Un programme éducatif comprend un ensemble d'activités et d'expériences qui sont progressivement reliées les unes aux autres et orientées vers un objectif. Son degré de qualité peut varier d'un SGMS à l'autre. Un programme de qualité comprend des activités passionnantes, bien planifiées et bien organisées. Elles sont pleines de défis et propices aux différentes étapes de développement de l'enfant. Elles répondent aux besoins communs et spécifiques des divers groupes d'âge ainsi qu'aux intérêts manifestés par les enfants tout en étant complémentaires de la réalité scolaire vécue par les enfants durant la journée. Grâce à elles, les enfants acquièrent des habiletés physiques et sociales tout en s'amusant et en apprenant à se connaître. À titre d'exemple, un programme d'activités pourrait inclure le soccer, le basketball, la musique, la cuisine, les arts d'interprétation, le bricolage, les sorties et les projets communautaires. Le présent chapitre fournit quelques pistes sur l'art de planifier les activités en fonction du temps et des ressources disponibles.

8.1   DÉFINITION D'UN PROGRAMME ÉDUCATIF

> Éduquer, c'est rencontrer l'enfant là où il est et l'amener là où il peut aller.
>
> Guy Vermeil

Un programme éducatif est un ensemble d'activités d'aires et de jeux qui sont reliées entre elles de façon progressive et logique. Il est conçu pour atteindre certains objectifs particuliers à partir des objectifs globaux du service de garde, lesquels sont en lien avec le projet éducatif de l'école. C'est en séquence que nous analysons ici cette définition.

« *Un programme éducatif est un ensemble d'activités…* » Une activité seule, que ce soit un jeu de hockey bottines ou autre, ne constitue pas un programme éducatif et sa qualité ne s'évalue pas simplement à partir de ce qui arrive ou de ce qui peut être observé durant un après-midi. À proprement parler, un programme éducatif comprend au moins deux activités.

« *… d'aires et de jeux…* » Les enfants sont capables de créer et de diriger leurs jeux si l'espace et le matériel sont accessibles. Des aménagements bien pensés d'aires de jeux et une supervision discrète des adultes peuvent contribuer à créer un milieu ludique idéal.

« *… qui sont reliées entre elles de façon progressive et logique.* » Les activités et les aires de jeux qui composent un programme éducatif doivent être reliées de façon cohérente. Une sorte de logique doit sous-tendre la planification utilisée pour effectuer cette liaison. Ces activités sont ordonnées d'une manière progressive. Cela signifie que les plus simples sont programmées en premier et que les autres sont ajoutées selon un ordre de complexité croissante. Les programmes éducatifs efficaces sont ceux qui présentent les activités familières ou moins familières dans un ordre progressif pour atteindre des objectifs précis.

« *Le programme éducatif est conçu...* » Il doit être consciencieusement planifié. Cela n'exclut pas la spontanéité, mais pour permettre à cette dernière de se manifester sur une base cohérente et positive, cela veut dire qu'une certaine planification est nécessaire. Un programme éducatif est conçu pour donner une orientation aux efforts.

« *... pour atteindre certains objectifs particuliers...* » Les aires de jeux sont conçues selon une certaine logique et les efforts sont orientés vers un but. À titre d'exemple, cela peut être pour encourager et favoriser les initiatives d'indépendance. Les activités ont donc un but et elles sont regroupées pour des raisons précises.

« *... à partir des objectifs globaux du SGMS.* » Chaque service de garde doit se doter d'objectifs qui peuvent se manifester à travers les aménagements et les comportements et démontrer le but des activités. Les objectifs du programme éducatif traduisent une mission qui découle des valeurs véhiculées dans la philosophie d'un SGMS.

8.2   LA PHILOSOPHIE SOUS-TENDANT LE PROGRAMME ÉDUCATIF

Tous les adultes faisant acte d'éducation auprès des enfants ont une philosophie personnelle. Une philosophie, c'est une attitude générale, un ensemble de croyances, de présupposés et de valeurs que nous utilisons pour guider nos décisions les plus importantes. Notre philosophie représente l'intégration de toutes nos valeurs personnelles.

Le service de garde est donc à l'image des éducatrices qui y travaillent. Chaque milieu de garde a sa propre couleur, selon les choix qui sont retenus par les éducatrices concernant l'organisation, la gestion, l'animation des activités, les règles de fonctionnement, la façon d'entrer en contact avec les enfants, avec les parents, etc. Ce sont ces choix qui font de chaque service de garde un milieu unique.

Le programme éducatif du SGMS doit respecter les grands principes philosophiques du SGMS. C'est sur eux que reposent les choix et les pratiques éducatives ainsi que les critères d'évaluation du programme. Pour assurer la qualité du service, il faut obligatoirement connaître et partager la philosophie qui prévaut au SGMS, comme on l'a vu au chapitre 2.

8.3   QUELQUES CONDITIONS À LA BASE D'UN PROGRAMME ÉDUCATIF DE QUALITÉ

Concevoir un programme éducatif est un art : celui de se doter d'une pédagogie commune dans le but de créer un outil de travail partagé par tous les membres du service de garde en accord avec le personnel de l'école et les parents utilisateurs du SGMS. Les éducatrices qui ont une bonne connaissance d'elles-mêmes, de leur milieu, des enfants et de leurs besoins satisfont déjà aux conditions nécessaires à l'élaboration d'un programme éducatif de qualité.

8.3.1   UNE BONNE CONNAISSANCE DE SOI-MÊME

L'éducatrice qui se connaît bien, qui est consciente de ses valeurs, de ses aspirations et des influences du passé qui agissent sur son expérience comprendra mieux les actions éducatives qu'elle pose quotidiennement et saura quelles sont les valeurs importantes qu'elle désire transmettre aux enfants. Selon qu'elle se perçoit comme une surveillante, une préposée, une animatrice ou une éducatrice, son travail sera influencé en conséquence. Il est aussi important qu'elle identifie ses besoins et ses attentes relativement aux enfants, à ses collègues de travail, au personnel de l'école, aux parents, etc.

8.3.2   UNE BONNE CONNAISSANCE DE SON MILIEU

L'école et le service de garde représentent deux milieux de vie indissociables, un milieu d'éducation dans un autre. L'éducatrice doit connaître les milieux socio-économique et culturel et être familière avec l'école et son fonctionnement, c'est-à-dire ses règlements, ses valeurs, son projet éducatif, ses orientations, sa discipline, ses influences sur le service de garde, sa structure hiérarchique, etc. Elle doit s'informer des décisions du conseil d'établissement et participer à la vie sociale de l'école.

L'éducatrice doit évidemment être bien au fait du fonctionnement du SGMS en regard des valeurs, des règles, de la philosophie éducative, des liens entretenus avec les parents. Elle doit aussi échanger avec ses collègues pour vérifier si elles ont les mêmes idées, préoccupations et valeurs qu'elle.

8.3.3 UNE BONNE CONNAISSANCE DES ENFANTS ET DE LEURS BESOINS

Le personnel du service de garde, en plus d'avoir une bonne connaissance du développement de l'enfant, doit sans cesse avoir le souci de répondre aux besoins des enfants (voir les chapitres 4, 5 et 6). Ils peuvent être communs aux 5-12 ans ou spécifiques à chaque groupe d'âge. Pour l'éducatrice, mettre l'enfant au centre de ses préoccupations, c'est être capable de répondre à ses besoins en fonction de son âge, du moment de la journée, de l'environnement physique, social et culturel du SGMS. Les besoins varient également selon la personnalité de l'enfant et son milieu familial. Tout en reprenant ici plusieurs des éléments abordés aux chapitres 4, 5 et 6, voici, de façon plus précise, les besoins des enfants des services de garde en milieu scolaire dont il faut nécessairement tenir compte lors de la conception du programme éducatif. On trouvera à l'annexe 8.1 quelques besoins spécifiques aux 5-9 ans et, à l'annexe 8.2, les besoins des 9-12 ans.

1. LE BESOIN DE SÉPARER LA VIE DE L'ÉCOLE ET LA VIE DU SERVICE DE GARDE

Après l'école et avant le SGMS, l'enfant a besoin d'une période de transition afin de liquider son vécu scolaire. Durant cet intervalle, il a la liberté d'être bruyant et exubérant, sans être soumis à des règles strictes. Cette sorte de séparation psychologique peut avoir lieu au cours d'une collation, d'une causerie ou d'un moment passé à l'extérieur où l'enfant peut combler son immense besoin de parler, de raconter son expérience de la journée, d'exprimer sa frustration ou sa joie. Rien de plus normal, c'est ce que nous faisons nous-mêmes lorsque nous arrivons à la maison après une journée de travail.

L'éducatrice doit répondre à ce besoin de défoulement et de communication avant de parler de ce qui va se vivre au service de garde. Cette période transitoire, qui peut durer entre dix et quinze minutes, est très importante. Elle permet un passage harmonieux entre la vie de l'école et la vie du SGMS. Plus l'éducatrice permet aux enfants de s'extérioriser au cours de cette période, moins elle a à intervenir par la suite.

2. LE BESOIN DE BOUGER

En classe, les enfants sont souvent assis et consacrent une bonne partie de leur temps à des activités exigeant une forte dose de concentration. C'est la raison pour laquelle le SGMS doit prévoir des périodes d'activités physiques et sportives, surtout après les heures scolaires et le midi. On n'insistera jamais assez sur le besoin naturel de l'enfant de s'extérioriser et de se défouler.

3. LE BESOIN D'ÊTRE EN CONTACT AVEC LES ENFANTS
    DES AUTRES GROUPES D'ÂGE

Lorsque les enfants sont au service de garde, il faut prévoir des activités qui encouragent la participation de tous les groupes d'âge, car il est important pour les plus jeunes de côtoyer les plus vieux. Les activités regroupant tous les enfants, quel que soit leur âge, favorisent un climat d'entraide plutôt que de compétition. Elles enrichissent les interactions sociales, fournissent l'occasion aux plus vieux de développer un sentiment de responsabilité vis-à-vis des plus jeunes. Bien sûr, il s'agit de périodes de courte durée, puisqu'il faut également tenir compte des besoins des 9-12 ans qui, de leur côté, revendiquent leur propre fief d'où les petits sont exclus.

4. LE BESOIN DE CHOISIR SES ACTIVITÉS

En classe, le programme est imposé et l'enfant n'a pas le choix. Au service de garde, par contre, l'enfant peut utiliser son pouvoir de décision. Il apprend à être autonome en décidant lui-même de son emploi du temps.

5. LE BESOIN DE NE RIEN FAIRE

Comme nous l'avons vu au chapitre 7, ne rien faire signifie se reposer, rester inactif, changer de rythme. Ainsi, l'enfant apprend à relaxer, à gérer son stress. Il reprend contact avec son monde intérieur et coupe avec celui de l'extérieur.

6. LE BESOIN DE CONNAÎTRE LES RÈGLES ET DE LES RESPECTER

On ne doit pas s'attendre à ce qu'un enfant retienne plus de cinq consignes ou règles à la fois. Il est donc important que l'éducatrice exprime clairement ses attentes et ses limites pour qu'il apprenne à contrôler son comportement. Il doit aussi apprendre à assumer les conséquences (naturelles et logiques) de ses actes. Il suffit pour l'éducatrice d'éviter les longs discours et de s'en tenir au simple et concret et d'encourager les bons comportements plutôt que de souligner les écarts de conduite. Les règles (qu'elles soient établies ou non avec les enfants) doivent être claires et sans équivoque (voir les chapitres 9 et 10 à ce sujet).

7. LE BESOIN QUE LE PROGRAMME SOIT RENOUVELÉ PÉRIODIQUEMENT

Comme l'enfant peut passer sept années consécutives au service de garde, il est important de renouveler la programmation des activités d'année en année. Le programme doit être conçu afin de tenir compte des intérêts des enfants et de leur permettre de faire leurs propres choix.

8. LE BESOIN DE COMPLICITÉ

L'enfant a besoin de contacts chaleureux, de l'appui et de l'attention des adultes pour pouvoir se construire une identité forte et optimiser ses nouvelles expériences. Un bon programme éducatif utilise un réseau de personnes importantes pour l'enfant (beaux-parents, grands-parents, enseignants, etc.), capables de le soutenir ou de le protéger au besoin, qui s'intéressent à lui, lui accordent une attention individuelle et jouent avec lui. Le fait de se sentir entouré et soutenu dans son cheminement lui permet de créer des liens avec les adultes, ce qui l'aide à bâtir son sentiment d'estime de soi.

9. LE BESOIN DE RELAXATION

La visualisation, les séances de relaxation dirigées, le yoga, l'anti-gymnastique, la gymnastique douce et l'automassage sont quelques-unes des techniques que l'éducatrice peut utiliser pour apprendre aux enfants à se détendre et à relaxer.

Cependant, si ces séances de relaxation et de détente sont perçues par les enfants comme une sieste obligatoire ou une perte de temps, l'éducatrice aura beaucoup de mal à les faire participer et à faire régner la discipline. Il s'agit de trouver le moment favorable pour que cette activité soit la bienvenue et la présenter comme une période privilégiée de calme, de ressourcement et d'écoute de soi.

10. LE BESOIN DE RÉALISER DES CHOSES CONCRÈTES

Comme nous l'avons vu précédemment, l'enfant est en quête de son identité. Il a besoin d'acquérir et de maîtriser des compétences, de connaître ses forces et ses faiblesses et il les découvre souvent par l'image que les autres lui renvoient de lui-même. Il a donc besoin d'entreprendre de vrais projets, de réaliser des choses concrètes. Il a besoin de faire pour vrai et non de faire semblant ou de jouer la comédie. Pour cela, il doit pouvoir compter sur des éducatrices qui sont passionnées par ce qu'elles font. Autrement, comment peuvent-elles communiquer cette passion et intéresser les enfants à divers projets ?

8.3.4 LA STABILITÉ DU PERSONNEL

Qu'il y ait ou non une disponibilité de locaux, cela n'enlève rien à la qualité des activités qui peuvent être offertes. Par contre, lorsque le problème d'espace s'ajoute à celui du roulement des éducatrices, il devient plus difficile pour l'enfant de créer de solides relations. Par le fait même, il devient également difficile pour les nombreuses éducatrices qui interviennent auprès des enfants d'assurer un suivi régulier auprès des parents. La stabilité demeure un élément capital dans le développement d'une relation d'importance et dans la création d'un lien de confiance fort entre l'enfant, l'éducatrice et les parents.

Durant les journées habituelles d'école, les éducatrices voient les enfants de façon discontinue à différents moments de la journée. Ainsi, quelques éducatrices sont présentes à l'ouverture du service (en général entre 6 h 30 et 9 h). Cependant, certains enfants inscrits au service de garde arrivent juste pour le début des classes. Puis toutes les éducatrices régulières sont présentes à l'heure du dîner (en général entre 11 h 20 et 13 h 15), période où la plupart des enfants inscrits sont présents, ainsi qu'après la classe (en général entre 15 h et 18 h 30). L'heure à laquelle les éducatrices quittent le soir dépend de l'heure à laquelle les parents viennent chercher leur enfant et du nombre de ceux qui restent au SGMS jusqu'à 18 h 30.

8.3.5 UNE BONNE PLANIFICATION DE L'HORAIRE

La planification de l'horaire doit tenir compte de nombreux facteurs, lesquels varient d'un service de garde à l'autre :

— les heures de classe ;

— l'horaire des parents ;

— le type de clientèle fréquentant l'école : d'âge préscolaire, premier et deuxième cycles du primaire, clientèle particulière, classes d'accueil, etc. ;

— le nombre d'enfants fréquentant le service de garde aux diverses périodes d'accueil ;

— les locaux disponibles lors des différentes périodes d'accueil ;

— le calendrier scolaire.

Les enfants doivent être familiers avec l'horaire du service de garde. Il doit être affiché à la vue de tous, parents, enfants et éducatrices. Les parents doivent savoir où se trouve leur enfant lorsqu'ils viennent le chercher pour ne pas avoir à faire le tour de l'école. C'est la raison pour laquelle la responsable doit trouver un système pour renseigner les parents sur les activités de fin de journée et l'endroit où elles ont lieu.

Comme nous l'avons mentionné au chapitre 3, les contacts fréquents entre parents et éducatrices permettent aux premiers de voir et de comprendre ce que vit leur enfant et d'apprécier le travail de l'éducatrice. Cela favorise des échanges fructueux concernant l'enfant et le programme d'activités.

Il est primordial de consulter les enfants au sujet de l'organisation des horaires et du programme d'activités. L'horaire doit aussi tenir compte des besoins alimentaires des enfants et des périodes d'activités qui comblent la totalité des autres besoins. Il doit cependant laisser à l'éducatrice une certaine flexibilité pour lui permettre de décider, par exemple, de rester plus longtemps dehors par une belle journée.

8.4   L'IMPORTANCE DE DÉFINIR LES VALEURS ET LES OBJECTIFS ÉDUCATIFS

Nous sommes tous influencés par différents courants, diverses théories, croyances ou modèles qui inspirent nos pratiques éducatives, que l'on pense aux divers courants pédagogiques, aux nombreuses théories psychologiques et aux principales théories d'apprentissage.

Les éducatrices doivent décider quelles sont les valeurs qu'elles-mêmes privilégient ; elles doivent les définir et décrire la façon dont elles vont les actualiser dans le programme éducatif.

Les objectifs éducatifs énoncés ci-après sont tous atteignables même s'ils ne sont pas réalisables dans tous les cas, suivant la réalité quotidienne des SGMS. Il faut également noter que chaque éducatrice doit formuler ses propres objectifs à partir de critères qui ont pour elle une signification personnelle. Ensuite, tous les membres de l'équipe doivent partager leurs objectifs et élaborer ensemble leur propre programme éducatif. Les objectifs éducatifs dont il est question ci-après doivent être inclus dans un programme éducatif.

1.   AMÉLIORER L'IMAGE DE SOI

L'importance de l'image de soi chez l'enfant a été traitée au chapitre 6. Un programme éducatif efficace lui permet d'améliorer l'image qu'il a de lui-même.

2.   ACCROÎTRE LE SENTIMENT D'ESTIME DE SOI

Comme nous l'avons décrit au chapitre 6, il faut apprendre à chaque enfant à prendre conscience de sa propre valeur et à s'aimer. Fort d'un solide sentiment d'estime de soi, il aura suffisamment confiance en ses capacités pour entreprendre et mener à bien des projets enrichissants, pour affronter les aléas de la vie et se sentir partie intégrante de la société. À l'inverse, l'enfant qui possède un faible sentiment d'estime de soi ne voudra rien entreprendre par peur de l'échec. On peut l'aider à découvrir ce qu'il est, l'amener à reconnaître ses limites et ses difficultés, à faire ressortir ses forces et à lui faire réaliser des projets concrets. Renforcer l'estime de soi de l'enfant chaque fois que l'occasion se présente demeure un objectif primordial dans l'élaboration d'un programme éducatif.

3. FAVORISER L'APPRENTISSAGE D'HABILETÉS, DE CONNAISSANCES
    ET D'ATTITUDES CONTEXTUELLES

Comme nous l'avons vu aux chapitres précédents, les années du primaire sont caractérisées par une double maturation, psychologique et sociale, un besoin de maîtrise et un intérêt marqué pour l'activité de travail. Il est essentiel que le programme éducatif soit conçu afin d'aider l'enfant à développer ses intérêts en faisant des expériences spécifiques concernant les habiletés, les acquisitions de connaissances et les comportements. On entend par habiletés celles qui exigent des performances physiques comme :

–   manier un cerf-volant ;

–   faire des muffins ;

–   attraper une balle.

L'acquisition des connaissances fait référence aux questions pertinentes soulevées par l'observation de phénomènes comme :

–   la raison pour laquelle le vent permet à un cerf-volant de rester dans les airs ;

–   ce qui fait gonfler les muffins dans le four ;

–   la différence entre une balle dure et une balle molle.

Les comportements se rapportent au système de croyances et de valeurs comme :

–   partager son cerf-volant avec un ami procure un sentiment de satisfaction ;

–   brûler les muffins crée une occasion d'apprendre ;

–   personne ne doit tricher au baseball.

4. TRANSMETTRE DES VALEURS SOCIALES POSITIVES

Si nous considérons le SGMS comme une microsociété, les valeurs sociales positives à l'intérieur de cette société sont essentielles pour que la communication entre les individus ou les groupes soit possible. La transmission des valeurs permet de réaliser plusieurs autres objectifs faisant partie de la planification du programme éducatif. Elles ont trait au respect fondamental pour les autres en tant que personnes, à l'égalité des chances et des droits pour tous les membres du groupe et à l'acceptation des différences, que ce soit de genre, de race ou d'incapacité.

La plupart des programmes éducatifs fournissent d'excellentes occasions permettant de transmettre ces valeurs positives fondamentales. Elles sont les pierres angulaires d'une programmation de qualité et la base d'un excellent service.

Il est important de reconnaître que ces valeurs positives fondamentales sont, dans une large mesure, non négociables. En tant que collectivité, les groupes de SGMS peuvent prospérer seulement lorsque ces valeurs sont adoptées par tous les membres de l'équipe du service de garde.

5. INCULQUER DES COMPÉTENCES SOCIALES

Dans un SGMS, un programme éducatif représente le moyen idéal d'aider les enfants à acquérir les habiletés nécessaires pour se comporter adéquatement dans un groupe. Les habiletés de groupe sont très importantes à cet âge. L'enfant est plus tourné vers l'extérieur et plus ouvert aux autres.

L'enfant du primaire qui possède peu d'habiletés sociales n'a habituellement pas d'amis et peut être renfermé ou hostile. Cette situation malheureuse annonce souvent une adolescence difficile. Au contraire, l'enfant qui acquiert des habiletés sociales a la possibilité de joindre le groupe de son choix et de décider de son degré d'engagement à l'intérieur de ce groupe. Ces compétences sociales sont les suivantes :

- Savoir exprimer ses idées aux autres avec respect.

- Accepter les idées des autres avec respect.

- Participer activement au processus décisionnel dans un groupe.

- Faire preuve de leadership lorsque la situation l'exige.

- Agir de façon démocratique, c'est-à-dire se plier aux décisions du groupe ou les appuyer.

Plus l'enfant a l'occasion de prendre des décisions et de résoudre des problèmes, plus ses compétences sociales se développent et s'améliorent.

6. ENSEIGNER LA PRUDENCE

Bien que la sécurité soit une préoccupation essentielle lorsqu'il s'agit d'enfants, cela prend une tout autre dimension dans un SGMS. En raison de leur croissance rapide, tant intellectuelle que physique, et en raison de l'expansion rapide de leur vie sociale, les enfants doivent apprendre à devenir responsables de certains aspects de leur sécurité. Certains parents et certaines éducatrices ont du mal à faire confiance à l'enfant, mais cette évolution constitue un processus normal et naturel. Au lieu de combattre ce phénomène, il faut apprendre à en tirer parti et contribuer à rendre cette période de développement passionnante. Nombreuses sont les situations quotidiennes où l'enfant doit être sensibilisé aux risques et aux conséquences possibles de ses actions :

– lorsqu'il lance des balles de neige à ses camarades ;
– lorsqu'il court autour d'une piscine ;
– lorsqu'il court avec des ciseaux dans les mains ;
– lorsqu'il glisse debout ;
– lorsqu'il fait du vélo.

7. FAVORISER LA CAPACITÉ DE RELEVER DES DÉFIS

Une personne capable de relever des défis est une personne qui possède le goût ou la volonté d'explorer, de trouver, de réussir.

La volonté de relever des défis constitue une attitude fondamentale pour développer le sens du travail et le contrôle de son environnement. Il s'agit d'un atout considérable quand, par exemple, on veut apprendre à aller à bicyclette ou à nager ou lorsqu'on doit aller dans un camp d'été pour la première fois.

L'éducatrice peut tirer profit de cette volonté naturelle des jeunes de se développer et de s'améliorer en concevant des programmes éducatifs qui les portent à aimer les défis, qui les encouragent à aller de l'avant sans s'occuper des obstacles de la vie et, finalement, qui leur donnent les outils pour relever ces défis de manière significative et profitable.

8. FAVORISER L'ACQUISITION D'HABILETÉS COMPORTEMENTALES

Étymologiquement, le mot « caractère » est dérivé du grec *kharactèr* qui veut dire signe gravé, empreinte. Le caractère représente la marque distinctive d'une personne. C'est la façon unique avec laquelle elle fait des choix et se comporte suivant ses valeurs. Certaines de ces valeurs peuvent être personnelles, en ce sens qu'elles sont reliées à la personne (préférences particulières, intérêts, estime de soi, croyances, etc.). D'autres valeurs peuvent être sociales, en ce sens qu'elles s'appliquent aux autres (respecter les autres, avoir soin des autres, s'inquiéter pour les autres, être honnête et loyal, etc.).

Il convient de souligner avec force que les adultes ne peuvent pas « forger » le caractère des jeunes. Nous pouvons, cependant, concevoir des programme éducatifs qui leur permettent de développer leur propre caractère. Même si un enfant peut avoir appris certaines valeurs comme l'honnêteté ou même s'il est né avec certaines dispositions comme la créativité, l'actualisation de ces valeurs ou de ces dispositions relève fondamentalement de la décision du sujet. Afin de pouvoir développer son caractère, l'enfant doit acquérir une série d'habiletés comportementales : des façons raisonnables d'exprimer son caractère avec régularité dans des situations réelles. À cet effet, l'enfant peut développer les habiletés suivantes :

- le respect ;
- la responsabilité ;
- la bienveillance ;
- l'indépendance ;
- la confiance en soi ;
- l'ouverture d'esprit ;
- l'honnêteté ;
- la serviabilité ;
- l'autocontrôle et l'autodiscipline ;
- l'enthousiasme et la motivation ;
- le courage ;
- le souci d'être en santé, en sécurité et en forme.

La volonté de contribuer au développement optimal de l'enfant doit s'accompagner du désir de développer ses habiletés comportementales. De plus, certains enfants passent plus de 1 000 heures par année dans un SGMS. Nous n'avons pas d'autres choix que d'essayer d'avoir une influence sur leur développement. Il est crucial qu'elle soit positive.

9. FAVORISER L'EXPRESSION PAR LE JEU

De plusieurs façons, les jeux de l'enfant d'âge scolaire sont différents de ceux de l'enfant d'âge préscolaire. La plupart des jeux de l'enfant du primaire entraînent l'utilisation et la maîtrise des outils. Il fait aussi l'apprentissage des règles, s'amusant à plusieurs jeux comprenant des règlements définis et comportant souvent des objectifs précis. Ses activités ludiques lui permettent d'explorer divers rôles sociaux comme ceux de médecin, d'enseignante, de policier, etc. Il utilise le jeu pour arriver à intégrer des habiletés et à réaliser des objectifs. Par exemple, un groupe d'enfants du primaire décident de construire un fort ou un radeau. Pour eux, il s'agit à la fois d'un jeu et d'un travail. À cet âge, les enfants ont tendance à s'identifier étroitement à leurs habiletés et à leurs réalisations. Dans certaines situations, ils sont comme ils jouent. Le jeu s'avère un outil important en ce qui concerne tous les aspects liés à la croissance et au développement. Si grandir signifie apprendre à être responsable, c'est par le jeu que l'enfant acquiert le sens des responsabilités. Dans ses activités ludiques, il esquisse et crée des idées et des relations interpersonnelles. Au cours de ce processus, il se heurte à des problèmes et il gagne de l'assurance dans ses capacités à les résoudre.

Le jeu permet aux enfants (et aux adultes) d'accéder à la joie et à la curiosité. Un bébé glousse de plaisir quand il s'éclabousse – et tous ceux qui sont autour – dans un bain de mousse. Un enfant de 4 ans jubile si on s'amuse à le poursuivre et à l'attraper. Un enfant de 8 ans exulte en réalisant un coup de circuit. Accéder à la joie fait partie du processus de développement. Dans ces circonstances, c'est comme si nous pouvions entrevoir, dans un éblouissement, le meilleur de nous-mêmes.

L'émerveillement est aussi une qualité importante, car il éveille la curiosité chez l'enfant. L'étonnement mêlé au ravissement frappe l'enfant qui observe un oiseau voler dans les airs ou qui contemple la symétrie de ses mains ou qui regarde la vague de la mer refluer sur la plage. Il est vrai que l'émerveillement semble inné chez la plupart des enfants. Il est également vrai qu'après trois ou quatre années d'école plusieurs d'entre eux semblent avoir perdu cette faculté. Les programmes éducatifs de SGMS peuvent jouer un grand rôle en aidant l'enfant au moyen de jeux et d'activités pertinents à redécouvrir cette capacité naturelle de fascination et d'étonnement face à l'univers dans lequel il vit.

L'un des principaux objectifs de la planification d'un programme éducatif consiste à favoriser les activités ludiques que l'enfant pratique spontanément et naturellement. Souvent, après avoir passé toute la journée à l'école, il a seulement envie qu'on le laisse tranquille, libre de choisir son groupe d'amis et ses activités. En lui accordant cette liberté, l'éducatrice applique un programme éducatif d'activités libres.

10. FAIRE CONFIANCE AUX ENFANTS

Il est bon d'encourager l'enfant à s'approprier l'expérience qu'il retire du programme éducatif. Chaque fois qu'il est possible, le programme éducatif doit se dérouler selon un modèle plus ou moins démocratique. On doit encourager l'enfant à prendre des décisions éclairées concernant les activités éducatives dans la mesure de ses capacités cognitives et de ses compétences sociales. Il doit adopter de plus en plus une attitude de responsabilité en regard de l'élaboration du programme éducatif, de son organisation, de son implantation et de son évaluation. L'adulte ne doit pas sous-estimer la capacité des enfants à évaluer ce que doit être pour eux un programme éducatif de qualité.

La mise en œuvre d'un modèle de planification démocratique constitue un aspect passionnant de la programmation. Et il ne faut pas confier cette tâche aux timorés. Ce transfert de responsabilités ne s'effectue pas sans que des erreurs ne surviennent, tant de la part des enfants que de celle des adultes. Bien que cette structure démocratique puisse quelquefois sembler anarchique, les enfants trouvent souvent ce processus positif et passionnant.

8.5 COMMENT ÉTABLIR UNE PROGRAMMATION RÉUSSIE

Que voulons-nous dire lorsque nous disons qu'un SGMS a un bon programme éducatif ? Comment pouvons-nous planifier sur une base permanente un programme éducatif captivant, divertissant et qui favorise la croissance ? Ce sont certainement des questions importantes que les éducatrices doivent se poser.

Dans un SGMS, la planification efficace d'un programme éducatif est un art aussi bien qu'une science. C'est un art parce que cela fait appel à l'intuition de la personne chargée de la planification, à sa créativité, à son style personnel et à son souci du détail. Cela suppose un système de valeurs, de la perspicacité, du jugement et le goût de prendre des risques. C'est une science parce que la planification d'un programme éducatif doit permettre une adroite utilisation de certains principes et de certaines techniques en vue d'obtenir des résultats concrets. Certains types d'approches auront des chances de réussite alors que d'autres méthodes se traduiront presque certainement par des échecs.

Une planification de programme éducatif permet essentiellement de garantir que les objectifs du SGMS seront atteints, en totalité ou en partie, dans chaque activité et au moyen de chaque environnement de jeu. La planification du programme éducatif aide le personnel, les enfants et les parents à relier les événements au jour le jour avec tous les objectifs du SGMS. Sans une planification efficace, les activités quotidiennes ne refléteront d'aucune façon les objectifs qui demeureront tout simplement lettre morte.

8.5.1 LES TYPES D'ACTIVITÉS

Une activité réfère à toute situation dans laquelle se fait un apprentissage : regarder un livre, boutonner son manteau, ranger ses jouets, se brosser les dents, se débarbouiller, faire un bricolage, etc. Une activité doit répondre à des besoins de découverte, d'exercice, de manipulation (motricité fine), d'acquisition de connaissances, etc. Les activités peuvent être divisées en quatre types différents : les activités de routine, les activités de transition, les activités libres et les activités planifiées.

A) *Les activités de routine*

Les activités de routine sont celles qui reviennent tous les jours, qui sont quotidiennes par nécessité. Ces périodes sont :

ARRIVÉE ET ACCUEIL DES ENFANTS LE MATIN

Une période de jeux calmes est généralement prévue pour l'arrivée des enfants, qui s'échelonne entre 6 h 30 et 9 h. Certains enfants utilisent les aires de jeux alors que d'autres préfèrent les jeux libres dans la cour de l'école.

PÉRIODE DU DÎNER

À l'heure du dîner, entre 11 h 30 et 13 h, la période allouée pour la consommation du repas doit idéalement durer au moins 30 minutes, ce qui laisse une plage d'une heure d'activités à programmer. Certains services de garde proposent des activités structurées au choix des enfants, d'autres favorisent les jeux libres à l'intérieur ou à l'extérieur en s'assurant que tous les enfants soient au moins 15 minutes à l'extérieur avant de retourner en classe afin de changer d'air et de se revigorer.

PÉRIODE DE COLLATION APRÈS L'ÉCOLE

La période de collation à la fin des classes dure de 15 à 30 minutes. Souvent, cette période sert de « tampon » entre l'école et le service de garde. Le fait de prendre la collation dans la cour permet non seulement de changer de rythme, mais aussi de changer d'air et de rééquilibrer ses énergies.

PÉRIODE DES DEVOIRS

On observe actuellement dans les services de garde deux pratiques différentes en ce qui concerne l'heure de la période des devoirs et des leçons. Elle peut avoir lieu tout de suite après la collation ou plutôt une heure et quart après l'école.

Premier exemple

15 h 15 à 15 h 30 : la collation a lieu à l'intérieur ou à l'extérieur tout de suite après le son de la cloche.

15 h 30 à 16 h : période de devoirs et de leçons.

16 h à 17 h : période d'activités planifiées par les enfants et l'éducatrice.

17 h à 18 h : jeux libres avant le départ.

Deuxième exemple

15 h 15 à 15 h 30 : la collation a lieu à l'intérieur ou à l'extérieur tout de suite après le son de la cloche.

15 h 30 à 16 h 30 : une heure d'activités planifiées par les enfants et l'éducatrice.

16 h 30 à 17 h : période de devoirs et de leçons.

17 h à 18 h : période de jeux libres.

Il est évident que dans les écoles où les heures de classe sont programmées une demi-heure plus tard, soit de 9 h à 16 h, il ne reste pas beaucoup de temps pour organiser des activités.

Troisième exemple

16 h à 16 h 15 : la collation a lieu à l'intérieur ou à l'extérieur tout de suite après le son de la cloche.

16 h 15 à 17 h 45 : période de devoirs et de leçons.

17 h 45 à 18 h : période de jeux libres.

Comme on peut le constater, il ne reste plus de temps pour les activités planifiées par les enfants et l'éducatrice.

Il est essentiel de prévoir à l'horaire assez de temps pour permettre à l'enfant de créer, d'entreprendre et de réaliser des projets au service de garde. Sinon, le SGMS devient un endroit pour faire des devoirs et des jeux libres, une sorte de prolongement de l'école ou, encore, un simple lieu de gardiennage. Dans de telles situations, l'horaire doit être modifié pour faire en sorte que les enfants puissent réaliser les activités planifiées. Voici quelques propositions d'organisation afin de favoriser la tenue de cette période :

- Profiter de l'heure flottante du dîner pour amorcer et poursuivre les activités planifiées.

- Diminuer le temps de collation ou l'intégrer à l'activité suivante.

- Rendre la période de devoirs optionnelle. Certains enseignants ne donnent pas de travaux les vendredis, d'autres donnent les devoirs et leçons pour la semaine. Il est alors possible d'organiser l'horaire afin que la période de devoirs ait lieu certaines journées, les autres jours étant consacrés à la réalisation des activités planifiées.

- Diminuer la période de jeux libres et demander aux parents de venir chercher leurs enfants plus tard certains soirs de la semaine pour permettre la tenue des activités après la période de devoirs.

Ce ne sont que quelques suggestions, mais ce qu'il faut retenir, c'est qu'il est important pour chaque service de garde de maintenir à l'horaire une période d'activités qui fait vivre à l'enfant des expériences stimulantes et des apprentissages différents de ceux qu'il acquiert à l'école.

DÉPART DES ENFANTS

À partir de 17 h et jusque vers 18 h 30, les enfants retournent chez eux. Cette plage horaire rend difficile la poursuite de certaines activités en raison de la diminution des participants durant la dernière heure du service de garde. C'est pourquoi de nombreux services programment des jeux libres durant cette période. Certains utiliseront divers locaux polyvalents comme le gymnase ou la bibliothèque. Cette période est propice aux activités de tous les groupes d'âge et permet aux frères et sœurs de se retrouver et aux plus vieux et plus jeunes de sympathiser et de coopérer.

B) *Les activités de transition*

Les activités de transition sont celles qui servent de tampon. Ce sont les moments où :

- l'enfant termine son repas et doit attendre pour sortir ;

- l'enfant termine son activité et doit aller à l'extérieur ;

- la cloche sonne à 13 h ;

— l'enfant termine sa collation et passe à l'activité suivante ;

— l'enfant termine son activité et passe à la période de jeux libres.

Ces périodes de transition doivent être limitées le plus possible afin d'éviter aux enfants d'avoir à attendre trop longtemps. L'éducatrice doit trouver des moyens d'animer ces périodes, avec des chansons ou des jeux minutes. Avec les enfants plus jeunes, elle peut profiter des déplacements pour organiser des jeux de rôles (se déplacer en petites souris, leur faire jouer le rôle d'inspecteurs spéciaux). Elle peut faire confiance aux plus vieux en leur permettant de se déplacer individuellement.

C) *Les activités ou les jeux libres*

La période d'activités ou de jeux libres, comme son nom l'indique, permet à l'enfant de faire ce dont il a envie. Dans un service de garde en milieu scolaire, elle se situe habituellement aux moments suivants :

— le matin, avant le début des classes ;

— le midi, dans la cour de l'école, après le repas ;

— l'après-midi, juste avant le départ de l'enfant (entre 17 h et 18 h 30).

Les activités libres combinent deux éléments importants. Premièrement, elles sous-entendent l'existence d'un environnement riche offrant une grande variété de matériel et d'équipements faciles d'accès. Deuxièmement, l'enfant est libre de décider lui-même de son emploi du temps. Dans un service de garde aménagé en plusieurs coins d'activités, l'enfant dispose d'un grand choix durant les périodes libres. Il développe une meilleure organisation, puisqu'il s'habitue à organiser ses activités en fonction du temps dont il dispose. L'éducatrice doit cependant s'assurer que le nombre d'enfants (préalablement décidé avec eux) est respecté dans chaque aire de jeux. Elle doit aussi allouer du temps pour le rangement avant la fin de la période et responsabiliser les enfants.

Cette formule permet à l'enfant de choisir ses propres activités, à son propre rythme, sous la supervision d'éducatrices disponibles pour lui offrir leur aide au besoin. Dans un climat sécurisant mais créatif, et avec un adulte à proximité, la plupart des enfants savent choisir spontanément des activités qui répondent à leurs besoins.

Le programme d'activités libres peut prendre différentes formes dans un SGMS. Souvent, il peut s'agir de jeux imaginaires avec des matériaux de construction comme les blocs Lego, les figurines, les poupées et les petites voitures. Ce genre de jeux comble différents besoins en matière de développement. Ils fournissent la possibilité de créer ou de recréer des scénarios réels ou fictifs. Ils combinent le jeu symbolique et le jeu exploratoire qui permettent de développer la créativité et de maîtriser les dimensions de taille, d'équilibre, de proportions et d'espace tridimensionnel. Combien d'enfants ont embrassé une carrière d'architecte ou d'ingénieurs grâce aux jeux de blocs ? Le fait de mettre à la disposition des enfants une variété de matériaux et assez de temps et d'espace pour en disposer permet aussi d'encourager l'expression d'habiletés sociales de collaboration, de négociation et de communication.

Les activités libres peuvent aussi prendre la forme de jeux dramatiques s'appuyant sur le vécu des enfants. Ces derniers peuvent improviser un sketch basé sur leurs préoccupations face à la maison et à l'école. Ils peuvent aussi jouer des personnages héroïques ou se donner des rôles de professionnels ou de gens de métier et ainsi explorer les possibilités de carrière.

La cour de l'école représente le lieu par excellence pour des activités libres plus aventureuses. À l'extérieur, les enfants peuvent construire avec du bois, des marteaux, des clous, des scies, de la peinture, en présence d'adultes qui feront respecter les normes de sécurité.

Les sports comme le soccer ou le ballon volant et les jeux de marelle ou de corde à danser sont des exemples d'activités libres auxquelles les enfants peuvent s'adonner. Les interactions des enfants avec leurs pairs, par exemple lorsqu'ils décident de leurs activités, négocient les règles et les règlements et qu'ils résolvent des problèmes découlant de leur participation égalitaire dans des entreprises communes leur permettent d'intégrer diverses habiletés.

D) *Les activités planifiées*

Les activités planifiées sont celles que les enfants et l'éducatrice ont choisi de faire. Cette période est habituellement programmée entre 15 h 40 et 17 h, sauf pendant les journées de congé, comme les journées pédagogiques, et l'été.

Voici trois scénarios de planification d'activités pour cet horaire.

SCÉNARIO 1 : UNE ÉDUCATRICE POUR CHAQUE GROUPE D'ÂGE

Chaque groupe d'âge (5-6 ans, 7-8 ans et 9-12 ans) fait la rotation des locaux, c'est-à-dire que le même groupe sera au gymnase le lundi, à la bibliothèque le mardi, au local d'ordinateur le mercredi, au local d'arts plastiques le jeudi et au local du SGMS le vendredi. L'éducatrice doit planifier en tenant compte de l'organisation du milieu et des divers locaux.

Variante : on consacre un jour par semaine aux activités pour tous, sans distinction d'âge, et les enfants doivent s'inscrire à celles qui correspondent à leurs goûts et à leurs intérêts.

Avantages : l'éducatrice peut faire un bon suivi auprès des enfants et elle peut répondre à leurs besoins spécifiques par groupe d'âge. La variante permet aux enfants de choisir leur activité. Elle contribue à construire une vie de groupe en favorisant les regroupements d'âges variés.

Inconvénient : sauf pour la journée où les activités sont accessibles à tous, l'enfant ne peut pas choisir son activité.

SCÉNARIO 2 : LES ENFANTS DOIVENT S'INSCRIRE AUX ACTIVITÉS

Les enfants peuvent s'inscrire à l'avance à certains ateliers et activités qui sont préalablement annoncés sur le babillard ou sur une feuille requérant la signature des parents avec le titre de l'atelier, le local utilisé et le nom de l'éducatrice. L'enfant peut aussi décider spontanément au moment de l'activité.

Variante : certains ateliers peuvent être réservés à un groupe en particulier, par exemple un atelier de photographie offert uniquement aux 9-12 ans.

Avantages : l'enfant est libre de choisir ses activités ; son envie ou non de côtoyer les autres groupes d'âge est respecté. La variante permet de regrouper les enfants par âge respectant ainsi les besoins spécifiques du groupe en question.

Inconvénients : les éducatrices ne peuvent superviser un groupe spécifique d'enfants. Il leur est difficile d'approfondir leurs relations avec les enfants, de faire le suivi avec les parents et de créer une vie de groupe stable.

SCÉNARIO 3 : ÉTUDE OU ACTIVITÉS LIBRES

Après la période obligatoire des devoirs, les enfants sont libres, tous les jours, de sélectionner leur jeu jusqu'à l'arrivée des parents.

Avantages : les devoirs sont faits, les enfants ont toute la liberté de choisir leur jeu, leurs camarades ou leur groupe.

Inconvénients : comme les enfants inscrits n'ont pas d'activités ensemble, la vie de groupe est inexistante. Selon ce modèle, le SGMS n'offre aucune activité susceptible d'inciter l'enfant à se dépasser, à réaliser quelque chose d'important pour lui et les autres qui l'amènerait à tisser des liens de confiance avec l'éducatrice.

On remarque dans ces trois scénarios qu'il n'y a aucun programme d'activités et c'est pour le moins déplorable. Nous croyons que le service de garde passe à côté de ce qui constitue l'essence même de sa mission éducative et sociale dont il a été question au chapitre 1.

8.5.2 LES ACTIVITÉS À COURT TERME

La planification à court terme concerne davantage les activités quotidiennes et hebdomadaires. Elle est habituellement faite par les éducatrices concernées et par les enfants. Chaque série d'activités individuelles contribue au succès global du programme éducatif. L'annexe 8.1 fournit quelques suggestions d'activités à court terme.

Avant même de planifier et d'élaborer un programme d'activités, il est important de réfléchir sur les pratiques utilisées, les valeurs à véhiculer, les objectifs éducatifs et la philosophie à privilégier pour assurer une certaine cohérence entre les pratiques et les principes préconisés et ce qui est vécu réellement. Afin de bien comprendre l'importance de remettre en question ses pratiques éducatives, l'encadré 8.1 démontre deux façons de vivre une même activité. L'approche utilisée dépend de la philosophie, des valeurs, des objectifs et des moyens empruntés. Nous avons grossi et caricaturé à dessein les énoncés pour faire ressortir davantage les différences.

**ENCADRÉ 8.1 • DEUX APPROCHES DIFFÉRENTES AUTOUR D'UN MÊME THÈME :
DÉCORATION DU LOCAL DU SERVICE DE GARDE POUR NOËL**

Utilisation d'une approche ouverte	Utilisation d'une approche fermée
L'aménagement physique	
Un matériel riche et varié, sélectionné pour susciter la créativité des enfants, est mis à leur portée.	Le matériel a été préalablement préparé par l'éducatrice qui a choisi les textures, les couleurs, les formes, préparé les modèles, ce qui a exigé de sa part énormément de temps.
Les enfants décident des étapes auxquelles ils veulent travailler.	Les enfants doivent écouter attentivement les explications de l'éducatrice sur les étapes de la réalisation.
Les activités d'apprentissage	
L'éducatrice dispose d'un élément déclencheur qui pique la curiosité des enfants.	L'éducatrice explique ses attentes par rapport à l'activité.
Les enfants ont la possibilité de choisir l'activité qui les inspire le plus.	Les enfants doivent obligatoirement réaliser l'activité qui leur est assignée.
Les activités sont plus ou moins structurées. L'éducatrice donne aux enfants de la latitude pour accomplir les choses à leur façon.	Les activités sont structurées. Les enfants doivent suivre exactement les instructions de l'éducatrice.
Les réalisations sont diversifiées.	Les réalisations sont semblables.

Utilisation d'une approche ouverte	Utilisation d'une approche fermée
Les activités d'apprentissage (suite)	
Le processus est plus important que le résultat.	Le résultat est plus important que le processus.
Le degré d'habileté des enfants n'est pas important.	Les enfants doivent satisfaire les exigences de l'éducatrice.
Les interventions	
L'éducatrice encourage les enfants à expérimenter, à explorer de nouvelles avenues.	L'éducatrice montre les étapes de réalisation une à une.
L'éducatrice est disponible pour aider les enfants à réaliser leur activité.	Les enfants doivent attendre que chacun ait terminé l'étape en cours avant de passer à la suivante.
Tout au long de cette démarche, l'éducatrice s'intéresse, encourage les enfants, les stimule, suggère des idées, les incite à relever des défis, les aide à faire des choix, à trouver des solutions, etc.	Tout au long de cette démarche, l'éducatrice doit expliquer les consignes une à une, veiller à ce que chaque enfant les exécute correctement, passer aux étapes suivantes seulement une fois que tous les enfants ont terminé.
Elle amène les enfants à identifier leurs erreurs, critique de façon constructive et leur fait comprendre les conséquences de leurs actions.	Elle affronte les enfants en soulignant leurs erreurs et en leur demandant de recommencer pour se conformer au modèle qu'elle a imposé.
Les enfants apprennent de leurs erreurs.	Les enfants doivent recommencer s'ils font une erreur.
Les enfants sont confiants et prennent des risques.	Les enfants ont peur de prendre des risques.
Les attitudes	
Chaque enfant est unique et différent.	Les enfants sont tous semblables.
L'éducatrice fait confiance aux enfants.	L'éducatrice ne fait confiance qu'en sa façon de mener l'activité.
L'éducatrice a plus de temps pour observer les enfants au travail. Elle est en mesure de diagnostiquer davantage les besoins individuels.	L'éducatrice n'a pas le temps d'observer les enfants. Elle le passe à clarifier ses consignes pour chaque étape, à vérifier que tout le monde a fini, à distribuer le matériel.
Elle amène les enfants à trouver eux-mêmes la solution.	C'est elle qui donne aux enfants la solution à leurs problèmes.
L'éducatrice a à cœur que les enfants s'amusent et apprennent.	L'éducatrice a à cœur la réussite de son activité.

Utilisation d'une approche ouverte	Utilisation d'une approche fermée
Les enfants	
Les enfants sont autonomes.	Les enfants dépendent de l'éducatrice.
Les enfants ont la liberté de mener leur projet comme ils veulent.	Les enfants doivent faire l'activité de la façon imposée par l'éducatrice.
Les enfants choisissent leur partenaire selon leurs affinités.	L'éducatrice décide elle-même de la composition des équipes.
Les enfants peuvent créer, innover, manipuler les matériaux qu'ils aiment, expérimenter.	Les enfants essaient de faire la plus belle copie du modèle imposé par l'éducatrice.
Les enfants travaillent en collaboration.	Les enfants sont en compétition.
Ils sont encouragés à communiquer leurs découvertes.	Ils doivent afficher leurs résultats, bons ou mauvais.
Les enfants évaluent leur démarche.	L'éducatrice porte une évaluation sur le produit fini.

Source : D. Berger et D. Shéridan.

Voici quelques considérations dont il faut tenir compte lorsqu'on effectue une planification à court terme :

- Quelle est la participation attendue des enfants ? Le nombre d'enfants est-il approprié pour ce genre d'activité ? Y a-t-il des restrictions à propos du nombre (par exemple, un nombre de places limité dans un car pour une excursion ou, encore, un nombre spécifique de joueurs par équipe) ?

- Quel est l'âge et le niveau de développement et de maturité des enfants ? Les activités planifiées s'adressent-elles plus particulièrement à certaines tranches d'âge, comme les 5-6 ans, les 10-12 ans ou sont-elles accessibles à tous ? Exigent-elles certaines habiletés physiques ou cognitives ?

- Parmi les enfants qui participent, à quels niveaux se ressemblent-ils et comment sont-ils différents ? Possèdent-ils tous les mêmes habiletés physiques et cognitives ? Partagent-ils tous les mêmes valeurs et croyances ? Existe-t-il une grande différence entre les plus matures et les moins matures ? Les enfants sont-ils issus du même milieu ou existe-t-il une grande diversité culturelle ? Les activités demandent-elles que les enfants se comportent tous de la même façon ou y a-t-il place pour une variété différente d'approches et de comportements ?

- Quels sont les environnements physiques requis pour les activités planifiées ? Peut-on les modifier de façon à faciliter les jeux des enfants ? De quelle façon les enfants peuvent-ils participer à la conception et à l'organisation des aires de jeux ? Quelles sont les exigences en matière de locaux ou d'équipements (par exemple, seulement huit chevalets, six luges, etc.) ?

- À quelles activités les enfants ont-ils déjà participé ? Les activités planifiées sont-elles nouvelles pour les enfants ? Sinon, peut-on bâtir à partir des expériences antérieures ? Les éducatrices possèdent-elles des expériences pertinentes ?

- L'activité comporte-t-elle des risques ? Les bénéfices justifient-ils ces risques ? Comment peut-on assurer la sécurité des enfants à l'occasion de ces activités ?

- Quels sont les horaires dont il faut tenir compte ? Lorsqu'il s'agit de planifier une série d'activités, il faut prendre en considération l'horaire de l'école, du dîner, des transports, des services communautaires, des parents et même des heures de noirceur. Il ne faut pas oublier les heures d'entrée et de sortie, celles des réunions régulières du groupe, etc.

- Quels sont les coûts ? Voilà souvent une source de tracas lorsqu'on essaie de concevoir des activités. À combien s'élève le prix du matériel, de l'admission ou du personnel ? Il est possible de considérer les coûts en termes d'usure de l'équipement ou du personnel ou de les relativiser en se demandant ce que nous sacrifions pour pouvoir faire certaines activités.

- Comment pouvons-nous soutenir l'intérêt ? Toutes les activités fluctuent dans le temps. Comment pouvons-nous commencer les activités et les terminer ? Devrions-nous commencer en force ou en douceur ? Comment relier le début à la fin ? Devons-nous nous attendre à ce que tous les enfants participent au même rythme ou les activités peuvent-elles être organisées afin de tenir compte du rythme de chaque personne ?

- Les activités sont-elles variées et existe-t-il des progressions entre elles ? Sont-elles suffisamment diversifiées afin que plusieurs enfants aient la chance d'exceller dans certains domaines ? Y a-t-il une variété d'actions quelle que soit l'activité ? Toutes les activités devraient entraîner une certaine progression afin de permettre aux enfants de développer leurs compétences physiques, sociales et intellectuelles.

- Quelles sont les autres possibilités ? Une bonne planification comporte toujours une solution de rechange au plan original au cas où un problème surgirait ; par exemple, l'excursion tombe à l'eau parce que le bus ne vient pas, le clown se décommande à la dernière minute, il pleut le jour de la parade, etc. La solution de rechange émerge d'une série d'idées sur la façon dont on peut encore atteindre les objectifs du programme éducatif, mais en utilisant d'autres moyens qui peuvent être tout à fait novateurs.

- Quelles sont les règles, les attentes et les conséquences ? Lors de la planification, il est important d'élaborer des règles et de spécifier les comportements qui seront exigés du groupe. Quels sont les comportements qui seront nécessaires pour que l'activité soit une réussite ? Les règles, les attentes et les conséquences sont-elles cohérentes avec les buts et les valeurs du programme éducatif ? Les attentes sont-elles congruentes au développement des enfants ? Comment les consignes seront-elles présentées aux enfants ?

- Quel processus décisionnel de groupe peut-on adopter ? Quelles sont les décisions importantes qui peuvent être prises par les enfants ? Les choix se feront-ils par vote majoritaire, par consensus ou par une autre méthode ? Le processus décisionnel changera-t-il au fur et à mesure que les enfants acquerront de la maturité ?

Pour une efficacité maximale, tous les niveaux de programme éducatif doivent être compatibles entre eux : la qualité et l'excellence du programme en dépendent.

8.5.3   LES PROJETS À LONG TERME

Une activité ou un projet à long terme consiste à organiser un événement spécial et nécessite la participation des enfants et d'une ou de plusieurs éducatrices. En vue de la préparation de cet événement, il faut y consacrer une à deux périodes par semaine et compter au moins six semaines de préparation. (Voir l'annexe 8.4 pour les suggestions d'activités à long terme.)

L'événement en question peut durer toute la journée, une fin de semaine, une soirée, une semaine, selon la nature du projet. Il peut s'agir de fêtes comme Noël, la Saint-Valentin, la fin de l'année, l'Halloween. Dans une planification de projet à long terme, l'éducatrice doit cependant :

- identifier les aspects du développement qui pourront être exploités ;

- déterminer les situations d'apprentissage à mettre en place ;

- définir ses différents modes d'intervention.

Lorsque les enfants ont sélectionné le projet et déterminé les tâches à accomplir, l'éducatrice doit établir la démarche pédagogique à adopter. Pour cela, il est important qu'elle possède une bonne connaissance du développement des enfants de 5 à12 ans, de leurs besoins, de leurs intérêts et des processus d'apprentissage. Elle doit s'assurer que les défis sont à la mesure des capacités des enfants. Sinon, ils se décourageront à la première déconvenue et ils perdront confiance en leurs capacités. Elle doit porter une attention particulière à la capacité des enfants à travailler en équipe, à prendre des décisions, à anticiper les résultats, à évaluer les risques, etc.

Le choix du projet est très important et il ne doit pas être fait à la légère. À cet effet, vous pouvez vous inspirer des commentaires des enfants concernant ce qui les fascine, de tous les événements auxquels ils accordent de l'importance, les fêtes, les anniversaires ; vous pouvez faire des séances de remue-méninges, ne pas hésiter à sortir des sentiers battus et ne pas vous censurer.

Questions dont il faut tenir compte dans la planification d'un projet à long terme :

- Comment présentera-t-on le projet aux enfants afin de stimuler leur enthousiasme (trouver un élément déclencheur) ?

- Quels sont les niveaux de participation des enfants ? Celle des parents, des enseignants et des autres enfants de l'école est-elle requise ?

- Comment se fera le partage des tâches ?

- Comment inciter les enfants à participer aux étapes de planification, à accepter des tâches et à les réaliser ?

- Quelles sont les responsabilités qu'on peut confier aux enfants ?

- Quelles sont les décisions qu'ils peuvent prendre ?

- Quelles seront les consignes, les règles et les attitudes à adopter ?

Lorsque la date et les objectifs ont été fixés, que le nombre total de participants par catégories d'âge est connu, qu'on a déterminé la durée et le déroulement de l'événement, il faut également prévoir :

- les besoins en locaux ;

- le matériel requis ;

- les contacts et les réservations à faire ;

- les invitations à envoyer ;

- le budget approximatif ;

- les rôles et tâches à distribuer ;

- le genre d'encadrement à fournir ;

- les communications à faire aux parents.

LE GRAND JOUR !

Le jour de l'événement, c'est l'actualisation du projet, le moment où l'enfant et l'éducatrice vivent l'aboutissement de leurs efforts, réalisent ensemble un but commun !

Une fois l'événement passé, tous les enfants sont réunis et invités à évaluer la qualité de leur réalisation, sa conformité à l'égard des engagements et les avantages qu'on en a retiré au niveau tant individuel que collectif. Ce bilan permet aux enfants de prendre conscience de leurs forces, de la valeur des résultats, de l'expérience qu'ils ont acquise, de l'apport de chacun à la réussite. Ils peuvent faire la liste des difficultés auxquelles ils ont eu à faire face et envisager les moyens qu'ils pourraient prendre si le projet était à refaire.

8.6   LA PLANIFICATION DES ACTIVITÉS

Lorsqu'il faut planifier un programme éducatif de SGMS, il est utile de commencer par une planification globale des activités annuelles, de partir du plus grand pour aller vers le plus petit. Cette façon de procéder permet de considérer la planification sous l'angle des préoccupations à long et à court terme, de favoriser une meilleure cohérence et d'atteindre les objectifs du programme éducatif. La planification à long terme porte sur la conception de tout le programme éducatif dans le sens d'une « macroplanification ». Il existe quatre sortes de planifications principales d'activités et chacune est soumise à l'influence des autres : la planification sommaire annuelle, la planification hebdomadaire, la planification quotidienne et la planification d'activités autodirigées.

8.6.1 LA PLANIFICATION SOMMAIRE ANNUELLE

La planification annuelle intègre toutes les activités, qu'elles soient quotidiennes, hebdomadaires, saisonnières ou, encore, liées à des événements précis. Les saisons sont des points de repère intéressants et il existe ainsi la saison du hockey, du baseball, de l'érable, des pommes, de l'Halloween, de Noël, etc. Les projets à long terme doivent être planifiés dans un continuum annuel. Par exemple, une pièce de théâtre présentée lors de la fête de Noël peut commencer par des ateliers de jeux expressifs et d'improvisation. Au fur et à mesure que l'automne avance et au fil des répétitions, la pièce progresse, exigeant de la part des enfants des habiletés de plus en plus complexes. Enfin, l'activité peut atteindre son apogée par une représentation devant public.

Les fêtes au service de garde doivent être prévues dans l'organisation annuelle et elles peuvent rapidement devenir des prétextes qui égaieront le quotidien, puisqu'elles nécessiteront une décoration spéciale, un aménagement particulier, créeront une atmosphère différente, susciteront des occasions de rencontres. Dans le fond, n'importe quel événement, qu'il s'agisse des fêtes les plus populaires, des sucres, du poisson d'avril et de la fin de l'année, tout peut servir de prétexte pour briser la routine.

Les fêtes familiales aident grandement à mieux connaître les parents et à favoriser la communication avec eux. On peut aussi organiser un 5 à 7 pour le vernissage des œuvres des enfants, un souper BBQ pour souligner la fin de l'année, ou lancer un livre qu'ils ont écrit collectivement.

Lorsqu'on planifie un programme d'activités annuelles, on peut se poser les questions suivantes :

- Quels sont les thèmes, les activités et les événements que cette saison nous suggère ?

- Voulons-nous souligner de façon particulière le début de cette saison ou de cet événement ?

- Combien y a-t-il de journées pédagogiques ? Et que nous permettraient-elles de réaliser ?

- Combien de projets à long terme pouvons-nous planifier et que pouvons-nous accomplir de façon réaliste au cours de ces semaines ?

- Comment pouvons-nous intégrer les ressources communautaires à notre programmation ?

- Existe-t-il des événements communautaires auxquels nous pourrions participer ?

- Que pourrions-nous faire pour aider les enfants à exprimer ce qu'ils ont appris au cours de cette saison ?

- Chaque année scolaire devrait-elle se terminer par un événement spécial au service de garde ?

- Comment pouvons-nous faire le lien entre les différentes activités hebdomadaires et quotidiennes planifiées en cours d'année et notre planification annuelle ?

Voici un exemple des saisons et événements à prendre en considération lors d'une planification annuelle. Il reste des espaces à compléter. Vous pouvez y inclure les journées pédagogiques prévues à votre calendrier et y ajouter votre touche personnelle.

Planification annuelle

Août	Septembre	Octobre
Rentrée scolaire : accueil des enfants		La fête de l'Action de grâce Le temps des pommes L'arrivée de l'automne L'Halloween

Novembre	Décembre	Janvier
La Sainte-Catherine Le Salon du livre	Noël Les vacances	Le retour des vacances

Février	Mars	Avril
La Saint-Valentin Le Carnaval	La semaine de relâche L'arrivée du printemps Le temps des sucres	Le poisson d'avril Pâques

Mai	Juin	Juillet
La fête des Mères La Semaine des services de garde	La fête des Pères Fin d'année scolaire Le début des vacances estivales La Saint-Jean-Baptiste	

8.6.2   LA PLANIFICATION HEBDOMADAIRE

La planification hebdomadaire d'activités permet de travailler plus spécialement certains aspects du développement global de l'enfant. Ces aspects doivent respecter le rythme de développement des enfants et répondre le mieux possible à leurs nombreux besoins et intérêts.

Pour planifier les activités hebdomadaires, il peut être avantageux de considérer les questions suivantes :

- Quels aspects désirons-nous travailler cette semaine ?

- Comment pouvons-nous, au cours de la semaine, susciter de l'intérêt pour les événements à venir et quelle est la meilleure façon d'en faire la publicité et la promotion ?

- Avons-nous prévu des activités qui s'échelonneront sur toute la semaine ou simplement sur quelques jours ?

- Avons-nous planifié suffisamment d'activités pour couvrir toute la semaine ?

- Quel genre d'activités pourrions-nous organiser au milieu de la semaine pour galvaniser nos énergies ?

- Quel thème pourrions-nous adopter ? Comment pouvons-nous relier ce thème à nos activités quotidiennes ?

- Que pourrions-nous faire de spécial pour souligner la fin de la semaine ?

- Comment pouvons-nous créer des sentiments d'enthousiasme à la perspective des activités de la semaine suivante ? Quels éléments déclencheurs pouvons-nous trouver ?

La planification hebdomadaire des activités est beaucoup plus que la simple addition des cinq planifications quotidiennes ; elle permet de coordonner les activités de chaque journée et d'établir une orientation et une continuité. Certains des objectifs ne peuvent être atteints en un seul jour. La planification hebdomadaire consiste à établir une série d'activités à moyen terme. Voici un exemple de grille de planification hebdomadaire d'activités sur les jours de la semaine :

Tableau 8.1

Planification hebdomadaire

Semaine du 20 au 24 avril
Thématique : aucune, conception du projet à long terme
Groupe : les Aventuriers (9-12 ans)

Heures		Lundi	Mardi	Mercredi	Jeudi	Vendredi
7 h à 8 h 20	Activités	coin lecture coin art culinaire	coin jeux de table coin arts	coin musique coin menuiserie	coin science coin jeux de règles et de table	coin jeux de construction coin art dramatique
	Endroit	local du service de garde				
	Matériel	ingrédients pour muffins				
11 h 30 à 13 h	Activités	extérieur : aires de jeux libres et collectifs	extérieur ou projet à long terme	extérieur ou mini-basket	extérieur ou ligue d'improvisation	extérieur ou hockey cosom
	Endroit	dehors	local du SGMS	gymnase	gymnase	gymnase
	Matériel	ballons, cordes, élastiques		ballons de basket	chandails, musique, sifflet	hockey, filets, rondelles
15 h 30 à 17 h	Activités	projet à long terme, travail en comité	kinball, massage ballon	confection de marionnettes géantes	projet à long terme, travail en comité	atelier d'expression dramatique
	Local	club des Aventuriers	gymnase	local des arts plastiques	club des Aventuriers	local de musique
	Matériel	à déterminer par les comités	ballons de kinball		à déterminer par les comités	divers costumes et accessoires
	Référence	projet le monde cavernicole	règles du kinball		projet le monde cavernicole	ateliers d'expression dramatique (théâtre action)
17 h à 18 h	Activités	atelier de devoirs ou coins lecture et jeux de table	atelier de devoirs ou coins lecture et jeux de table	atelier de devoirs ou coins lecture et jeux de table	atelier de devoirs ou coins lecture et jeux de table	coins science ou musique ou jeux de table, lecture ou repos
	Local	salle de classe ou local du service de garde	salle de classe ou local du service de garde	salle de classe ou local du service de garde	salle de classe ou local du service de garde	local du service de garde

8.6.3 LA PLANIFICATION QUOTIDIENNE

Dans un SGMS, il faut établir chaque jour une grille d'activités. Pour qu'elle soit efficace, on doit porter une grande attention aux détails. Il faut classer les activités ou décider de l'utilisation des aires de jeux durant la journée. Le choix du local dépend souvent du type d'activité choisie. Les éducatrices voudront considérer les quelques questions et préoccupations suivantes dans leur planification :

- Les locaux dont nous avons besoin sont-ils disponibles ?

- De quelle façon voulons-nous accueillir les enfants ?

- Quelles aires de jeux prévoyons-nous leur faire utiliser ?

- Pourrions-nous combiner l'heure du goûter avec une activité spéciale ?

- Devrions-nous prendre notre goûter tous ensemble ou devrions-nous le faire par petits groupes ?

- Quelles sont les activités qui nous permettraient le mieux de travailler sur des thèmes comme l'amitié, l'estime de soi ou la collaboration ?

- Combien d'activités offrons-nous aux enfants aujourd'hui ?

- Notre programmation nous permet-elle de tenir compte des besoins communs et spécifiques des divers groupes d'âge ?

- Notre programmation nous permet-elle de tenir compte du vécu de l'enfant en classe ?

- Combien d'activités structurées planifions-nous ? Avons-nous prévu des activités qui permettent aux enfants d'exercer leur autonomie ?

- Avec quelle activité voulons-nous terminer la journée ?

- Comment pouvons-nous faciliter le rangement et le ramassage pour que ce soit perçu par les enfants comme leur responsabilité ?

Plusieurs objectifs importants peuvent être actualisés dans la planification et les interactions au jour le jour. À titre d'exemple, accueillir les enfants, puis leur offrir la possibilité d'exercer leur libre arbitre et, finalement, les aider à prendre leurs responsabilités durant la période de nettoyage et de ramassage peuvent contribuer d'une façon insoupçonnée à ce qu'ils se sentent acceptés et appréciés.

8.6.4 LA PLANIFICATION D'ACTIVITÉS AUTODIRIGÉES

Le quatrième type de planification consiste à établir avec soin la relation entre les trois autres types d'activités et à les relier aux objectifs du programme éducatif. Cet exercice tente de coordonner les activités quotidiennes, hebdomadaires et annuelles afin de maximiser leurs effets positifs.

Prenons l'exemple d'un enfant qui entre dans un SGMS à l'âge de 5 ans. Supposons qu'il y reste jusqu'à l'âge de 12 ans environ. Il aura participé à ses activités pendant approximativement 7 ans. Si nous espérons avoir un effet positif sur cet enfant et sur son développement en tant que personne, nous devons nous assurer que le programme éducatif du SGMS répond à ses besoins et qu'il aura sur lui une influence à long terme. Les activités autodirigées représentent un défi dans le processus de planification, ce qui nous force à nous poser les questions suivantes :

- Comment pouvons-nous avec le temps aider l'enfant à s'approprier le processus de planification et d'organisation d'activités ?

- Comment pouvons-nous aider l'enfant à assumer la responsabilité de ses actes ?

- Comment pouvons-nous structurer les activités afin de permettre à l'enfant de devenir plus autonome ?

- Comment pouvons-nous nous donner un programme éducatif qui offre un éventail d'activités assez intéressantes pour éviter le désintéressement des enfants et du personnel au bout de 5, 6 ou 7 ans ?

- Comment pouvons-nous aider les plus grands à effectuer la transition de l'enfance à l'adolescence ?

- Comment pouvons-nous aider les plus grands à se préparer à quitter définitivement les services de garde organisés ?

- Comment pouvons-nous encourager les enfants à faire preuve d'indépendance et à s'affranchir alors qu'ils sont encore sous notre supervision ?

L'intégration efficace des quatre types de planification d'activités garantira le succès du programme éducatif. Les activités quotidiennes ne devraient pas aller à l'encontre des valeurs préconisées par la philosophie du programme éducatif. Quelle que soit la journée, les participants devraient pouvoir expérimenter une facette des activités quotidiennes, hebdomadaires, saisonnières et autodirigées.

8.7　LA PLANIFICATION DES JOURNÉES PÉDAGOGIQUES, DE LA SEMAINE DE RELÂCHE ET DE LA GARDE ESTIVALE

Pour les enfants, les journées pédagogiques, la semaine de relâche et la garde estivale sont synonymes de congés. Le défi pour le SGMS, c'est d'offrir aux enfants des activités qui leur donnent l'impression d'être en vacances et que ce n'est pas un jour de classe.

De nombreux services de garde en profitent pour vivre des activités à l'extérieur du cadre de l'école. La planification à long terme, comme nous venons de le voir, permet de prévoir les réservations (autobus, entrées) pour les sorties ou, encore, l'invitation d'un spécialiste, d'une personne-ressource ou d'un spectacle que l'on veut faire venir.

De nombreux parcs à proximité de l'école appartiennent à la municipalité et sont utilisés par toute la communauté. Il est utile de travailler en collaboration avec la communauté environnante (sensibilisation, consultation) pour raffermir le sentiment d'appartenance, le respect des lieux.

Le service de garde a régulièrement recours aux ressources récréatives et culturelles du milieu lors des journées pédagogiques : baignade à la piscine de la municipalité, patinage au centre sportif du coin, pièce de théâtre au centre culturel, visite de parcs et de terrains de jeux, etc.

La planification des activités de plein air nécessite une préparation soignée. Voici quelques petits conseils en prévision de cette sortie :

- Il est bon de faire la liste de tout le matériel qu'on doit apporter pour ne rien oublier : sacs de plastique, loupes, cuillères, petites boîtes, jumelles, etc.

- Il est nécessaire d'évaluer la durée de la sortie et d'en aviser les parents.

- Il faut tenir compte de la température et des écarts possibles pour savoir comment s'habiller et apporter des vêtements de rechange ainsi que la nourriture nécessaire.

- Toujours apporter la trousse de premiers soins en cas de blessures ou pour soigner les coups de soleil, piqûres d'insectes, morsures d'animaux, etc.

- Il faut apporter la feuille de présence des enfants, leur numéro d'assurance maladie, leur numéro de téléphone, en cas d'urgence.

- Il est préférable d'aller vérifier les lieux avant la sortie pour en constater la topographie, évaluer la facilité d'accès et les diverses possibilités d'exploration selon la saison, vérifier l'aspect sécuritaire, etc.

- Toujours prévoir des activités de rechange en cas d'intempéries.

8.7.1   LA PLANIFICATION D'UNE JOURNÉE PÉDAGOGIQUE

On peut profiter des journées pédagogiques pour organiser des sorties ou des visites éducatives. Au cours de ces journées, l'éducatrice peut passer plus de temps avec les enfants, ce qui représente une possibilité de tisser des liens plus étroits avec eux. La même chose s'applique aux enfants de différents âges pour qui cela constitue une occasion de mieux se connaître.

Étant donné qu'on bénéficie de toute une journée, il est possible d'organiser une foule d'activités récréatives ou sportives. Les services de garde peuvent aussi décider de faire venir des personnes spécialisées, par exemple en maniement des cerfs-volants, en élevage d'animaux exotiques, en escalade, en saut en parachute, en monocycle, etc.

La journée peut être l'élément déclencheur d'un projet à long terme grâce à une visite, une sortie ou un invité spécial. On peut en profiter pour avancer un projet à long terme. Par exemple, l'éducatrice peut amorcer le tournage d'un film avec les enfants. On peut aussi réaliser un projet d'une journée ou terminer les préparatifs d'un événement à venir. On peut organiser des activités de concert avec plusieurs services de garde comme une kermesse, des sorties de groupe au cinéma, à un aréna, à une piscine, à un spectacle, participer à une parade ou à un rassemblement, etc. On peut aussi décider d'attribuer un thème à la journée (visite fictive d'un pays, la fête des couleurs, une journée à l'envers, la magie, le cirque, etc.). L'important, c'est de faire quelque chose de nouveau, de différent.

Lorsqu'on communique aux parents la programmation de la journée, il est souhaitable de bien présenter l'information de manière à assurer la participation des enfants. Sinon, il préférera aller chez un ami, un grand-parent, voire au bureau avec papa ou maman.

Dans le but de faciliter l'organisation de telles journées pédagogiques, l'encadré 8.2 propose un guide de planification.

ENCADRÉ 8.2 • GUIDE DE PLANIFICATION D'UNE JOURNÉE PÉDAGOGIQUE

1. Description de la journée

- date de la journée pédagogique (vous référer à votre planification annuelle)
- buts et objectifs de la journée
- clientèle : nombre d'enfants par groupe d'âge
- horaire détaillé de la programmation
- solution de rechange en cas de mauvais temps ou d'annulation

2. Organisation de la journée

- locaux utilisés
- matériel requis
- contacts à prévoir, réservations
- sortie, invités spéciaux
- budget approximatif et coûts supplémentaires à demander aux parents
- rôles et tâches de chacun
- types d'encadrement

3. Évaluation de la journée

- déterminer le moment approprié
- décider de la façon la plus efficace, en discussion ou par écrit
- faire la liste des éléments à évaluer
- énumérer les critères

(Il est important ici de conserver ses évaluations pour les planifications ultérieures.)

Une fois que votre journée pédagogique a été bien planifiée, vous devez en informer les parents et leur présenter un aperçu des activités. L'encadré 8.3 présente les informations à transmettre aux parents.

ENCADRÉ 8.3 • GUIDE DE COMMUNICATION D'UNE JOURNÉE PÉDAGOGIQUE AUX PARENTS

Contenu :

- aperçu de la programmation
- buts ou objectifs de la journée
- matériel et vêtements que les enfants auront besoin d'apporter
- heures de départ et de retour (prévoir les heures de pointe, s'il y a lieu)
- coûts que les parents devront assumer
- coupon d'inscription, coupon-réponse et date limite de retour de ce coupon
- messages spéciaux

Aide mémoire :

- La planification est-elle complète, claire et concise et écrite correctement ?
- La planification est-elle réaliste en termes de temps, de coûts, de l'âge des enfants ?
- La planification et sa présentation sont-elles originales : vos idées sont-elles nouvelles ?
- La planification est-elle en lien avec les besoins et les intérêts des enfants de 5 à 12 ans ?
- La planification tient-elle compte des divers types de planification : annuelle, hebdomadaire, quotidienne ?

L'encadré 8.4 donne un exemple de journée pédagogique ayant pour thème l'eau et qui s'adresse aux enfants du primaire.

ENCADRÉ 8.4 • HORAIRE TYPE D'UNE JOURNÉE PÉDAGOGIQUE

7 h à 9 h	arrivée des enfants et période de jeux libres
9 h à 9 h 30	départ pour la piscine municipale
9 h 30 à 11 h	déshabillage, concours, activités aquatiques organisées, baignade libre, détente aux bruits de la mer, séchage, habillage
11 h à 11 h 30	retour au service de garde
11 h 30 à 12 h 15	dîner animé, à saveur marine
12 h 15 à 13 h	jeux libres à l'intérieur ou à l'extérieur, au choix
13 h à 13 h 30	départ en autobus pour le Biodôme
13 h 30 à 15 h 30	chasse aux trésors, dans le Biodôme, portant sur le thème des fonds marins et des poissons
15 h 30 à 16 h	retour au service de garde
16 h à 16 h 30	collation
16 h 30 à 17 h 15	activités au choix, sur un thème marin :

- jeux psychomoteurs au gymnase (les dents de la mer)
- expression plastique sur la reproduction d'un fond marin
- ligue d'improvisation sur le thème des poissons
- expression sonore reproduisant des bruits de mer et de fonds marins
- ateliers scientifiques portant sur les marées
- activités libres et au choix des enfants

17 h 15 à 18 h	jeux libres jusqu'au départ des enfants

8.7.2 LA PLANIFICATION DE LA SEMAINE DE RELÂCHE

Pour que le service de garde soit rentable durant la semaine de relâche, il doit pouvoir compter sur l'inscription d'un nombre suffisant d'enfants. Il est important d'effectuer un sondage auprès des parents afin de savoir combien d'entre eux désirent utiliser le SGMS au cours de cette période, à la fin de février ou au début de mars dans certaines commissions scolaires. Comme c'est le cas pour les journées pédagogiques, la semaine de relâche représente un congé tant pour les enfants que pour les enseignants. L'équipe d'éducatrices doit donc trouver le moyen d'en faire une semaine qui sort de l'ordinaire. Elle peut décider de lui donner un thème et de l'exploiter durant les cinq journées comme dans les exemples suivants.

1. L'eau dans le monde[1] : chaque journée comporte des activités sur ce thème : les pays chauds et les eaux poissonneuses ; les glaciers du pôle Nord avec les manchots ; les pays asiatiques et les majestueuses rizières ; Venise, le pays de l'amour ; et une grande fête pour terminer le voyage.

2. Le Moyen Âge : ses contes et légendes, ses chevaliers de la table ronde, ses châteaux, ses costumes, ses festins royaux, ses distractions publiques, ses cérémonies à la cour du roi, etc.

3. Le club Aventure Azi Moumoute[2] : durant la semaine de relâche, les enfants de trois services de garde avoisinants ont été invités à cohabiter avec les « Azi Moumoutes », après un événement étrange qui s'était produit la fin de semaine précédente et à la suite d'un appel à l'aide du célèbre archéologue « Indiana Moumoute Jones ». Munis de leur passeport personnalisé, les enfants sont partis à l'aventure : course à relais moumoutes, préparation du plat préféré des Moumoutes, création d'un village géant de Moumoutes, danse Makaréna moumoutes, visite des « Azi Moumoutes », sortie au Village « moumoute » des sports, aux Galeries de la « capitalmoute », à la patinomoute, à la cinémamoute, le tout en compagnie d'une marionnette moumoute et au cri de ralliement d'une chanson thème pour favoriser l'ambiance appropriée à l'accueil des « Azi Moumoutes ».

---

1. Source d'inspiration : Marylène Desjardins, Fany Leblanc et Gérard Tannier, étudiants en TESG, Collège Édouard-Montpetit.
2. Ginette Dion, responsable du service de garde La Chanterelle, à Val-Bélair.

Le service de garde peut aussi profiter de ces cinq journées pour organiser des séjours à une base de plein air ou à un camp de vacances. Les activités doivent être captivantes pour en faire une semaine mémorable.

8.7.3 LA GARDE ESTIVALE

La garde des enfants durant la période estivale constitue chaque année une source de préoccupation pour les parents qui, eux, ne disposent en général que de deux à quatre semaines de vacances.

La plupart des municipalités confient à leur service de loisirs la responsabilité d'organiser des camps de jour pour les enfants de 5 à 12 ans. Pour un coût minime, les enfants ont la possibilité de s'y inscrire du lundi au vendredi, de 9 h à 15 h. L'heure du dîner, de 11 h 30 à 13 h, n'est pas incluse. Plusieurs municipalités font appel aux services de garde en milieu scolaire des écoles avoisinantes pour fournir le service le matin entre 7 h et 9 h, le midi entre 11 h 30 et 13 h et le soir entre 15 h et 18 h. Les parents doivent assumer les coûts supplémentaires.

On a vu, dans certaines municipalités, les services de garde de plusieurs écoles se regrouper pour offrir la garde estivale. Certaines compagnies ou organismes privés l'offrent aussi. Ces organisations s'occupent de la location des locaux, de la gestion du personnel et du service, du programme d'activités, de l'achat du matériel, etc.

Pour un SGMS, organiser un service de garde l'été suppose l'utilisation des parcs du quartier, de la piscine municipale, la nécessité de faire des visites et des sorties éducatives. L'animation doit être plus souple et moins formelle que durant l'année scolaire.

8.8 LA MISE EN ŒUVRE ET L'ÉVALUATION DU PROGRAMME ÉDUCATIF

On entend par mise en œuvre du programme les décisions ayant trait à l'exécution au jour le jour, moment par moment, des activités qui sont planifiées. C'est le processus de planification qui comprend les décisions et les choix, même lorsque ces décisions et ces choix sont faits quelques minutes avant l'action. Souvent, l'éducatrice planifie en même temps qu'elle exécute l'activité. Les décisions sont prises pendant que l'activité se déroule. Même avec une solide philosophie et une excellente planification, rien ne garantit que la mise en œuvre sera réussie.

Lorsque les activités ont lieu, il arrive que des réactions et des événements nous obligent à réviser notre planification et aussi à apporter des modifications à la programmation.

Bien sûr, la mise en œuvre du programme éducatif nous oblige à prendre du recul par rapport à la planification pour nous concentrer sur l'exécution ; cependant, il est important de réaliser que pour obtenir des résultats efficaces, il est essentiel de disposer d'une solide philosophie et d'une planification minutieusement élaborée. Le « comment » de la mise en œuvre devrait être cohérent avec le « pourquoi » de la philosophie du programme éducatif.

Enfin, les enfants devraient toujours constituer la préoccupation principale. Si importantes soient-elles, les activités doivent toujours être considérées comme une façon d'arriver à construire des relations interpersonnelles significatives et non pour le simple plaisir d'organiser des activités ; elles doivent permettre aux enfants de se développer.

Comment évaluer le degré de cohérence de la mission

Pour le service de garde, il est important de mettre en œuvre un processus d'évaluation continue en identifiant les personnes qui participeront à l'évaluation (ce qui peut comprendre les éducatrices, les parents, les enfants, la direction de l'école et les enseignants), en définissant les critères et en déterminant ce que l'on désire évaluer ainsi que la fréquence de l'évaluation.

Le tableau suivant illustre comment faire le lien entre le programme éducatif et la programmation des activités planifiées pour une semaine et comment s'assurer que les besoins des enfants sont respectés.

Grille d'évaluation d'une programmation pour une activité planifiée

CRITÈRES	Oui	Non
L'activité concordait avec les objectifs que j'ai fixés.		
L'activité coïncidait avec mes valeurs personnelles.		
L'activité coïncidait avec les valeurs du service de garde.		
L'activité coïncidait avec les valeurs de l'école.		
L'activité a permis à l'enfant d'apprendre.		
L'activité a tenu compte du développement de chaque enfant.		
L'activité a respecté le rythme de l'enfant.		
L'activité a permis de créer un esprit de groupe.		
L'activité a répondu aux besoins des enfants.		
L'activité était appropriée à l'âge des enfants.		
L'activité a permis aux enfants de faire des découvertes et de vivre de nouvelles expériences.		
L'activité a suscité l'intérêt des enfants.		
L'activité a été une source de plaisir pour les enfants et pour l'éducatrice.		
L'activité a permis aux enfants d'utiliser leur créativité.		
L'activité a suscité une grande participation de la part des enfants.		
L'activité a permis de tisser d'autres liens avec les enfants.		
L'activité a permis aux enfants de faire des choix.		
L'activité a permis à l'éducatrice de prendre des risques et de les évaluer.		
L'activité a été présentée de façon originale et stimulante.		
L'activité a tenu compte du milieu physique et humain.		
Le matériel était disponible et en quantité suffisante.		
L'activité a été réalisée dans les délais prescrits.		
L'ensemble des activités a été varié.		
L'ensemble des activités a été équilibré.		
L'ensemble des activités a été bien structuré.		

ANNEXE 8.1

LES BESOINS SPÉCIFIQUES DES ENFANTS DE 5 À 9 ANS

A – Les besoins des 5-6 ans

1) Le besoin d'apprendre à s'adapter à un nouvel environnement

L'arrivée des enfants à la grande école représente pour eux un important facteur de stress. La transition d'un milieu de garde (CPE) à un autre (SGMS) ou d'une structure d'accueil (classe-programme maternelle) à une autre (groupe-programme SGMS) doit être pensée et planifiée afin qu'elle soit vécue en douceur et dans le respect des divers besoins des enfants.

Il est important pour les enfants de cet âge de connaître l'horaire des activités. Il s'agit pour eux d'un besoin essentiel. L'éducatrice doit les informer fréquemment du programme de la journée, de ce qu'ils font dans l'immédiat, de ce qu'ils feront dans l'heure suivante et de ce qui viendra subséquemment. Elle doit le répéter à plusieurs reprises et s'assurer qu'ils comprennent. Pour illustrer cela, il n'est pas rare que les enfants de la maternelle sortent leur repas du dîner au moment de la collation. Ils confondent totalement ces deux moments de la journée. Une fois qu'ils se seront familiarisés avec la routine, ils réaliseront que ce ne peut être le temps du dîner, puisqu'il n'y a pas eu de collation.

Pour permettre à l'enfant de saisir l'horaire pour une plus longue période, l'éducatrice peut afficher au mur un calendrier qui indique, à l'aide de pictogrammes, une fête à venir, les jours d'utilisation du gymnase, du local d'arts plastiques, de la bibliothèque et l'approche d'une journée pédagogique ou d'une sortie. Il peut ainsi visualiser le nombre de jours et de semaines avant l'arrivée des événements. Il s'habitue alors à l'horaire. Ces points de repère contribuent aussi à sécuriser l'enfant. Plus il connaîtra l'horaire et la routine, moins il sera nerveux et son adaptation en sera facilitée.

Pour y arriver, l'éducatrice doit être à l'écoute, c'est-à-dire être une spectatrice disponible, car les enfants expriment aisément ce qu'ils ressentent et ce qu'ils ne comprennent pas. De plus, ils ont un immense besoin de communiquer. L'adulte doit sans cesse expliquer et confirmer ce qu'il a déjà expliqué, même s'il a souvent l'impression de se répéter.

Pour développer l'organisation spatiale chez les enfants de 5 ans par exemple, il suffit de leur donner de petites responsabilités à leur mesure telles que demander du savon au concierge, aller porter une lettre à la secrétaire de l'école ou aller chercher les pinceaux dans un local. Ils apprennent à se donner des points de repère et à s'orienter tout en découvrant leur environnement.

2)   Le besoin de courtes activités d'apprentissage suivies de périodes de repos

L'éducatrice doit limiter les activités dans le temps afin de tenir compte des capacités d'attention et d'intérêt des enfants. Il est raisonnable de planifier dix minutes d'activités intellectuelles pour vingt minutes de jeux physiques ou sociaux. Les activités dirigées, les périodes libres et de repos doivent également être bien dosées.

B – Les besoins des 7-9 ans

1)   Le besoin de découvrir le « comment » des choses

Le système D, « D » pour débrouillard ou 2 D pour désir d'essayer, est caractéristique de l'enfant de 7 à 9 ans. Ce dernier observe attentivement ses amis et les adultes. Il est curieux et il éprouve le besoin de tout expérimenter ! Il cherche à maîtriser les techniques sportives, manuelles et scolaires. Il a besoin d'instruments et de connaissances pour apprendre et il a aussi besoin de prendre conscience de ses erreurs car, lorsqu'on en est conscient, on peut éviter de les répéter. Il faut qu'il soit motivé pour poursuivre ses objectifs et cette motivation est souvent stimulée grâce à la complicité et au plaisir qui existent entre l'adulte et l'enfant.

2)   Le besoin d'avoir des ami(e)s de son sexe

L'enfant a besoin d'avoir des ami(e)s de son sexe pour confirmer son identité sociale. Par contre, il est très « sexiste » et il vit une sorte de « ségrégation ». Il arrive souvent qu'il dédaigne le sexe opposé. Il a besoin d'apprendre ce qu'est un garçon et ce qu'est une fille dans la société. Les garçons se tiennent en plus grand groupe et sont intéressés par les performances physiques alors que les filles préfèrent les plus petits groupes et sont plus portées sur les émotions et sur les relations. Les 5-9 ans ont un grand besoin d'affirmer leur identité et de confirmer leur appartenance sexuelle. Ils sont curieux relativement à tout ce qui touche la sexualité et ils commencent aussi à s'intéresser au sexe opposé. Leurs sentiments sont sincères et l'éducatrice ne doit pas les ridiculiser. C'est l'âge des premières joies, mais aussi des premières peines d'amour.

ANNEXE 8.2

LES BESOINS SPÉCIFIQUES DES ENFANTS DE 9 À 12 ANS

Les 9-12 ans sont souvent moins nombreux que les 5-9 ans à fréquenter le SGMS. Dans une certaine mesure, ce sont les décrocheurs des services de garde en milieu scolaire. Le problème, c'est qu'ils sont souvent trop jeunes pour rester seuls et trop grands pour se faire garder. Leur manque de motivation à fréquenter le service de garde peut s'expliquer par la difficulté qu'ont les SGMS à répondre à leurs attentes. Les enfants de cet âge ont besoin d'inventer ou de créer un milieu à leur image, un cadre de vie adapté à eux, à leur personnalité. Ils ont aussi un grand besoin d'appartenance, que ce soit à leur école, à leur service de garde, à leur local ou à leur groupe. Mais que veulent-ils ?

1)   Un intense besoin de vie en groupe

Les 9-12 ans d'aujourd'hui proviennent de petites familles comptant peu de frères et de sœurs. Le service de garde et l'école viennent combler un besoin de vie communautaire que le voisinage et la famille n'offrent plus.

Pour l'enfant de cet âge, faire partie d'un groupe est plus important que l'individualité. Il y trouve sa place, son statut, sa fonction, il y vit des expériences satisfaisantes qui lui permettent de répondre autant à son besoin d'action qu'à celui d'affirmation de soi. Il est souvent rattaché à plusieurs groupes où il se sent « lui-même » :

- dans sa classe ;

- dans le service de garde ;

- dans son équipe sportive ;

- dans sa gang d'amis.

La vie de groupe le captive et le fascine dans la mesure où il peut s'y affirmer en tant qu'individu. Il vit en symbiose avec le groupe. Sa vie sociale se développe et prend une importance primordiale. Loin de se perdre dans toutes ces relations, il prend conscience de lui-même en tant qu'individu. La bande met en évidence les leaders et fournit aux filles et aux garçons, chacun de leur côté, l'occasion d'affirmer leurs caractéristiques, et même de les exalter. Les bandes se forment spontanément sans l'intervention des adultes. Elles sont la source de sélections et d'exclusions. Les rejets sont la cause de petits drames qui sont souvent le prolongement de drames familiaux. L'enfant rejeté par le groupe est souvent mal accepté chez lui.

La vie en groupe permet à l'enfant de se construire une nouvelle identité parmi ses pairs, et ce, à l'écart de ses parents, de ses éducateurs et de ses professeurs. Il découvre les règles et les valeurs de la vie en groupe et l'importance de les respecter. **C'est pour toutes ces raisons qu'il n'est plus intéressé à faire partie de groupes d'enfants plus jeunes que lui.**

2) Un besoin d'être traité de façon différente par l'éducatrice

Les 9-12 ans ont moins tendance à échanger avec l'éducatrice. Leurs amis ou la gang deviennent leurs confidents. Cependant, ils ont toujours besoin de l'adulte pour les encadrer avec des règles et des limites précises, clairement exprimées. Ils ont besoin de limites et ils sont capables de les comprendre et de s'y conformer lorsque les rapports ne briment pas leur autonomie.

Ils aiment recevoir de l'attention, de l'affection, exercer leur autonomie, leur liberté et se sentir en sécurité tout comme ils aiment assumer des responsabilités, participer aux décisions, être consultés, se prendre en charge, être écoutés et, surtout, sentir qu'on leur fait confiance et qu'on les respecte pour ce qu'ils sont en tant que personne.

Le rôle de l'éducatrice consiste davantage à guider, à diriger, à encourager, à canaliser les énergies et à déceler les capacités et le potentiel des membres du groupe. Elle doit aussi permettre et encourager la spontanéité, la créativité, la flexibilité et favoriser l'initiative.

L'éducatrice doit d'abord respecter les intérêts des enfants et travailler à développer l'estime de soi en établissant des relations basées sur la confiance mutuelle, en préconisant une gestion participative, en créant un climat de coopération, en encadrant les enfants dans le respect et en travaillant avec eux à formuler les règles. Elle doit aussi apprendre à l'enfant les conséquences de ses choix.

Il va sans dire que les attitudes de l'adulte doivent être positives et dynamiques, ce qui donnera lieu à des réactions également positives chez les enfants de 9 à 12 ans.

3) Le besoin de se dépasser

L'enfant apprend aussi à s'autoévaluer grâce aux images de lui-même que lui renvoient sans cesse ses professeurs, ses éducatrices, ses compagnons et grâce à ses résultats scolaires, ses performances sportives et son degré de popularité. Toutes ces images informent l'enfant sur ses capacités et sur ses limites et l'aident à décider de ses ambitions et de sa façon de se lier aux autres. En ce sens, l'enfant a besoin de prendre des initiatives et de poursuivre des objectifs personnels, de prendre des responsabilités. Le programme d'activités doit laisser plus de place aux aspirations des jeunes en encourageant leur esprit d'initiative, en leur permettant de s'engager dans des projets à plus long terme, en faisant en sorte qu'ils se sentent consultés et utiles.

4) Le besoin d'un contrat d'activités adaptées

Les enfants ont besoin d'être consultés et d'établir des contrats d'activités. C'est pourquoi on devrait plutôt leur offrir des activités qui leur conviennent au lieu de leur donner le choix de participer ou non aux activités proposées.

Ils ont besoin d'activités plus complexes comportant des défis qui leur permettent d'acquérir de nouvelles techniques, de nouvelles compétences. Ils sont capables d'initiatives et de persévérance. Sur le plan cognitif, ils sont capables de s'exprimer, de lire, d'écrire et ils sont en mesure aussi, sur le plan du contrôle personnel, de projeter dans le temps ce qui leur arrive. **À cet âge, ils ont déjà des outils cognitifs presque aussi puissants que ceux des adultes qui leur permettent d'avoir une emprise sur ce qui leur arrive dans le temps et dans l'espace.** En conséquence, ils sont capables de planifier, d'organiser et de mener à terme une activité, un projet, une réalisation qui leur tient à cœur.

Le développement psychomoteur a atteint un niveau suffisant pour assurer une autonomie corporelle dans toutes les activités quotidiennes. L'enfant développe des capacités physiques comme l'endurance, la force, la souplesse et l'agilité et celles-ci s'adaptent en fonction de la qualité du mouvement ou de l'habileté psychomotrice à réaliser. Les enfants de 9 à 12 ans ont besoin de tester les limites de leurs capacités, de savoir jusqu'où ils peuvent aller physiquement et de mesurer leurs progrès. Ils affichent un intérêt grandissant pour la compétition et les jeux d'équipe.

Les enfants de cet âge deviennent vraiment aptes à apprendre et à exercer les mouvements exigés par les différentes activités sportives de plein air et d'expression, comme la gymnastique, le mini-basket, le mini-football, le kinball, etc. Ils désirent un gymnase très bien équipé pour les sports d'équipe et les jeux collectifs. À l'extérieur, ils veulent des patinoires, un terrain de soccer, des paniers de basket, des cibles de balles de neige, etc. À l'intérieur, ils veulent des jeux instructifs, du matériel de laboratoire, des jeux de mémoire, électroniques, d'échecs, des ordinateurs, des jeux de mécanique, etc.

Ils ont besoin de produire des choses, d'augmenter leurs compétences, de maîtriser des habiletés spécifiques (par exemple : produire un journal télévisé, créer un photo-roman, un livre, un vidéoclip, une ligue d'improvisation, monter une pièce de théâtre, une comédie musicale, simuler un procès avec juge et avocats, tourner un film, organiser une exposition de photos, etc.).

5) Le besoin de respect des règles et un grand sens de la justice

Les enfants de 9 à 12 ans souhaitent participer à l'élaboration des règles. Ils préfèrent un régime démocratique fondé sur la responsabilisation et sur la participation volontaire. Le respect des règles et le sens de la justice prennent également beaucoup d'importance à leurs yeux, eux qui sont très sensibles au jugement des adultes. Si, par mégarde, l'adulte faisait un passe-droit à un enfant, les autres considéreront la situation comme injuste et revendiqueront plus d'équité. Notons que l'injustice peut inciter certains enfants de cet âge à la révolte. Vers 10 ans, l'enfant commence à voir dans les règles le résultat d'un consensus et accepte alors des changements après discussion. Il est aussi capable de conformisme parce qu'il a une compréhension de la règle que jamais auparavant il n'avait eue. En ce sens, l'enfant de cet âge est capable de lever la main pour parler ; de poser des questions pour comprendre ce qu'il doit faire, de partager le matériel à sa disposition. Il développe son sens des responsabilités et de la considération pour ses pairs. Il est capable de comprendre le concept d'obligation réciproque. Il comprend aussi l'importance de sa contribution au groupe ou à la société qui consiste à :

– coopérer avec ses éducatrices et avec ses pairs ;

– comprendre les bases d'une réglementation raisonnable ;

– échanger des idées ;

– participer activement ;

– prendre des décisions ;

– reconnaître les besoins et les droits des autres.

Ce faisant, il a de bonnes chances que ces acquisitions le conduisent à l'autonomie, à l'autodiscipline, à la responsabilité sociale, au développement des principes moraux et des valeurs.

ANNEXE 8.3

LISTE D'ACTIVITÉS À COURT TERME

Voici une liste d'activités à court terme favorisant le développement global des enfants de 5 à 12 ans que l'on devrait retrouver dans la programmation d'activités planifiées.

Les activités culturelles

Surtout utiles lors des journées pédagogiques, les activités culturelles contribuent à faire découvrir à l'enfant le monde qui l'entoure. Les musées, les expositions, les événements artistiques (danse, théâtre, peinture, musique) sont parmi les plus connus.

Au cours de ces activités, il est important de bien préparer les enfants, sinon ils auront vite fait le tour et auront manqué l'essentiel. Par exemple, si vous désirez amener les enfants à l'insectarium, les éducatrices devraient préparer la sortie en effectuant elles-mêmes la visite au préalable et en organisant un jeu ou, encore, une chasse aux trésors où les enfants devront trouver des réponses. Autrement, certains d'entre eux pourraient très bien ne pas s'y intéresser.

Le service de garde peut aussi se procurer de la documentation et du matériel traitant des diversités ethniques, linguistiques et culturelles afin d'élargir la conscience culturelle des enfants.

Les activités de science et de logique

Les activités scientifiques sont importantes pour éveiller chez l'enfant l'esprit et la rigueur scientifique. Les activités de logique, qui peuvent se résumer simplement à calculer le pointage lors des jeux, à diviser le matériel ou à trouver des solutions, favorisent le développement du raisonnement.

Les activités de plein air

Dehors, les enfants peuvent bouger, crier, parler, ce qui contribue à baisser les tensions. Cela favorise le fractionnement du groupe, un aspect qui peut être bénéfique à certains moments.

Les éléments de la nature sont des attraits intéressants à exploiter avec les enfants. Ils permettent une foule d'activités d'exploration, de manipulation, d'observation, de cueillette, d'information, d'orientation, etc.

Les activités d'expression dramatique

Les activités d'expression dramatique donnent à l'enfant l'occasion de s'exprimer par le mime, le théâtre, l'improvisation, les marionnettes et de développer des habiletés de communication.

Les activités d'expression plastique

Les activités d'expression plastique permettent à l'enfant de maîtriser ses mouvements pour exprimer ses perceptions, ses sentiments, ses idées. Il découvre le monde qui l'entoure par toutes sortes d'expériences.

Les activités d'expression sonore

Les activités d'expression sonore sont liées au mode d'expression gestuelle et corporelle (mimes, chansons, comptines, chorégraphie). L'enfant peut apprendre à nommer ce qu'il entend, à manier le magnétophone, à découvrir différents styles de musique, à fabriquer des instruments, à s'exprimer par la danse, à mémoriser une chanson.

Les activités culinaires

Les activités culinaires sont des occasions d'aborder plusieurs sujets qui peuvent porter tant sur les propriétés nutritives des aliments que sur les différences culturelles associées aux aliments et sur le plaisir social de partager un repas collectif. Au cours de ces activités, les éducatrices peuvent :

- transmettre des notions de nutrition ;
- valoriser les bonnes habitudes alimentaires ;
- montrer comment suivre une recette et mesurer les ingrédients ;
- faire connaître les valeurs alimentaires de certains produits ;
- faire apprécier les aliments santé ;
- faire goûter de nouveaux aliments.

Les activités psychomotrices

Les activités psychomotrices ont lieu au gymnase, à la piscine, à l'extérieur et incluent les activités ludiques, sportives, de coopération, de compétition, les jeux d'équipe, etc.

Les activités de détente, de relaxation, de prise de conscience de soi

Comme nous l'avons déjà mentionné, les enfants ont aussi besoin d'un programme leur permettant de gérer leur stress. L'approche consiste à les amener à s'intéresser aux moments de détente et, surtout, à leur en faire ressentir tous les bienfaits. Il suffit de mettre sur pied un programme d'animation efficace axé sur les besoins particuliers des enfants de 5 à 12 ans au service de garde. Le choix musical, la lecture de textes, la respiration, la préparation mentale et physique de l'enfant sont quelques éléments à considérer.

En participant à de courtes activités de détente, certains enfants nerveux et fatigués peuvent parvenir à un état de concentration et de créativité. Les techniques de relaxation et de visualisation sont accessibles à tous les enfants et jouent un rôle constructif dans leur éducation, leur développement en plus de favoriser leur bien-être. Pratiquées le matin, certaines relaxations guidées vont contribuer à réveiller l'enfant et à lui donner de l'énergie. D'autres périodes de relaxation effectuées en fin de journée favoriseront la détente et libéreront les tensions. À travers ces voyages dans l'imaginaire, l'éducatrice ouvre un nouvel espace et établit avec les enfants une relation à un autre niveau, qui peut devenir une grande aide en cas de difficultés ou de conflits. Apprendre à calmer son corps et son esprit, à stimuler ses forces vitales, à se libérer de ses tensions, de ses tristesses, de ses souffrances représente un grand pas vers l'autonomie et la responsabilisation.

Les activités technologiques

L'utilisation et la manipulation d'un appareil photo, d'une chaîne stéréo, d'un appareil vidéo et de l'ordinateur permettent à l'enfant de s'initier à différentes technologies qui lui seront utiles éventuellement.

Les jeux de blocs et de construction

Les jeux de blocs et de construction amènent l'enfant à créer des plans, à jouer avec les formes et à construire.

Les activités de langage et de lecture

Les activités de langage et de lecture comprennent celles qui sont reliées à la production orale et écrite, à la communication, à des jeux comme le scrabble, à l'utilisation des livres, à la maîtrise d'un art comme la calligraphie, etc. Les activités d'écriture permettent de mettre en pratique les règles de grammaire et d'orthographe, de développer l'imagination et de structurer la pensée.

Les jeux d'observation et d'énigmes

Les jeux d'observation et d'énigmes incitent l'enfant à réfléchir, à émettre des hypothèses, à rechercher des solutions, à exercer sa curiosité.

Les grands jeux

Les grands jeux sont des activités de longue durée comportant différentes étapes, épreuves, messages ou aventures s'appuyant généralement sur un fait vécu, une légende, un thème ou un mystère et qui mènent à la découverte d'un secret, d'une vérité, d'un objet rare ou sacré ou même d'un trésor.

L'atelier de devoirs au service de garde

Comme de nombreuses recherches démontrent les effets positifs des devoirs sur la réussite scolaire, il convient de reconnaître leur importance ainsi que celle du suivi du parent sur les apprentissages des enfants. Pour ce faire, le service de garde doit, à notre avis, offrir l'atelier de devoirs au même titre que d'autres choix d'activités à son horaire. Il convient de souligner que cette période ne sert pas de rattrapage pour les enfants en difficulté d'apprentissage. Il s'agit en fait d'une forme d'assistance de la part de l'éducatrice pour aider les enfants à terminer et à réviser leurs devoirs. L'atelier dure environ une trentaine de minutes, sans plus. En faisant ses devoirs au SGMS, l'enfant aura plus de temps à passer avec sa famille en soirée. L'éducatrice doit cependant informer périodiquement les parents du comportement de leur enfant au cours de cette période. Il faut se rappeler que la responsabilité de vérifier la qualité des devoirs relève uniquement des parents et que le service de garde établit la participation volontaire des enfants à l'atelier de devoirs.

Les parents, les éducatrices, les enseignants et la direction de l'école doivent s'assurer que :

— le devoir porte seulement sur des contenus connus des enfants ;

— les consignes des devoirs sont bien définies et claires pour les enfants ;

— la longueur du travail demandé respecte le temps requis.

ANNEXE 8.4

LES ACTIVITÉS À LONG TERME

Comment trouver plusieurs idées d'activités à partir d'un thème central

Il est possible de trouver des idées en faisant avec les enfants une petite session de remue-méninges. Cette technique simple permet d'exploiter au maximum un thème et de créer plusieurs idées d'activités. Nous nous sommes permis de simplifier une technique d'apprentissage présentée par Claude Paquette dans *Une pédagogie ouverte et interactive* et de vous présenter uniquement les trois premières étapes, puisque l'objectif visé est d'offrir un outil pour faciliter l'exploitation d'un thème.

A) L'élaboration d'une carte d'exploration

Cette technique permet par association d'idées d'arriver à en trouver un grand nombre. Il s'agit, en fait, de trouver un mot comme thème central. Par exemple : Titanic[3]. Tous les mots auxquels le thème nous fait penser sont exprimés sans censure. Au cours de cette étape, toutes les idées sont valables. Plus il y en a qui sortent de l'ordinaire, mieux c'est. À quoi nous fait penser le mot TITANIC ? À naufrage, à iceberg, iceberg nous fait penser à collision, etc. Les enfants aiment bien utiliser cette technique et, souvent, ils débordent d'idées auxquelles les adultes n'auraient pas pensé.

On peut revenir à notre thème central et recommencer. À quoi me fait penser TITANIC ? À mer et mer me fait penser à coquillage et coquillage à vacances et vacances à voyage...

---

3. L'exemple fourni ici vient de Danielle Sheridan, Département TESG (Collège Édouard-Montpetit).

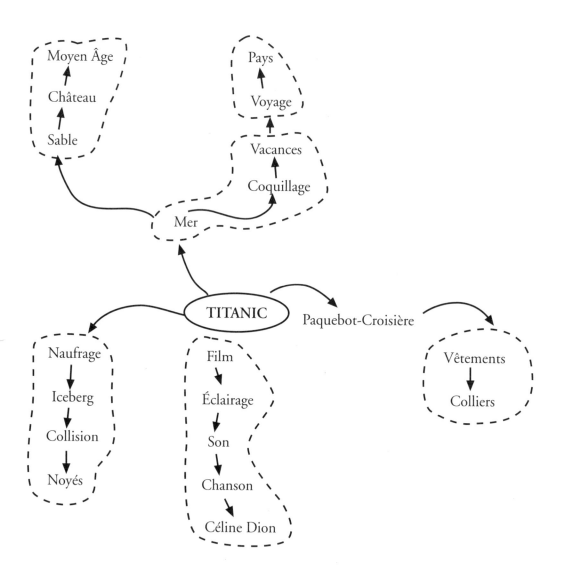

B) Établir des liens logiques dans la carte d'exploration

Il s'agit maintenant de réunir deux à quatre mots consécutifs. Chacun des liens logiques peut devenir la base d'une ou de plusieurs activités.

> Exemples : mer/coquillage/vacances
> film/éclairage/son/chanson/Céline Dion
> naufrage/iceberg/collision/noyés

C) Donner une orientation aux liens

Il s'agit ensuite de bâtir des activités ou un projet autour d'un ou de plusieurs liens. Par exemple, les suites « film-éclairage-son-chanson-Céline Dion » ainsi que « naufrage-iceberg-collision-noyés » sont sélectionnées. Les enfants et leur éducatrice choisissent de réaliser un film comique sur le thème Titanic. Les enfants verront aux différentes étapes du projet : fabrication de maquettes du *Titanic*, d'un casse-tête en trois dimensions, des décors pour le tournage, recherche et fabrication de costumes d'époque, écriture du scénario, de la chanson thème du film qui pourrait être une parodie, réalisation de la bande sonore du film, des effets spéciaux, etc. Chaque enfant aura la chance de mettre ses talents à contribution et de vivre des expériences variées.

D'autres activités pourraient être organisées subséquemment avec la suite « mer-coquillage-vacances ». D'autres semaines d'activités enrichissantes pour les enfants et l'éducatrice en perspective !

Il est utile par la suite de fixer un échéancier pour mener à terme votre projet, de fixer les objectifs, de prévoir les ressources humaines nécessaires : nombre d'enfants par catégorie d'âge, nombre d'éducatrices requises pour le projet, personnes extérieures, spécialistes (si nécessaire), personnel de l'école, parents utilisateurs, selon les besoins. Il faut prévoir aussi les ressources matérielles et financières, comme les espaces extérieurs ou intérieurs et les locaux, l'organisation de l'espace, le choix et l'achat du matériel, les réservations à faire. Ensuite il faut faire la liste des tâches, distribuer les responsabilités qui doivent être négociées en groupe.

QUELQUES IDÉES DE PROJETS À LONG TERME

> Une kermesse, des olympiades, une pièce de théâtre, un spectacle d'humour, une comédie musicale, la création d'un livre ou d'un journal et son lancement, un voyage dans l'espace, l'arrivée des extraterrestres, le tournage d'un film vidéo, la création d'un message publicitaire, un voyage fictif dans un autre pays, un souper-mystère, la création d'une collection de vêtements et sa présentation, l'arrivée des pirates, une exposition ou un spectacle de marionnettes géantes, etc.

ANNEXE 8.5

QUELQUES RÈGLES D'ÉTHIQUE EN RELATION AVEC LE PROGRAMME PÉDAGOGIQUE

Dans le but d'assurer une qualité de services éducatifs aux enfants de 5 à 12 ans en SGMS, voici quelques grandes règles d'éthique à respecter en regard de l'élaboration, de la mise en œuvre et de l'évaluation du programme éducatif.

Responsabilités de l'éducatrice

- L'éducatrice doit reconnaître que chaque enfant est unique et qu'il se développe à son propre rythme.

- L'éducatrice doit être honnête, juste et authentique avec l'enfant et faire en sorte qu'il y ait une cohérence entre ses valeurs, ses discours et ses comportements.

- L'éducatrice doit s'engager à privilégier l'apprentissage par le jeu.

- L'éducatrice doit collaborer à la définition, à l'évaluation et à la mise à jour des objectifs en matière de développement de l'enfant, d'attitudes éducatives, de valeurs ou principes de base qui guident ses pratiques.

- L'éducatrice doit assurer une cohérence dans la poursuite de ses objectifs et dans ses pratiques éducatives auprès des enfants.

- L'éducatrice doit aider les enfants et les adultes à atteindre leur potentiel de développement dans le contexte des relations basées sur la confiance, le respect et la considération.

- L'éducatrice doit, lors de la mise en œuvre des activités éducatives, constamment remettre en question ses pratiques et les évaluer en rapport avec les besoins et les intérêts des enfants, les objectifs fixés par l'équipe et la philosophie privilégiée par le milieu.

Responsabilités du service de garde

- Le service de garde doit harmoniser son programme éducatif avec celui de l'école.

- Le service de garde doit concevoir et mettre en œuvre un programme éducatif qui répond aux nombreux besoins des enfants de 5 à 12 ans en tenant compte du contexte scolaire dans lequel ils évoluent.

- Le service de garde doit utiliser de manière adéquate le savoir, l'expérience et l'expertise des membres du personnel au moment de prendre des décisions qui concernent les enfants et le programme.

- Le service de garde doit établir des mécanismes qui permettent l'évaluation quotidienne des activités éducatives tant avec les enfants qu'avec l'équipe de travail.

- Le service de garde doit aussi établir des mécanismes pour évaluer sur une base annuelle la philosophie, les valeurs, les objectifs et les programmes éducatifs en lien avec le projet éducatif de l'école et la mission sociale et éducative des services de garde.

- Le service de garde doit, lorsqu'il y a désaccord avec certains éléments du programme éducatif, tenter de les modifier en adoptant des mesures positives à l'intérieur de l'école ou du service de garde.

- Le service de garde doit faire part avec objectivité et précision des théories sur lesquelles s'appuie son programme éducatif.

- Le service de garde doit assurer une qualité de vie pour le bien-être des enfants et toujours chercher à l'améliorer.

- Le service de garde doit dispenser des services éducatifs de qualité.

QUESTIONS DE RÉVISION

1. Comment définissez-vous, maintenant, un programme éducatif de qualité dans un SGMS ?

2. Quels sont les besoins communs essentiels à respecter chez les enfants de 5 à 12 ans dans l'élaboration du programme éducatif ?

3. a) Faites une liste de vos propres objectifs en tant qu'éducatrice d'un service de garde en milieu scolaire. Votre liste est-elle bien différente de celle que l'on retrouve dans ce livre ? Si oui, de quelle façon ?

   b) Dressez votre liste par ordre de priorité. Quels sont les trois objectifs les plus importants dans votre travail auprès des enfants ?

   c) Citez trois valeurs qui sont importantes pour vous et indiquez de quelle façon vous tentez de les actualiser à travers les activités éducatives.

4. Nommez les différences entre les activités planifiées à court terme et les projets à long terme.

5. Comment la mise en œuvre du programme éducatif influence-t-elle les autres phases du processus de planification ? Si possible, donnez un exemple de votre propre expérience dans un SGMS.

6. Quelles sont les activités de routine que l'on retrouve généralement dans un SGMS ?

7. Donnez un exemple d'une planification d'horaire d'une journée pédagogique.

8. De quels besoins spécifiques aux 5-6 ans, 7-9 ans et 9-12 ans doit-on tenir compte dans l'élaboration d'activités éducatives de qualité ?

9. D'après vous, quelle importance pour un service de garde de mettre en œuvre un processus d'évaluation continue ?

Quelques moyens pour prévenir les problèmes en SGMS

OBJECTIFS

- Énoncer quelques critères visant à favoriser l'efficacité des interventions.

- Démontrer la nécessité d'établir les règles et de déterminer les attentes positives.

- Souligner l'importance du contrat social pour prévenir les comportements indésirables.

- Signaler la nécessité de fournir aux enfants des modèles à imiter.

- Décrire les différentes stratégies de communication indispensables pour réussir une intervention.

- Définir le concept de vigilance et illustrer son application.

- Décrire l'effet boule de neige.

Il est utile pour l'éducatrice de connaître les étapes du développement de l'enfant lorsqu'elle est appelée à gérer un comportement. À ce moment-là, il est important qu'elle soit capable de savoir ce que l'enfant comprend de la situation et de rechercher la raison qui l'a poussé à mal agir. Par exemple, Philippe frappe Jeff. Philippe est-il en mesure de réaliser qu'il a enfreint une règle et qu'il n'a pas répondu à une attente ? Est-il conscient d'avoir mal agi ? Son niveau de développement cognitif lui permet-il de savoir ce que ressent Jeff ? Nous ne pouvons supposer que tous les enfants comprennent chaque situation de la même façon. C'est une chose dont il faut toujours se rappeler lorsqu'on fait face à différents types de comportements.

9.1   VISER L'EFFICACITÉ DE L'INTERVENTION

L'éducatrice doit savoir intervenir de façon efficace pour aider l'enfant à gérer sa conduite. Lorsqu'elle fait face au comportement d'un enfant, elle doit se demander si elle fait bien d'intervenir et ce qu'elle désire accomplir. À long terme, sa compétence en la matière dépendra en grande partie des réponses à ces questions.

Par exemple, si Julien se tient debout sur un divan avec ses chaussures ou si Andréanne dérange un groupe durant un exercice dans le gymnase parce qu'ils ont besoin d'attention, quel est le but de l'intervention ? Certaines personnes auraient tendance à penser qu'il consiste à forcer le gamin à descendre du divan ou à inciter la fillette à se tenir tranquille. L'objectif ne doit toutefois pas simplement se limiter à faire cesser un acte répréhensible. Bien que le fait de se tenir debout sur un divan ou celui de déranger un groupe constituent deux comportements inappropriés, leur simple élimination représente, en fait, la finalité la moins importante qu'on puisse chercher à atteindre. Le véritable objectif consiste à aider l'enfant à comprendre la nécessité de respecter les règles, à répondre aux attentes et à accepter les conséquences de ses actes.

En même temps, l'éducatrice doit maintenir l'intégrité et la dignité personnelle de l'enfant. Elle doit aussi chercher à améliorer son sentiment d'estime de soi en l'aidant à réaliser qu'il a une part importante de responsabilité à assumer dans sa conduite. Grâce à une intervention positive, l'enfant pourra clarifier la vision qu'il porte en lui de la personne qu'il aspire à devenir. Cela peut sembler difficile ou compliqué et, en fait, il est possible qu'il ait de la difficulté à y arriver. Toutefois, il est important de tendre vers cet objectif.

Lorsqu'une éducatrice gère efficacement les comportements, elle ne manipule pas les enfants afin qu'ils obéissent. Au contraire, elle guide et influence favorablement leur conduite.

Quelle que soit la stratégie utilisée en milieu scolaire, il est possible d'évaluer l'efficacité des interventions visant à gérer les comportements en se basant sur les critères présentés à l'encadré 9.1.

ENCADRÉ 9.1 • CRITÈRES POUR ÉVALUER L'EFFICACITÉ DES INTERVENTIONS

- Respect. L'enfant est traité avec dignité et respect comme une personne à part entière.

- Maîtrise de soi. L'enfant apprend à contrôler ses comportements.

- Clarification des choix. L'enfant prend conscience des choix et des possibilités qui s'offrent à lui.

- Bienveillance. Le niveau de développement et de croissance de l'enfant est pris en considération. Les actions posées le sont toujours dans le meilleur intérêt de l'enfant.

- Empathie. L'éducatrice tient compte du point de vue de l'enfant. Il est encouragé à donner sa version des faits et ses sentiments sont validés.

- Estime de soi. Les interventions contribuent à maintenir ou, mieux, à améliorer le sentiment d'estime de soi d'un enfant. Le moyen d'y arriver consiste à aider l'enfant à réaliser le rôle important qu'il peut jouer dans son propre développement personnel.

- Élimination du comportement non souhaitable. Une intervention habile le fera cesser et une stratégie efficace permettra de le corriger ou de minimiser la possibilité qu'il se reproduise dans l'avenir.

- Élévation du niveau de conscience. L'enfant comprend les raisons pour lesquelles le comportement est inapproprié.

- Resserrement des relations interpersonnelles. Les liens de confiance, de respect et de communication entre les enfants et les éducatrices se consolident. Cela ne signifie pas que l'adulte sera toujours populaire, mais il sera reconnu comme une personne juste, compréhensive, intègre et sensible.

- Idéal. Toute stratégie devrait permettre à l'enfant de se faire une idée claire de la personne qu'il veut être et qu'il aspire à devenir.

9.2   DÉTERMINER LES ATTENTES POSITIVES ET LES COMMUNIQUER SOUS FORME DE RÈGLES

Les attentes positives sont des énoncés qui amènent les enfants à adopter les comportements souhaités. Elles doivent être explicites et suggérer des comportements observables. Toutes les attentes positives sont adaptatives et prosociales. Un comportement adaptatif est une action qui aide l'enfant à s'adapter à son environnement (c.-à-d. regarder des deux côtés de la rue avant de traverser, mastiquer et avaler avant de parler, etc.). Un comportement sociable est une action qui aide l'enfant dans ses relations interpersonnelles (c.-à-d. offrir son aide, aider quelqu'un, défendre un camarade, avoir de bonnes manières, etc.).

Nous utilisons le terme « attentes » parce qu'une éducatrice est en droit de s'attendre à ce que les enfants adoptent ces comportements. Voici quelques exemples d'attentes positives :

- Veuillez marcher dans les allées.
- Ici, chacun doit nettoyer les dégâts qu'il a contribué à faire.
- Durant ce tournoi, chaque membre de l'équipe doit jouer franc jeu, obéir aux règles et être respectueux envers les autres joueurs et envers l'autre équipe.

Notez que chacun de ces énoncés décrit des attitudes et des comportements concrets et positifs. Quand une éducatrice dit : « Je m'attends à ce que… », elle ne veut pas dire : « Je prévois » ou « J'exige ». Elle manifeste sa confiance que les enfants se conduiront bien.

Les consignes sont plus efficaces lorsqu'elles fournissent des informations spécifiques qui ont le pouvoir de susciter des images dans l'esprit des enfants. Par exemple, si une éducatrice dit : « Je m'attends à ce que vous vous comportiez d'une façon appropriée au musée », elle ne livre sans doute pas assez d'informations. Bien sûr, cette affirmation est certainement préférable à celle-ci : « Que je ne vous prenne pas à vous énerver dans le musée ! » Cependant, il serait plus efficace de dire : « Lorsque nous serons au musée, nous allons tous demeurer en groupe et marcher dans les allées. Nous allons écouter et poser des questions de manière respectueuse. »

Lorsque des attentes positives sont formulées, elles tendent à se transformer en prédictions qui se réalisent. Si nous nous attendons à ce que les enfants se comportent de façon appropriée, les chances qu'ils agissent ainsi sont plus grandes à long terme. Le contraire semble également être vrai : si une éducatrice se fie trop aux règles formulées négativement telles que : « Ne courez pas, ne vous chamaillez pas, ne quittez pas le groupe », elle finira par ne gérer que des comportements négatifs.

Pour que les attentes positives soient des outils efficaces, elles doivent être cohérentes avec le niveau de développement de l'enfant. Nous pouvons raisonnablement nous attendre à ce qu'un enfant demeure assis pendant, disons, cinq ou dix minutes, mais certainement pas pour de longues périodes de temps, à moins que quelque chose de réellement captivant ne se passe. En outre, l'éducatrice a besoin de se faire une image claire des comportements désirés. Le fait de décider exactement quels comportements elle souhaiterait voir adopter exige un certain degré de réflexion. Elle doit donc partager ces idées avec les autres membres de l'équipe afin que tous adhèrent aux mêmes consignes.

Les SGMS doivent s'assurer que tous utilisent les mêmes directives. Ils devraient également voir à ce que les membres de l'équipe se réunissent pour négocier ou partager leurs attentes précises. Lorsqu'une éducatrice met l'accent sur les directives et qu'elle les communique clairement aux enfants et aux autres, cela contribue à alléger l'atmosphère et à créer un climat d'optimisme et de confiance. La capacité de se doter de règles positives constitue l'une des pierres angulaires d'un SGMS de qualité. Les règles devraient toujours être formulées dans la forme positive. L'encadré 9.2 illustre bien la façon de les énoncer.

ENCADRÉ 9.2 • RÈGLES ÉNONCÉES DANS LA FORME NÉGATIVE ET DANS LA FORME POSITIVE

Ne pas critiquer les autres (insultes, sarcasmes, remarques désobligeantes, commérages).	Je respecte les autres.
Ne pas se chamailler, se quereller ou jouer à se battre.	J'adopte des comportements pacifiques.
Ne pas jouer à des jeux qui risquent de blesser les autres ou de nous blesser nous-mêmes (p. ex., en lançant des pierres, en jouant avec des bâtons, en courant avec des objets coupants).	Je m'assure que les jeux sont sans risques de blessures.

Plus les règles seront formulées de façon positive, plus l'enfant sera porté à les respecter.

Tous les enfants du SGMS devraient être au courant des règles et les comprendre. Ils devraient être capables de les réciter par cœur. Ils devraient pouvoir expliquer, dans leurs propres mots, la signification de chaque règle et donner les principales raisons pour lesquelles elles ont été établies.

Les règles devraient être affichées bien en vue afin que tout le monde puissent y référer. Les conséquences du manquement à ces règles doivent être connues des enfants (voir tableau 10.1).

Il est souvent nécessaire avec un groupe d'enfants de restreindre le nombre de consignes à cinq. Une fois que les règles de base ont été précisées et comprises, elles servent de point de départ pour spécifier les attentes positives.

9.3   FAIRE DU RENFORCEMENT POSITIF

Une éducatrice doit se demander si elle désire passer son temps à gérer principalement des comportements positifs ou des comportements négatifs. Si elle opte pour la première catégorie, elle doit donc se concentrer sur ce type de comportements en les définissant et en les visualisant, en les recherchant et en les renforçant à chaque occasion.

Les récompenses constituent une sorte de renforcement. Toutefois, si elles sont mal utilisées, elles ne sont rien de plus qu'une tentative d'acheter l'enfant. Ce type de stratégies contribue à le rendre trop dépendant des récompenses et des approbations externes et lui enlève son sentiment de satisfaction. Si pour lui bien agir ou aider les autres signifie une rétribution, chaque fois qu'on aura besoin de ses services, il demandera : qu'est-ce que cela va me rapporter ?

Le renforcement positif est particulièrement efficace chez les enfants agressifs. Il contribue à réduire leur agressivité. Si l'éducatrice félicite l'enfant chaque fois qu'il adopte un comportement positif, si ses efforts pour partager, coopérer et être gentil sont valorisés, cela l'incitera à continuer. Chaque fois qu'il se conduit bien, il y a peu de risques qu'il se sente agressif. L'enfant se rend compte que, lorsqu'il est positif, ses camarades réagissent favorablement et cela lui fait plaisir. Par voie de conséquence, il est possible qu'il en vienne de lui-même à modifier son attitude. Pour utiliser cette méthode efficacement, l'éducatrice doit trouver le moyen de valoriser tous les comportements acceptables socialement et parfois même ceux qui ne le sont pas tout à fait.

Par ailleurs, le renforcement positif est efficace particulièrement lorsque l'enfant doit faire face à un nouvel apprentissage ou lorsqu'il essaie d'adopter des comportements nouveaux et complexes comme la collaboration, le partage, le respect des conventions, l'entraide, etc. Les témoignages de reconnaissance et de gratitude constituent à long terme un renforcement beaucoup plus efficace que les récompenses. L'exemple qui suit illustre notre propos. Une éducatrice voit Marjolaine aider un autre enfant pour la première fois. Elle s'empresse de la complimenter : « Marjolaine, je te remercie de ton aide, j'apprécie beaucoup. » Un contact visuel et un sourire sincère sont aussi des éléments de renforcement puissants dans ce cas-ci. De la réaction de l'adulte, Marjolaine apprend deux choses : premièrement, elle réalise que, lorsqu'elle aide les autres, elle est appréciée ; deuxièmement, que cela attire l'attention. Marjolaine s'approprie aussi le vocabulaire utilisé dans ces situations, qu'elle pourra reproduire lorsqu'elle voudra elle-même exprimer aux autres sa reconnaissance. Elle apprendra ainsi comment dire : « Merci, j'apprécie ce que vous faites pour moi. »

9.4   ÉTABLIR UN CONTRAT SOCIAL AVEC L'ENFANT

Le concept de contrat social aide à définir ce qui est considéré comme acceptable et inacceptable. L'idée a été émise pour la première fois par Jean-Jacques Rousseau, en 1762. Bien que le concept soit vieux, pour un SGMS, il peut prendre un nouvel aspect à la lumière des réponses aux questions suivantes :

- D'où viennent les règles ? Comment et pourquoi sont-elles faites ? Qu'est-ce qui rend une règle légitime ?

- Quels sont les comportements à adopter afin que toutes les personnes concernées en retirent des bénéfices ?

- Que pouvons-nous présumer raisonnablement à propos :
    - de la participation d'un enfant au programme éducatif ?
    - de la raison pour laquelle un parent inscrit son enfant ?
    - des raisons pour lesquelles une éducatrice travaille avec les enfants ?

- Quels sont les objectifs généraux du programme éducatif d'un SGMS ? Les éducatrices ont-elles raison de supposer que les enfants, les parents et les autres membres du personnel sont d'accord avec ces objectifs ?

- Peut-on s'attendre à ce qu'il y ait congruence entre les attentes du programme éducatif d'un SGMS et les capacités intellectuelles des enfants inscrits ?

L'objectif d'un SGMS consiste à fournir aux enfants un programme éducatif de très haute qualité. Si ce postulat est juste, il peut constituer la base de l'analyse du contrat social. Bien que le contrat s'applique à tous les intervenants, nous devrons limiter la discussion à la partie qui concerne les enfants.

Afin de bénéficier d'un programme éducatif de haute qualité, les enfants doivent s'engager à respecter les règles et les attentes du SGMS et à en accepter les conséquences. Ces règles et attentes peuvent être explicites ou implicites. Le contrat est établi à partir des attentes de toutes les personnes concernées. Les attentes légitimes sont celles qui, premièrement, seraient susceptibles d'être acceptées par tous les enfants (même avant leur inscription au service de garde) et, deuxièmement, qui s'appliqueraient à tous les enfants en général et de façon égale. Par exemple, l'énoncé « Dans notre SGMS, nous nous attendons à ce que les enfants se respectent et respectent les autres » est probablement acceptable et applicable à tous les enfants en général.

Utilisons un exemple concret. Supposons les deux règles suivantes adoptées dans un SGMS : s'abstenir de faire des commentaires désobligeants et éviter les querelles. Imaginons, par exemple, que Benoît, âgé de 7 ans, se fâche et crache au visage de Carl, âgé de 8 ans. Imaginons encore que, lors de l'intervention, Benoît affirme : « Il n'y a pas de règlement qui dit qu'on ne peut pas cracher sur quelqu'un ! » Différentes possibilités s'offrent à l'éducatrice. Si elle a spécifié ce qu'elle attendait des enfants, elle peut faire remarquer à Benoît qu'elle s'attend à ce que chacun traite les autres avec respect. Mais cela peut ne pas vouloir dire grand-chose pour Benoît s'il ne saisit pas la signification du mot respect. Il peut aussi faire valoir que, puisqu'il n'est pas fait mention de ce comportement dans les règles, il ne devrait pas être réprimandé. Dans un tel cas, il faut l'aider à comprendre que les directives et les attentes ne font pas autorité seulement lorsqu'elles sont écrites. Les lignes de conduite sont justifiées par la structure et les buts du contrat social. Elles sont valables à condition qu'elles permettent à l'enfant et au personnel d'atteindre les mêmes objectifs. Quand un enfant défie un règlement, il est important de chercher à savoir s'il comprend le règlement en question.

Supposons maintenant que Benoît participe à une excursion au cours de laquelle sont encouragées l'exploration, la découverte, la curiosité et la forme physique, tout cela dans un contexte de respect entre les membres du groupe. De toute évidence, si Benoît s'avisait de cracher sur quelqu'un, non seulement son comportement serait-il perçu comme totalement déplacé, mais cela empêcherait également les autres de profiter pleinement de l'activité. Toute personne raisonnable comprend que cracher sur quelqu'un constitue une violation du contrat social tacite dans un SGMS. Si Benoît allègue que personne ne lui a jamais dit cela, ce n'est pas une excuse valable. Il devrait être capable de se rendre compte par lui-même que cracher sur quelqu'un est un manque de savoir-vivre. À son âge, il est supposé être capable de faire des déductions. Il doit être capable d'utiliser sa logique personnelle pour arriver à choisir les actions qui ne gêneront pas la poursuite des objectifs du programme éducatif. Parfois, la logique du contrat social échappe à certains enfants. Il se peut qu'ils aient besoin d'aide supplémentaire pour s'intégrer, mais on ne devrait pas modifier radicalement le contrat social pour les accommoder.

Le personnel a le droit de s'attendre à ce qu'un enfant se conforme aux objectifs que s'est donnés le SGMS. Même si un enfant en particulier n'est pas d'accord pour fréquenter un SGMS, dans le cas par exemple où ses parents auraient décidé de l'y envoyer sans le consulter, cela ne lui donne pas le droit de mal se conduire. Le contrat social peut provenir d'un accord implicite basé sur une analyse logique et raisonnable et non sur un consensus de toutes les parties. Il se peut qu'un enfant aille à contrecœur au SGMS, mais pendant le temps qu'il passe là, il a la responsabilité d'adopter un comportement approprié.

Il est important pour les enfants de comprendre que les règles et les attentes font partie du contrat social : elles ne sont pas décrétées d'en haut. Elles sont plutôt établies avec respect par des personnes bien informées qui en sont arrivées à un consensus. Cette compréhension leur sera utile lorsqu'ils deviendront des adultes et qu'ils voudront participer aux processus démocratiques dans leur vie.

9.5 DONNER L'EXEMPLE

Les enfants apprennent par imitation, c'est pourquoi il est important d'être pour eux d'excellents modèles. Il est essentiel que l'éducatrice décide quels comportements elle veut que les enfants adoptent. Par la suite, elle doit se conduire de façon à illustrer chacun d'eux. Ainsi, elle peut leur montrer à quoi correspond un comportement qui consiste à attendre son tour ou à aider les autres ; elle doit faire comprendre, par son exemple, à quoi ressemblent une attitude patiente et un langage respectueux.

Pour que l'exemple soit frappant, elle doit s'assurer que les mots sont congruents avec le geste et que les deux transmettent le même message. Si une éducatrice crie :

« Arrêtez de parler fort ! » à un groupe, elle envoie un message non congruent. Si elle fait une remarque désobligeante lorsqu'elle demande à un enfant d'agir correctement, l'incongruité n'échappe pas aux enfants.

Dans la plupart des situations où nous avons à intervenir, nous devons nous interroger sur ce que nous essayons de transmettre comme information. Quel comportement voulons-nous que l'enfant adopte à l'avenir ? Si un enfant se bat ou qu'il se met en colère, nous voulons qu'il apprenne à se contrôler et, pour cela, nous devons absolument nous maîtriser en présence de cet enfant. Il ne sert à rien d'utiliser la force, le pouvoir ou la colère avec un enfant qui s'est battu. Se fâcher signifie perdre le contrôle et ce n'est pas un bon exemple à donner. L'éducatrice doit montrer à l'enfant des façons d'apprendre à se contrôler comme compter jusqu'à 10, s'éloigner pour éviter un conflit, etc. Il sera alors plus en mesure de l'imiter.

Il est également utile pour l'enfant que l'attitude ou le comportement modelé soit nommé. L'éducatrice pourrait dire : « Je serai honnête ici » ou « Il faut vraiment être patiente » ou « Ce serait juste que j'attende mon tour comme tout le monde. » Par ce genre de commentaires elle avertit l'enfant qu'elle affiche un comportement acceptable et, par la même occasion, elle sert à enrichir son vocabulaire.

Les enfants apprennent aussi les comportements sociaux en les observant chez les autres et en notant ceux qui sont utilisés à leur endroit. Une éducatrice peut donner l'exemple de ce qu'il faut faire pour résoudre un conflit en exprimant ses besoins, en négociant, en faisant des compromis pour en arriver à une solution satisfaisante pour les deux parties. Elle doit s'y prendre de manière à ce que l'enfant puisse observer le modèle de comportement désiré et qu'il comprenne la démarche intellectuelle et les choix qui en résultent.

ENCADRÉ 9.3 • DÉMONSTRATION D'UN COMPORTEMENT MODÈLE

Situation : plusieurs enfants sautent à la corde dans un coin de la cour. Stéphanie, qui a 5 ans, est connue pour son caractère difficile et elle se montre très impatiente du fait d'être obligée d'attendre son tour. Elle commence à se disputer avec trois de ses camarades qui affirment que ce n'est pas son tour, mais bien celui de Jeannine qui était là avant elle. La figure de Stéphanie commence à devenir rouge et son langage non verbal indique qu'elle commence à perdre le contrôle. C'est à cet instant que l'éducatrice intervient.

Éducatrice : (D'une voix forte et enthousiaste) Hé ! Stéphanie, est-ce que je peux sauter à la corde, moi aussi ?

Stéphanie : (contrariée) Ils trichent. Ils ne veulent pas me donner mon tour et ça m'enrage.

Éducatrice : Oui, j'ai cru m'apercevoir qu'il existait un certain désaccord pour savoir à qui c'était le tour. Je ne sais pas qui était là en premier. Mais si c'est le tour de Jeannine, que tu es la prochaine et que personne d'autre ne fait la file, est-ce que je peux y aller après toi ? Cela me semble juste, parce que toutes les deux vous étiez là avant moi. Tu y vas avant moi et je te regarde sauter, OK ?

Stéphanie boude encore un peu. Cependant, l'idée de ne pas être la dernière à faire la file de même que la perspective que l'éducatrice la regarde sauter à la corde lui plaisent bien. Elle accepte un peu à contrecœur. Quand c'est le tour de Jeannine, l'éducatrice s'accroupit à côté de Stéphanie. Elles la regardent sauter ensemble.

Éducatrice : Tu sais, des fois je trouve difficile de faire preuve de patience quand je dois attendre mon tour. Et toi ?

Stéphanie : J'étais là avant Jeannine.

Éducatrice : Trouves-tu cela difficile d'être patiente quand tu dois attendre dans certains occasions ?

Stéphanie : Oui, spécialement au saut à la corde et des fois aussi quand on joue à d'autres jeux d'équipe.

(Pause)

Éducatrice : Bon alors, j'ai bien hâte que ce soit mon tour, mais ce n'est pas grave parce que pendant que j'attends patiemment avec toi, on peut jaser. Stéphanie ?

Stéphanie : Quoi ?

Éducatrice : J'attends patiemment et je me demande…

Stéphanie : Tu te demandes quoi ?

Éducatrice : Si je t'ai déjà dit que je te trouve bonne au saut à la corde.

Stéphanie : Quoi ? Oh ! C'est mon tour maintenant (elle s'élance vers la corde à danser).

Éducatrice : (S'adressant à Stéphanie qui commence à sauter) Je te félicite d'avoir attendu ton tour !

Quand un enfant imite le comportement d'une personne qu'il respecte et lors-qu'il sait qu'il peut compter sur cette personne chaque fois qu'il a des problèmes, il est mieux disposé à collaborer afin de trouver des solutions à ses problèmes. En effet, les jeunes ont recours à des moyens agressifs parce, souvent, ils n'ont pas de solutions pour surmonter harmonieusement les difficultés que leur posent leurs relations interpersonnelles.

9.6   SAVOIR COMMUNIQUER

Afin d'utiliser les techniques d'intervention d'une façon efficace, il est néces-saire de posséder certaines compétences en communication. Lorsqu'une éducatrice doit gérer un comportement, la façon dont elle s'exprime est tout aussi importante que ce qu'elle dit. Bien sûr, un bon communicateur n'est pas seulement une personne qui sait s'exprimer, c'est aussi une personne qui sait écouter. Les éducatrices efficaces sont celles qui possèdent d'excellentes capacités de communication et d'écoute.

La communication avec les enfants doit aussi être authentique, informative et basée sur la confiance mutuelle. Elle doit refléter la confiance de l'éducatrice en elle-même. Elle doit être imprégnée des objectifs globaux du SGMS, c'est-à-dire la logique et le raisonnement qui doivent s'appliquer pour que tous bénéficient d'un programme éducatif de qualité.

Il est important que l'intervention soit empreinte de douceur. Si l'éducatrice menace et agresse physiquement un enfant et qu'elle le punit, les autres qui sont témoins de l'incident seront troublés et pourront devenir anxieux, confus et nerveux. L'enfant réprimandé et ses camarades ne retirent jamais rien de positif des excès de colère d'un adulte.

Quand l'éducatrice se montre ferme et qu'elle intervient de façon directe, res-pectueuse et catégorique, l'enfant prend habituellement conscience des limites qu'il ne peut outrepasser.

La réaction de l'éducatrice doit être logique. Cela signifie que son intervention doit viser clairement l'enfant qui s'est mal comporté. L'éducatrice doit aussi préciser exactement la raison pour laquelle le comportement est inacceptable et elle doit faire connaître l'attente ou la règle. Lorsque ces conditions sont remplies, le comportement attendu paraît limpide à tous les enfants qui sont présents. Quand l'intervention est claire, tout le monde comprend le message.

9.6.1   ÉTABLIR LA COMMUNICATION

Pour établir la communication avec quelqu'un, le langage doit être cohérent, c'est-à-dire qu'il doit refléter avec précision la situation et les sentiments des personnes qui la vivent. Le langage utilisé doit décrire la situation : « Cette pièce est vraiment en désordre ; le papier traîne partout sur le plancher » ; et les sentiments : « Cela me déçoit que vous ayez choisi de ne pas nettoyer alors que je vous avais dit de le faire » ou « Je suis heureuse de constater que vous faites un beau travail d'équipe pour ranger cette pièce. »

Une autre habileté importante de communication, peut-être celle qui nous vient le plus souvent à l'esprit, c'est la capacité de s'exprimer clairement. L'éducatrice efficace envoie des messages clairs. À cet effet, elle doit être capable de se représenter ce qu'elle veut communiquer. Par exemple, si elle voit les enfants quitter le coin des arts plastiques sans avoir ramassé ni nettoyé, elle pourrait s'exprimer en ces termes :

Pas si vite ! Je vois quatre enfants quitter le coin des arts plastiques et je vois les dégâts sur la table et sur le plancher.

Dans ce service de garde, je m'attends à ce que chacun de vous contribue au rangement. Pas question de partir avant d'avoir tout rangé.

Au début de l'année, nous avons parlé de l'importance d'être responsable et de ce que cela signifiait en termes de ramassage. Je serais très déçue si nous ne respections pas nos engagements.

Une communication congruente devrait être empreinte d'autorité, mais pleine de sensibilité. Elle devrait être exempte de jugement, de sarcasme, de commentaire négatif ou discriminatoire. Lorsque la communication est conforme à la situation et aux sentiments exprimés, l'enfant apprend à se fier à son jugement, à avoir confiance en l'éducatrice et dans le processus de communication.

ENCADRÉ 9.4 • EXEMPLES D'UNE COMMUNICATION RATÉE

À l'intérieur

L'enfant :   J'ai faim.

L'éducatrice : C'est impossible, nous avons eu la collation il y a une demi-heure à peine.

Dehors

L'enfant :   Je suis fatigué.

L'éducatrice : Mais, cela fait à peine cinq minutes qu'on marche.

Dans le gymnase

L'éducatrice : Anna, garde ton chandail, tu vas attraper le rhume.

Anna :   Mais j'ai chaud.

L'éducatrice : J'ai dit, garde ton chandail.

Le groupe regarde un vidéo

L'enfant :   Puis-je aller jouer dehors ? C'est emmerdant !

L'éducatrice : Voyons, au contraire, c'est éducatif !

Après avoir séparé Christophe et Marco qui se chamaillaient

L'éducatrice : À présent, je veux que vous disiez que vous regrettez de vous être conduits de cette façon et que vous fassiez la paix.

Christophe : Mais c'est pas vrai !

Marco :   Et je ne veux pas faire la paix !

L'éducatrice : (en colère) Faites ce que je vous dis ou je vais vous donner une vraie raison de le regretter !

Dans chacun de ces scénarios, l'éducatrice nie la situation vécue par les enfants, essayant d'imposer une autre réalité, ce qui les amène à se méfier de leurs propres sentiments et perceptions.

Les généralisations, c'est-à-dire les énoncés qui comprennent les mots « jamais » et « toujours », sont trop absolues pour être précises. Les commentaires hostiles tels que « Vous n'écoutez jamais » ou « Tu es toujours en train de te battre avec quelqu'un » sont absurdes parce qu'ils sont manifestement inexacts. L'enfant sait qu'une généralisation est fausse, mais quand c'est un adulte qui le critique en généralisant un de ses comportements, cela provoque chez lui des doutes et il se demande s'il lui arrive d'avoir une conduite différente de celle qu'on lui reproche.

Cataloguer les gens constitue une autre forme de message irrationnel comme les commentaires suivants : « Regardez-moi ce désordre ! Vous êtes une bande de cochons » ou « Robert, tu n'es qu'un fauteur de troubles ! » Cette façon d'étiqueter les gens est très malsaine. Les enfants risquent de finir par croire qu'ils sont ce qu'on leur reproche. Il peut être très dangereux que des personnes qui exercent une grande influence sur la vie des enfants entachent l'image que ces derniers ont d'eux-mêmes. Contester la perception que les autres ont de nous-mêmes exige beaucoup d'énergie. Il est souvent plus facile d'être comme les autres nous perçoivent plutôt que de se battre pour prouver qu'on est autrement.

9.6.2 DÉCRIRE LA SITUATION

Comme nous l'avons vu, la communication efficace suppose l'obligation de décrire avec exactitude une situation et des sentiments. Suivent quelques exemples illustrant deux attitudes contraires.

ENCADRÉ 9.5 • QUELQUES MOMENTS PROPICES POUR DÉCRIRE LA SITUATION

Situation : c'est la pagaille dans le coin du bricolage. Il y a du papier partout à terre et de la peinture répandue sur la table.

Réaction hostile : Regardez-moi ce foutu dégât ! Vous ne méritez même pas d'avoir des séances de bricolage. Qui va nettoyer maintenant ?

Réaction efficace : Je vois des papiers sur le plancher et de la peinture répandue sur la table. Je m'aperçois aussi que nous n'avons que dix minutes avant de partir.

Situation : un tournoi de Mississipi est en cours. Quatre garçons se disputent à voix haute pour savoir à qui est le tour. On se bouscule un peu.

Réaction hostile : Mais arrêtez donc de crier ! Vous ne pouvez pas essayer de vous mettre d'accord ? Êtes-vous toujours obligés de vous engueuler !

Réaction efficace : J'entends des cris et je vois des bousculades, et ni l'un ni l'autre ne sont des comportements acceptables ici. Je vois aussi qu'il y a une feuille de signatures au mur qui sert à indiquer à qui appartient la priorité de jeu.

Situation : les enfants font une excursion d'été. Ils quittent la plage pour aller prendre l'autobus qui les ramènera au SGMS. France et Simone ont oublié leur serviette et leurs chaussures sur la plage.

Réaction hostile : France ! Simone ! Retournez chercher votre serviette et vos chaussures. Vous ne pouvez pas faire plus attention à vos affaires ? Et dépêchez-vous, sinon on va partir sans vous !

Réaction efficace : Je vois deux serviettes et deux paires de chaussures encore sur la plage. L'autobus sera ici dans cinq minutes.

Lorsque l'éducatrice se limite à dire ce qu'elle voit et entend, deux choses importantes se produisent. Premièrement, l'enfant se concentre sur le problème en question au lieu de composer avec les agressions verbales au sujet de son caractère. Deuxièmement, quand quelqu'un décrit tout simplement une situation, cela donne à l'enfant une chance de décider quelle attitude il pourra adopter. En plus, cela lui envoie le message que l'éducatrice a confiance en sa capacité d'agir de façon responsable. Si France et Simone se dépêchent d'aller chercher leurs choses parce qu'on leur en a donné l'ordre, elles courront en pensant seulement à l'aspect négatif de la situation (elles ont oublié leurs affaires et risquent de manquer l'autobus). Si, au contraire, elles vont chercher leurs effets personnels sans qu'on ne leur demande parce qu'elles ont compris ce que la situation comporte lorsqu'elle leur a été décrite, il est probable qu'elles seront fières d'elles, car elles auront résolu leur propre problème. Une éducatrice compétente sait faire cette distinction importante.

Une autre habileté de communication importante consiste à donner du *feedback*. Voici quelques exemples de rétroaction constructive sur la manière dont l'éducatrice reçoit les messages des enfants :

- Je sens par le ton de ta voix que tu es fâché.

- Lorsque vous, les amis, vous coopérez comme ça, j'ai l'impression que vous vous amusez et que vous aimeriez bientôt refaire cette activité.

- Lorsque vous jetez le bulletin du SGMS à la poubelle, j'ai l'impression que vous ne voulez pas que vos parents sachent ce que nous faisons ici.

Remarquez que chacun de ces énoncés permet aux enfants de négocier davantage la signification du message.

9.6.3 DONNER DE L'INFORMATION

Lorsque nous utilisons la description comme technique de communication, nous donnons des informations et nous évitons habilement de dire à un enfant comment il doit agir : c'est à lui de décider. Par ailleurs, lorsque nous lui donnons de l'information, nous ne faisons qu'énoncer des faits précis. En règle générale, il faut lui fournir des vérités susceptibles d'être généralisées et qui lui seront utiles éventuellement.

ENCADRÉ 9.6 • EXEMPLES DE MOMENTS PROPICES POUR DONNER DE L'INFORMATION

Situation : Tamara et Pierre jouent au billard. Tamara fait malencontreusement tomber une balle de la table sur le plancher. Le bruit sourd de la balle résonne si fort que tout le monde se retourne et regarde. Tamara est si embarrassée et confuse qu'elle arrête tout.

Réaction hostile : Qu'est-ce que tu attends ? Ramasse-la !

Réaction efficace : Les balles de billard se jouent sur la table de billard.

Situation : un groupe est en train de prendre la collation durant une excursion. Charlotte jette sa boîte de jus vide sur le sol et s'apprête à partir.

Réaction hostile : Hé, petite pollueuse ! Ramasse ça ! Tu devrais avoir honte ! Maintenant, va porter ça dans la poubelle comme tu es censée le faire !

Réaction efficace : (avec assurance) Charlotte, où vont les déchets ?

Situation : Marc-Antoine est responsable de ramasser après la collation. Il range les biscuits, mais il oublie de ranger le carton de lait qui est à moitié plein. Il va dehors et commence à jouer avec ses amis.

Réaction hostile : Marc-Antoine ! Tu as oublié de ranger le lait ! Va le faire tout de suite. Il n'y a pas moyen de te faire confiance pour quoi que ce soit ?

Réaction efficace : (l'éducatrice regarde Marc-Antoine dans les yeux) Marc-Antoine, le lait surit si on le laisse sorti trop longtemps.

Comme c'est le cas lorsqu'on se borne à décrire la situation, le fait de donner de l'information dans ce genre de circonstances peut, en fait, fournir à l'enfant une occasion de s'apprécier davantage. Il est libre d'évaluer les faits et de choisir la ligne de conduite appropriée. En lui donnant de l'information au lieu de le critiquer, l'éducatrice signifie à l'enfant qu'elle a confiance en sa capacité de résoudre le problème. Dans ces trois exemples, l'éducatrice efficace laisse à l'enfant la liberté d'agir comme il l'entend, ce qui permet à ce dernier d'en ressentir de la satisfaction. Dans le cas où un enfant ne se comporte pas de la manière escomptée, l'éducatrice peut envisager d'autres moyens pour l'amener à agir conformément aux attentes.

9.6.4 VALIDER LES ÉMOTIONS

On ne dira jamais assez combien il est important de valider les émotions d'un enfant. Lorsque son comportement inapproprié oblige l'éducatrice à intervenir, il se peut qu'ils soient tous les deux dans un état d'hyperémotivité. C'est lors de ces situations que l'éducatrice peut aider l'enfant à démêler ce qu'il ressent et à agir de façon constructive. Le fait d'entériner ce que l'enfant ressent lui envoie un message clair qui dit : « Je veux t'écouter, je veux comprendre ce que tu dis et ce que tu éprouves. » Lorsqu'un enfant voit que l'éducatrice valide son émotion, il accepte plus facilement le fait qu'elle soit quelquefois obligée de sanctionner son comportement.

Lorsque l'éducatrice valide ce que ressent un enfant, elle lui démontre qu'elle le considère comme une personne unique et autonome, qui a droit à ses propres perceptions et émotions. Elle peut l'aider à endosser sa réalité intérieure. Quand un enfant peut se fier à ce qu'il ressent (colère, ressentiment, confusion, joie), il est en mesure de décider des actions appropriées qui doivent être posées. Par contre, la négation de ses perceptions et de ses émotions sera une source d'anxiété.

Il est possible de valider les sentiments d'un enfant tout en modérant son comportement avec fermeté. Par exemple, l'éducatrice pourrait lui dire : « Marco, je peux voir que tu es fâché présentement, mais je ne peux pas permettre que tu fasses mal à Thomas. » Par contre, si elle nie les émotions de Marco en disant : « Il n'y a pas de raison d'être fâché » ou « Tranquillise-toi, tu exagères pour rien ! », il est probable que Marco trouvera le moyen de lui prouver qu'il y a effectivement de quoi être en colère. Parfois, la seule chose dont un enfant a besoin, c'est de quelqu'un pour comprendre et accepter ce qu'il éprouve. Par la suite, il a moins besoin de le prouver par de mauvaises actions.

Notre attitude est souvent plus importante que les mots eux-mêmes. L'éducatrice doit démontrer à l'enfant qu'elle est vraiment intéressée à comprendre ce qu'il ressent. Il ne lui appartient pas de porter un jugement sur ses sentiments ; elle doit seulement essayer de les comprendre et de reconnaître le droit de l'enfant à ressentir des émotions.

Une habileté directement liée à la capacité de valider les émotions est celle qui consiste à négocier une signification, c'est-à-dire à vérifier la façon dont on perçoit les choses et à donner du *feed-back* sur la façon dont le message est envoyé et interprété. L'éducatrice vérifie ce qu'elle comprend en donnant ses impressions et en demandant par la suite si elles sont exactes. Par exemple, si une éducatrice croit qu'elle a vu Virginie cacher la veste de Jacob, elle pourrait dire : « Virginie, je crois que je t'ai vue ramasser la veste de Jacob et la cacher derrière un arbre. Est-ce vraiment ce que j'ai vu ? » Lorsqu'on prend la peine de vérifier si on a perçu correctement une situation, cela élimine les risques de blâmer inutilement quelqu'un ou de lui faire honte. Cela permet d'ouvrir la négociation. Virginie pourrait répondre de différentes façons :

- Non, je ne cachais pas la veste. Jacob m'a demandé d'aller la mettre là-bas parce que nous voulions jouer un jeu et que sa veste nuisait. Il sait qu'elle est derrière l'arbre.

- Oui, j'ai caché la veste parce qu'il a caché la mienne hier. Ça m'a pris tout l'après-midi pour la trouver.

- Non, ce n'est pas la veste de Jacob. C'est celle de mon frère. Il me l'a prêtée parce que j'ai oublié la mienne aujourd'hui. La veste de Jacob a un capuchon, celle-là n'en a pas.

- Oui, j'ai caché sa veste… je suppose que c'est un peu méchant, n'est-ce pas ? Je vais aller la replacer où je l'ai prise tout de suite.

La signification du geste de Virginie change selon sa réponse. Quand l'éducatrice s'enquiert de ce qu'elle a cru voir, elle ouvre un dialogue non menaçant qui permet aux deux parties de vérifier l'exactitude des faits.

Il peut arriver que l'éducatrice se trompe sur l'état d'esprit d'un enfant et, si c'est le cas, ce dernier s'empressera de rectifier son impression. Néanmoins, elle aura quand même fait des efforts pour lui démontrer sa volonté de comprendre. Lorsqu'elle ignore complètement ce qu'éprouve un enfant, elle peut simplement lui demander ce qu'il a ressenti ou si l'incident l'a fâché ou rendu triste.

Une fois que l'enfant sent que quelqu'un le comprend, il se sent habituellement disposé à envisager de façon constructive la situation qui a provoqué chez lui ces émotions. Dans plusieurs cas, valider ses sentiments peut s'avérer la première étape visant à lui donner le pouvoir d'avoir confiance en lui-même, de faire des choix et de résoudre ses propres problèmes.

Il existe deux façons principales de valider les émotions. L'une consiste simplement à utiliser un mot ou une courte phrase pour montrer qu'on écoute attentivement ; l'autre, à enrichir le vocabulaire de l'enfant pour décrire ce qu'il ressent.

Il faut plus qu'un petit geste, qu'un mot ou qu'une courte phrase pour indiquer à un enfant que vous écoutez attentivement, que vous êtes intéressé à ce qu'il vous dit et que vous faites votre possible pour comprendre ce qu'il ressent. De simples sons comme « Oh », « Hum », « Ah » font merveille. Un contact visuel, un signe de tête, une expression faciale peuvent aussi démontrer que vous suivez la conversation. De courtes phrases telles que « Je vois ! », « C'est très intéressant ! » et « C'est vrai ! » contribuent également à communiquer l'empathie et à faciliter le dialogue. Ces simples gestes, mots et phrases permettent à l'enfant d'orienter le rythme de la conversation.

ENCADRÉ 9.7 • EXEMPLE D'UNE ÉCOUTE ACTIVE

Situation : Rachel est contrariée parce que Régine et Tania ne veulent pas la laisser jouer avec elles durant la période d'activités libres. Elle va trouver l'éducatrice en fulminant.

Rachel :   (presque en pleurs) Régine et Tania ne veulent pas que je joue avec elles.

L'éducatrice se tourne de façon à faire face à Rachel. Puis elle se baisse sur un genou et la regarde dans les yeux. Son visage dénote une certaine préoccupation, mais elle ne dit rien. Rachel comprend que l'éducatrice est intéressée par ce qu'elle dit, mais que c'est elle qui doit orienter la conversation.

Rachel :   J'ai pris une poupée dans le placard et j'ai commencé à jouer comme elles. Mais quand je me suis trop rapprochée, elles m'ont dit de m'en aller.

L'éducatrice : (son visage exprime la surprise) Oh ?

Rachel :   Eh bien, pas de m'en aller, mais qu'elles faisaient quelque chose et que je ne pouvais pas jouer avec elles.

L'éducatrice : Je vois !

Rachel :   Elles faisaient une maison et elles prévoyaient faire une fête ou quelque chose du genre.

L'éducatrice : (fait signe de la tête) Une fête ?

Rachel :   Peut-être que si je leur demande doucement si je peux venir à leur fête une fois qu'elle est organisée, peut-être qu'alors elles me laisseront jouer avec elles… si je leur demande gentiment ?

L'éducatrice : (sourit et écarquille les yeux) Cela me semble une bonne idée.

Rachel :   Tu crois que ça pourrait marcher ?

L'éducatrice : (réfléchissant et ne s'engageant pas) Mmm…

Rachel :   (enthousiaste) Je le crois ! Elles auront besoin de plein de poupées et de gens si elles ont l'intention de faire un party.

L'éducatrice : Tout à fait !

Rachel regarde en direction du coin de déguisement et voit que Régine est toute seule.

Rachel :   Je vais aller demander à Régine pendant qu'elle est toute seule. Après, elle pourra en parler à Tania.

L'éducatrice : C'est une bonne idée.

Rachel :   Et si elles ne veulent pas, ben j'ai d'autres amis. Quelques-uns sont dehors. Je pourrais aller jouer avec eux.

L'éducatrice approuve de la tête. Rachel court parler à Régine.

Bien que l'éducatrice évite délibérément de donner des conseils à Rachel et qu'elle résiste à la tentation de faciliter les choses instantanément en exigeant que les enfants jouent tous ensemble, elle montre effectivement qu'elle compatit aux sentiments de Rachel. Elle exprime sa surprise lorsqu'elle apprend que les deux fillettes refusent de jouer avec elle, puis elle valide la réaction de Rachel. Le fait qu'elle évite de donner quelques conseils permet à Rachel de prendre la situation en mains et de développer sa propre stratégie.

ENCADRÉ 9.8 • AUTRE EXEMPLE D'UNE ÉCOUTE ACTIVE

Situation : Mohammed (12 ans) croit que la distribution des aliments au goûter n'est pas juste.

Mohammed : C'est tellement injuste !

À cet instant, l'éducatrice se retient de défendre sa position ou de prouver que Mohammed a tort. Elle veut connaître le point de vue du protestataire.

Éducatrice :   C'est injuste ?

Mohammed : Ouais ! Nous les plus grands, on nous donne la même chose que les plus jeunes. Christophe là-bas, il a 6 ans et il a droit à un muffin. Moi je suis deux fois plus vieux et deux fois plus gros, mais je n'ai pas le droit d'avoir plus d'un muffin.

Éducatrice :   Alors, selon toi, tu devrais en avoir deux fois plus ?

Mohammed : (réfléchit un instant) Non. Pas deux fois plus. Ce que je veux dire, c'est que nous, les plus grands, on devrait pouvoir avoir plus de collation si on a encore faim. Parce que des fois… hé bien… j'ai bien plus d'appétit que les petits.

Éducatrice :   Alors tu voudrais avoir la possibilité de recevoir assez de nourriture de façon à ce que tu ne passes pas tout l'après-midi complètement affamé ?

Mohammed : Ouais ! C'est ça !

Parfois, on a tendance à présumer ce que les enfants pensent. Quand l'éducatrice demande à Mohammed si, selon lui, il devrait recevoir deux fois plus de nourriture que les petits, il réfute cette affirmation en précisant sa pensée. Il y a des moments où il est important de « négocier » la signification du message que l'enfant exprime si on veut comprendre ce qu'il essaie de formuler. Un ton respectueux et non menaçant est essentiel afin d'assurer une bonne communication. Il faut noter aussi que l'éducatrice a réservé son jugement sur ce que Mohammed allait dire jusqu'à ce qu'elle ait compris la signification du message.

NOMMER L'ÉMOTION POUR LA CONCEPTUALISER

Une autre façon efficace de valider une émotion consiste à fournir à l'enfant un vocabulaire lui permettant d'exprimer ce qu'il ressent. Ainsi, une éducatrice peut dire : « Tu sembles contrarié », « Tu dois être désappointé », « Étais-tu embarrassé ou fâché ? » ou « Ce casse-tête est difficile pour toi, mais il n'est pas infaisable non plus. Cela semble être exactement le bon niveau pour ton âge. »

Lorsqu'elle identifie l'émotion, l'éducatrice fait deux choses importantes. Premièrement, elle confirme ce que vit l'enfant. Deuxièmement, elle lui fournit le vocabulaire qu'il peut utiliser par la suite. Une fois qu'il a intériorisé les mots pour décrire ce qu'il ressent, il peut les utiliser pour mieux gérer ses émotions. Ainsi, au lieu d'agresser quelqu'un quand il est frustré, il peut dire : « Laisse-moi tranquille, je suis frustré. » Il peut communiquer une émotion intense en utilisant des mots plutôt que ses poings.

Par contre, l'éducatrice doit être prête à clarifier ses perceptions. Par exemple, si elle dit à un enfant : « Tu dois être déçu », il peut répondre : « Je n'étais pas déçu, j'étais fâché ! » Il est bon d'interpréter ce que ressent une personne pour vérifier si on a bien compris. L'éducatrice ne dit pas à l'enfant comment il se sent. Elle essaie de l'aider à identifier ses émotions.

ENCADRÉ 9.9 • EXEMPLE D'UNE PERCEPTION CLARIFIÉE

Situation : il est quatre heures. Marilou ne peut pas trouver sa carte de bus. Elle s'approche de l'éducatrice.

Marilou :   (en larmes) Quelqu'un m'a volé ma carte de bus. Elle était dans ma poche et, maintenant, elle n'y est plus.

L'éducatrice : Tu ne trouves pas ta carte d'autobus ? C'est ennuyeux !

Marilou :   (frappe de la main sur la table) Quelqu'un me l'a volée, j'en suis sûre !

L'éducatrice : Tu es fâchée n'est-ce pas ?

Marilou :   Ou bien quelqu'un me l'a volée ou je l'ai perdue quand je jouais dans la cour.

L'éducatrice : C'est déroutant parfois quand on ne sait pas vraiment ce qui est arrivé.

Marilou :   Je ne vois pas vraiment comment quelqu'un aurait pu me la prendre. Je la conserve toujours dans ma poche de jean.

L'éducatrice : Tu penses qu'il est possible qu'on ne te l'aie pas volée ?

Marilou :   Je devrais peut-être aller vérifier dans la cour ?

Cinq minutes plus tard, Marilou revient, le visage éclairé d'un grand sourire.

Marilou :   Je l'ai trouvée !

L'éducatrice : Et qu'est-ce que ça te fait de l'avoir trouvée ?

Marilou :   Je suis vraiment soulagée et je ne suis plus du tout fâchée.

Dans ce cas particulier, Marilou n'avait pas vraiment besoin de conseil. Elle désirait tout simplement que quelqu'un sache qu'elle était angoissée et en colère. Le fait qu'elle pense que quelqu'un ait pu la voler n'était pas vraiment pertinent. Une fois que l'éducatrice eut reconnu que Marilou était contrariée et qu'elle eut confirmé la possibilité qu'elle se soit fait voler, Marilou a commencé à se calmer et à considérer une autre possibilité.

9.7   FAIRE PREUVE DE VIGILANCE ET DE PRÉVOYANCE

Une éducatrice vigilante est sur le qui-vive, elle surveille tout le monde, elle voit tout ce qui se passe et elle prévoit tout ce qui peut arriver. On peut affirmer qu'elle exerce une surveillance sans défaillance. La vigilance se révèle une technique efficace pour anticiper les problèmes et encourager les enfants à bien agir. Ils savent que leurs actions n'échapperont pas à l'attention de l'éducatrice et qu'elles seront sanctionnées.

Lorsqu'une éducatrice est insouciante, les problèmes surgissent à une plus grande fréquence. Supposons, par exemple, que deux enfants se querellent et que l'éducatrice les sépare. Si elle demande qui a commencé, elle prouve ainsi qu'elle ne sait pas trop ce qui se passe. Elle pose également une question qui, selon toute vraisemblance, ne peut recevoir une réponse adéquate. Les opposants s'accuseront probablement mutuellement. Sa question pourrait, en fait, éveiller encore plus d'hostilité.

Une éducatrice habile et prévoyante interviendrait tout à fait différemment. Au lieu de commencer avec une question, elle dirait : « Nous avons des règles ici et l'une d'entre elles spécifie : pas de querelles. » Au lieu de souligner ce qu'elle ne sait pas, elle affirme ce qu'elle sait. Si l'un des adversaires proteste en disant : « C'est lui qui a commencé ! », l'éducatrice peut répondre : « Je suis consciente que vous êtes tous les deux fâchés et je réalise aussi que je n'arriverai probablement pas à savoir qui a commencé la dispute, mais il y a une chose que je sais, c'est que la bagarre n'est pas permise dans ce SGMS. »

Si l'éducatrice fait preuve d'inconsistance et d'inconstance, elle risque d'être perçue comme une personne molle et faible. Choisir le moment propice pour intervenir s'avère également très important. Supposons que les plus grands participent à une activité d'écriture. Tout se passe bien jusqu'à ce qu'Harold, âgé de 10 ans, chiffonne une feuille de papier en boule et la lance à travers la pièce en visant la corbeille. La boule rate la cible, frappe le bord du panier et rebondit sur le plancher. Voyant le visage d'Harold tout penaud et désolé, l'éducatrice ne dit rien. Trente secondes plus tard, Justin chiffonne une feuille de papier et la lance en direction de la corbeille ; et elle tombe en plein dans le mille. Quelques secondes plus tard, Julia envoie une boule de papier, mais elle manque la cible. Avant que l'éducatrice n'ait eu la chance de réagir, les boules de papier volent partout dans la pièce. Elle commence à crier après les enfants. C'est à ce moment que l'hostilité commence à s'établir entre eux et elle.

Le problème, ici, c'est que l'éducatrice a mal choisi son moment pour intervenir. Son inaction et sa nonchalance à intervenir dès le départ ont été interprétées par les enfants soit comme une autorisation tacite de jouer à viser la corbeille, soit comme le signe d'une attitude permissive, donc, qu'ils pouvaient s'en tirer avec n'importe quoi. Une éducatrice prévoyante aurait anticipé le risque potentiel de perturbations lorsque la première boule de papier lui serait passée devant les yeux. Elle aurait établi un contact visuel avec Harold et lui aurait dit quelque chose comme : « Je te prie d'aller mettre cette feuille de papier dans la corbeille, s'il te plaît. » En exprimant ce genre de demande, elle accomplit trois choses. Premièrement, elle avertit les enfants qu'elle est au courant de ce qui se passe. Deuxièmement, elle fait savoir de façon explicite son attente, c'est-à-dire que les feuilles de papier doivent être déposées dans la corbeille au lieu d'être lancées à travers la pièce. Troisièmement, elle signale aux enfants que toute action dérangeant le groupe aura des répercussions.

Il ne suffit pas de savoir ce qui se passe. Il est important que l'éducatrice ait la réputation d'une personne qui ne s'en laisse pas imposer et que les enfants eux-mêmes soient convaincus qu'elle a le contrôle de la situation. L'éducatrice doit être reconnue par les enfants comme une personne vigilante. Lorsque c'est le cas, le nombre de comportements inappropriés décroît sensiblement.

Une éducatrice vigilante se déplace dans le service de garde et enregistre des informations constamment. Elle sait qui fait quoi et où et aussi de quelle façon les choses ont changé au cours des cinq ou dix dernières minutes. Il y a un moment, Alex se tenait près de la fenêtre chuchotant quelque chose à l'oreille de Johanne. À présent, il est en train de conspirer avec Thomas. C'est le moment idéal pour accorder un peu d'attention à Alex, lui poser quelques questions, lui laisser savoir qu'elle l'a à l'œil. Si Alex est en train de planifier quelque mauvais coup, il peut changer d'idée sachant qu'il est surveillé. Si, au contraire, Alex n'a aucune mauvaise intention, il accueillera favorablement cette marque d'attention et il sera heureux qu'on s'intéresse à lui.

Une éducatrice doit toujours avoir le groupe à l'œil lorsqu'elle parle avec l'un des enfants. En même temps qu'elle discute et qu'elle écoute, elle enregistre d'autres informations et décide de sa prochaine intervention. C'est ainsi qu'elle remarque un changement dans le langage non verbal de Miranda et de Christelle à l'autre bout de la pièce. Elles se font face et commencent à se dire des mots. Au lieu d'attendre que la discussion s'envenime, l'éducatrice se dirige prestement vers les deux antagonistes et se place de façon à faire face au reste des enfants. Elle ne demande pas : « Qu'est-ce qui ne va pas ? » parce qu'elle ne veut pas mettre l'accent sur ce qu'elle ne sait pas. Elle peut simplement affirmer qu'elle s'attend à ce que chaque enfant respecte l'autre et que la mésentente peut se résoudre sans avoir besoin d'utiliser des commentaires désobligeants et un langage grossier. Il y a de bonnes chances que Miranda et Christelle veuillent confier à l'éducatrice leur version des faits. Alors que chacune s'exprime, l'éducatrice concentre toute son attention sur les deux fillettes, mais sa vision périphérique lui permet d'enregistrer ce qui se passe dans le reste de la pièce. Elle rappelle aux fillettes les règles, clarifie les attentes et elle sait déjà où elle interviendra par la suite.

Si elle ne sait pas où aller ensuite, elle peut tout simplement aller voir là où elle ne pensait pas aller. C'est une stratégie efficace. Si elle n'a pas vérifié ce qui se passe dans le passage depuis un moment, elle y va. Si elle n'est pas allée voir ce qui se passe dans le coin des arts depuis environ une demi-heure, elle va jeter un coup d'œil. Si elle se trouve du côté sud du terrain de jeu, elle va faire un tour du côté nord. De toute évidence, cette stratégie exige de la part de l'éducatrice qu'elle se déplace beaucoup et constamment, mais les avantages sont énormes. Cela permet d'enregistrer constamment une foule d'informations. Si des enfants manigancent des mauvais tours, il y a des chances qu'ils se trouvent un endroit à l'abri d'un regard trop inquisiteur. Mais comme elle continue à apparaître exactement où elle ne se trouvait pas l'instant d'avant, cela s'avère très décourageant pour de potentiels malfaisants. Ils diront : « Elle semble toujours savoir ce qu'on planifie et à quel moment. » Bingo ! Voilà une éducatrice qui a une réputation enviable. Rien ne lui échappe !

Le fait de circuler constamment comporte un autre avantage : cela favorise les chances que l'éducatrice soit témoin de comportements positifs. Cela multiplie les occasions de les renforcer. Le fait d'être vigilante peut sembler exigeant. C'est vrai. Mais c'est encore moins stressant que le fait d'avoir toujours à « éteindre des feux » qui auraient pu être évités. Par ailleurs, le fait d'être vigilante permet de prendre conscience de la magie que les enfants sont capables de créer autour d'eux.

9.8   ÉVITER L'EFFET BOULE DE NEIGE

Il arrive qu'une intervention auprès d'un enfant se répercute sur un certain nombre d'autres enfants ; c'est ce qu'on appelle l'effet boule de neige. Lorsque l'éducatrice s'apprête à rappeler à un enfant une règle ou une attente quelconque, elle doit toujours garder à l'esprit que d'autres enfants sont présents, qu'ils entendent ce qu'elle va dire et qu'ils observent sa conduite. La réaction de l'adulte au comportement indésirable d'un enfant peut avoir des répercussions sur les autres et créer sur eux un effet multiplicateur.

Le renforcement positif peut aussi avoir un effet boule de neige. Valoriser un enfant qui démontre une attitude positive peut exercer une influence favorable sur certains des enfants présents. Donc, si l'éducatrice réagit efficacement dans une situation, les enfants présents peuvent apprendre autant les règles, les attentes et la résolution de problèmes que l'enfant qui s'est mal comporté.

QUESTIONS DE RÉVISION

1. Que veut dire l'énoncé : « Lorsque la gestion du comportement est perçue comme une façon d'enseigner et d'apprendre, cela devient un outil puissant pour faciliter le développement global de l'enfant » ?

2. Expliquez ce que signifie l'énoncé : « Faire cesser un comportement répréhensible ne constitue pas le but le plus important dans une intervention. » Êtes-vous d'accord ou non ? Pourquoi ?

3. Le respect est à la base d'une intervention efficace. Inventez trois courts scénarios qui illustrent ce critère.

4. Énumérez les cinq règles de base (formulées en interdictions) que vous jugez absolument essentielles dans votre programme éducatif.

5. Trouvez au moins cinq phrases négatives, telles que : « Ne fais pas tant de dégâts » ou « Arrête de pousser Billy ». Reformulez chacune d'elles en consigne positive.

6. Expliquez votre propre conception d'un contrat social.

7. Inventez quatre scénarios (fictifs ou basés sur votre expérience). Chacun devrait démontrer une des techniques suivantes : décrire la situation ; donner de l'information ; valider par un mot ; nommer l'émotion.

8. Alexis a 7 ans. Il est très vif et il est souvent la cause de conflits. Vous entrez dans le local : Natacha pleure et vient vous dire qu'un ami lui a fait mal. Vous vous tournez vers Alexis et vous lui demandez de s'expliquer.

   Quelle erreur venez-vous de commettre ?

   Comment pouvez-vous la corriger et quelle attitude pouvez-vous adopter ?

CHAPITRE 10

Comment intervenir
dans les situations conflictuelles

OBJECTIFS

- Fournir aux éducatrices un ensemble de techniques d'intervention.

- Énumérer différentes techniques qui favorisent les bons comportements et dissuadent les autres.

- Démontrer l'utilisation efficace des réunions de groupe.

- Définir le concept de l'autorité et en examiner les applications concrètes.

Dans le chapitre précédent, nous avons mis l'accent sur l'importance de prévenir les problèmes. Mais que faire quand les problèmes surviennent malgré tout ? L'objectif premier de tout service de garde qui se respecte est évidemment d'apprendre aux enfants à gérer leurs comportements et à régler eux-mêmes leurs problèmes.

L'éducatrice se doit cependant d'intervenir en utilisant les moyens ou les outils appropriés à l'écart de conduite et au comportement inapproprié.

10.1 APPRENDRE À L'ENFANT À GÉRER SES COMPORTEMENTS

Idéalement, un enfant devrait pouvoir gérer ses propres comportements. Ici, le terme gérer signifie créer ses propres objectifs de comportement, choisir sa ligne de conduite, en évaluer les conséquences possibles, adopter les stratégies appropriées et les évaluer à la lumière des objectifs originaux.

Certains enfants ont besoin d'aide pour apprendre à gérer leurs comportements, en raison de leur inexpérience, combinée à leur besoin de se développer intellectuellement, socialement, moralement et affectivement. Le professionnel du SGMS peut jouer un rôle en ce sens. On peut établir un parallèle avec le rôle du gérant d'un artiste ou d'un athlète professionnel. Il ne joue pas ou ne chante pas à la place de l'artiste et il ne participe pas à la compétition à la place de l'athlète. Un bon gérant aide sa « star » à développer son talent et à faire sa place dans ce monde ultra-compétitif. D'une manière similaire, les efforts de l'éducatrice devraient viser à permettre à l'enfant de démontrer ce en quoi il excelle. Rappelons-le, son rôle est de guider, d'accompagner. Et cette façon de gérer les comportements s'appuie sur le principe de dignité de la personne humaine, c'est-à-dire que chaque enfant est considéré comme une personne qui a le droit d'être traitée avec respect. L'éducatrice aide l'enfant à adopter progressivement les comportements qui lui permettront de s'affirmer et de satisfaire ses besoins. Il pourra ainsi établir des relations interpersonnelles conformes à ses attentes. La gestion des comportements est fondamentalement une façon de refléter à l'enfant l'image de son propre comportement, de clarifier ses choix et de l'aider à s'affirmer en fonction des différents contextes sociaux.

Le respect se communique par le langage, mais aussi par les gestes. L'enfant a le droit de recevoir un minimum de respect, quelle que soit sa conduite. L'éducatrice devrait toujours faire clairement la différence entre la manière dont un enfant agit et ce qu'il est. Il se peut que le comportement d'un enfant nous déplaise, mais nous devons le respecter en tant que personne. Sans cette notion de respect, aucune intervention ne sera vraiment efficace. Lorsqu'une éducatrice respecte un enfant même lorsqu'il se conduit mal, elle lui signale que ce qui lui déplaît, ce n'est pas lui, mais bien son attitude.

L'éducatrice doit gérer les comportements tant appropriés qu'inappropriés. Par exemple, lorsqu'un enfant collabore avec ses camarades ou qu'il accepte de partager le peu qu'il possède, elle devrait le souligner. L'enfant dont la conduite suscite une réaction positive réalise que ses décisions ont un effet tangible sur les autres. Par la même occasion, il intègre le vocabulaire nécessaire qui l'aidera à faire le lien entre un comportement approprié, l'estime de soi et le processus de consolidation du groupe.

Lorsque l'attitude d'un enfant est inacceptable, il est bon que l'éducatrice envisage cette situation comme une occasion de lui enseigner le civisme et le savoir-vivre : l'enfant a besoin de connaître certaines vérités pour apprendre à vivre dans différents contextes sociaux. Par exemple, il doit comprendre que le fait d'insulter ou de critiquer les gens compromet l'intégrité des personnes visées et que ce genre de conduite affaiblit les relations sociales. Un enfant assimilera ce genre de vérités si on l'aide à les découvrir par lui-même. Par contre, elles seront inefficaces si on se contente seulement de les mentionner. Lorsque la gestion des comportements est perçue comme une façon d'enseigner et d'apprendre, cela devient un moyen puissant de faciliter les développements cognitif, affectif et moral de l'enfant. L'objectif ne consiste pas à punir ou à contrôler l'enfant, mais à lui inculquer de précieuses leçons. Ce genre d'intervention favorise le développement de l'intelligence adaptative, celle qui force à réfléchir, à résoudre des problèmes ou à prendre des décisions, et qui aide l'enfant dans sa quête de la personne qu'il souhaite devenir.

10.2 DISSUADER UN COMPORTEMENT INAPPROPRIÉ

Il est tout aussi important de s'occuper des comportements indésirables que de renforcer les bons comportements. L'éducatrice doit créer un système où il est tout simplement désavantageux de se conduire mal.

On peut définir un comportement inacceptable comme une action blessante ou menaçante pour soi ou pour les autres et qui va à l'encontre du bien commun et du contrat social. Le fait de ne pas écouter des explications, les commentaires négatifs et les querelles sont considérés comme des gestes inappropriés, de même que le fait de prendre plus que sa part de collation lorsqu'il n'y en a qu'une quantité suffisante, pour ne donner que quelques exemples.

COMPRENDRE LA CAUSE D'UN COMPORTEMENT

Comprendre un enfant signifie qu'on accepte qu'il puisse avoir agi pour une série de raisons, habituellement complexes. Prenons l'exemple de Samuel, âgé de 7 ans, qui vient juste de frapper William, âgé de 8 ans. Si nous demandons à Samuel pourquoi il a frappé William, il pourrait répondre avec colère qu'il l'a frappé parce qu'il lui avait pris sa casquette. Cela peut, en fait, constituer la raison spontanée et ressentie subjectivement dans l'esprit de Samuel alors qu'il balançait son poing à la figure de William. Cependant, il peut y avoir une ou plusieurs autres raisons. Si nous pouvions creuser davantage, nous découvririons que Samuel a été mêlé à plusieurs incidents agressifs depuis que ses parents ont pris connaissance de son bulletin scolaire, quelques jours auparavant. Pas besoin d'être Sherlock Holmes pour en déduire que Samuel est préoccupé et irritable à cause de son bulletin. Cette raison n'annule pas celle de Samuel ; elle opère simplement à un autre niveau.

À présent, supposons que les parents de Samuel se soient séparés récemment et que, par voie de conséquence, sa relation avec son père se soit détériorée. Supposons encore qu'inconsciemment Samuel se sente responsable de cette séparation. Si nous apprenons aussi que la casquette en question lui avait été offerte par son père en des temps meilleurs, le scénario se complique sensiblement. Cet ensemble embrouillé d'émotions contribuerait aussi à expliquer le comportement agressif de Samuel.

Ce qu'il est important de noter ici, c'est qu'on ne pourrait affirmer avec certitude laquelle de ces raisons est véritablement la cause de la conduite de Samuel. Une éducatrice compétente comprend qu'il n'est pas productif d'attribuer une cause unique à un comportement particulier. Elle accepte qu'il puisse exister tout un tas de raisons pour l'expliquer. Par ailleurs, les raisons d'un comportement ne sont pas si significatives. Ce qui est plus important, c'est le fait d'aider l'enfant à faire face de façon constructive à la situation et à devenir plus responsable.

DÉSAMORCER UN COMPORTEMENT AGRESSIF

Lorsqu'on a affaire à un enfant très agressif, il est important de se rappeler, comme on l'a vu au chapitre 6, que le vrai problème réside dans la représentation qu'il se fait du monde. Tenter de modifier les comportements agressifs sans travailler la perception de l'enfant ne fait que traiter les symptômes et non la cause.

L'éducatrice peut contribuer à désamorcer l'agressivité d'un enfant si elle le valorise chaque fois qu'il adopte un comportement positif. Si ses efforts pour partager et coopérer sont valorisés, cela l'incitera à continuer. L'enfant se rend compte que, lorsqu'il est positif, ses camarades réagissent favorablement et cela lui fait plaisir. Par voie de conséquence, il est possible qu'il en vienne de lui-même à modifier son attitude. Pour utiliser cette méthode efficacement, l'éducatrice doit trouver le moyen de valoriser tous les comportements acceptables socialement et parfois même ceux qui ne le sont pas tout à fait.

Il est nécessaire que tout comportement inapproprié soit suivi sans délai d'une sanction raisonnable. Pour que ce moyen dissuasif soit raisonnable, il doit être cohérent avec le contrat social et être accepté par l'enfant concerné. Il est important de préciser qu'une sanction n'est pas une punition ; le tableau 10.1 montre les principales différences qui existent entre les deux. Les sanctions devraient être utilisées d'une manière autoritaire, mais respectueuse. Elles devraient favoriser l'apprentissage et augmenter les chances que le comportement attendu se reproduise à l'avenir. La dignité de l'enfant devrait être préservée en tout temps.

Tableau 10.1

Principales différences entre une sanction et une punition

SANCTION	PUNITION
• Impose une conséquence raisonnable.	• Sanctionne par une peine, par quelque chose de désagréable, de négatif.
• Contribue à aider l'enfant.	• Contribue à intimider ou à faire honte à l'enfant.
• Sanctionne le geste.	• Condamne la personne.
• Est axée sur l'avenir. Vise à aider l'enfant à comprendre en quoi son comportement est inacceptable et les raisons pour lesquelles il l'est. Insiste sur ce que l'enfant a besoin d'apprendre pour agir par la suite de façon appropriée sur sa capacité à changer son comportement.	• Est axée sur le passé. Suscite culpabilité et honte chez l'enfant. S'attarde à un événement passé qui ne peut être changé.
• Est logiquement reliée au comportement en question. Par exemple, il existe une relation directe et logique entre l'action de salir et celle de nettoyer. En revanche, il n'y a pas de lien logique entre salir et le fait d'être obligé de prendre une pause de dix minutes. Les sanctions doivent être logiquement reliées au comportement inacceptable pour que s'effectue le changement dans le sens voulu.	• N'est pas reliée à la mauvaise action. La forme de punition est plutôt associée au niveau de frustration de l'adulte.

SANCTION	PUNITION
• Ne vise pas à blesser l'enfant, même si ce dernier peut se sentir malheureux. Lui permet de sauver la face en tout temps.	• Vise à nuire à l'enfant afin qu'il associe son mauvais comportement à la peur.
• Est appliquée de façon autoritaire, mais calme et respectueuse. L'éducatrice utilise un ton ferme, mais elle traite l'événement comme une occasion pour l'enfant d'apprendre et elle conserve son sang-froid.	• Est administrée par quelqu'un qui est frustré, en colère et agité.
• Utilisés efficacement, les moyens permettent à l'enfant de réaliser qu'il peut jouer un rôle actif et responsable, qu'il a le pouvoir d'adopter d'autres comportements et qu'il contrôle ses actions. Après avoir fait face aux conséquences de ses actions, l'enfant comprend mieux sa propre capacité de prendre des décisions, d'agir en conséquence et de prévoir les effets qu'il aura probablement à subir dans l'avenir. Il développe un sentiment de maîtrise de lui-même.	• Sert à minimiser le rôle de l'enfant comme agent actif et responsable de ses actions. Après avoir été puni, l'enfant sentira inévitablement que son entourage possède un pouvoir sur ce qu'il vivra dans le futur. Il en viendra à croire que les gens ont une emprise sur lui.
• Démontre du respect pour l'enfant en tant qu'agent actif et responsable et, de là, aide à créer une relation significative entre l'enfant et l'éducatrice.	• Démontre un manque de respect pour l'enfant et, de là, tend à détruire ou à entraver le développement d'une relation significative entre l'enfant et l'éducatrice.

10.3 SAVOIR INTERPRÉTER OU DÉCODER CERTAINS COMPORTEMENTS

Il arrive souvent qu'un enfant se conduise mal parce qu'il croit, à tort, que cela lui permettra d'obtenir ce qu'il recherche vraiment. Chaque personne ressent un grand besoin d'être acceptée. Chaque être humain a besoin d'éprouver un sentiment d'affiliation à ses semblables et désire statut et reconnaissance. Dans un monde idéal, il serait assez facile de vérifier cet état de choses en observant le comportement d'un enfant. Il poserait constamment des gestes positifs et recevrait le statut et la reconnaissance qu'il mérite pour ses talents, ses efforts et son potentiel.

Toutefois, dans un monde moins parfait, l'enfant éprouve souvent des difficultés à se faire accepter. Pour différentes raisons, il n'arrive pas à se faire apprécier. Dans ces circonstances, il essaie de combler ce manque par d'autres moyens. Dans plusieurs cas, il en arrive à se convaincre qu'un comportement répréhensible lui permettra d'obtenir ce qu'il recherche désespérément. Sa mauvaise conduite constitue en fait une tentative pour gagner statut et reconnaissance et, d'une certaine façon, il y parvient. La recherche de l'attention, la recherche du pouvoir, la vengeance et le repli sur soi sont les quatre types de réactions qui caractérisent ce genre d'enfant. Lorsqu'un enfant se conduit de ces façons, ce qu'il recherche vraiment, ce n'est pas l'attention, le pouvoir, la vengeance ou se replier sur lui-même. Ce qu'il désire vraiment, c'est d'être apprécié et estimé.

10.3.1 LA RECHERCHE DE L'ATTENTION

Certains comportements visent à attirer l'attention soit du personnel, soit des autres enfants. Il peut s'agir d'un enfant qui dérange les autres lorsque l'éducatrice est en train de parler, qui tire les cheveux d'une fillette ou qui perturbe le groupe par des remarques insolentes. Pour l'enfant, ces actions sont en quelque sorte une façon d'attirer les regards et d'obtenir des réactions de la part des autres. Même si l'attention se révèle souvent négative, pour l'enfant, c'est encore mieux que de ne pas en avoir du tout.

L'exemple suivant est celui d'une fillette qui éprouve un énorme besoin d'attention. L'éducatrice est relativement inexpérimentée et ne maîtrise pas le comportement aussi bien qu'elle le pourrait.

ENCADRÉ 10.1 • PERTE DE CONTENANCE

Situation : l'éducatrice explique les règles d'un jeu à un groupe d'enfants dans le gymnase.

L'éducatrice : … alors l'objectif du jeu consiste à traverser la ligne sans…

Annie pousse dans le dos de Claudine de ses deux doigts. Claudine se met à crier.

L'éducatrice : Annie ! Arrête de pousser Claudine et écoute.

Annie : Mais je ne comprends pas le jeu !

L'éducatrice : C'est parce que je n'ai pas fini de l'expliquer. Bon ! L'objectif du jeu consiste à traverser la ligne sans être touché. Si vous réussissez, alors…

Annie se lève et commence à se diriger vers la porte du gymnase.

L'éducatrice : Annie ! Mais qu'est-ce que tu fais pour l'amour de Dieu ?

Annie : Je dois aller aux toilettes.

L'éducatrice : Est-ce que tu ne peux pas attendre que j'aie fini d'expliquer le jeu ?

Annie : OK. (Elle s'arrête, puis continue à marcher vers la porte.)

L'éducatrice : Annie ! Je croyais que tu allais attendre que j'aie fini mes explications avant d'aller aux toilettes.

Annie : Oui, mais maintenant, je veux juste boire un peu d'eau à la fontaine et puis je reviens tout de suite.

L'éducatrice : (Exaspérée) Comme tu veux ! (Les autres enfants ont déjà commencé à se désintéresser). Où en étais-je ? Oh oui, une fois que vous avez traversé la ligne, vous attrapez un cône orange et...

Annie revient. Elle entre mais, avant de fermer la porte, elle se retourne, regarde dans le corridor et crie à quelqu'un qui s'y trouve : Simon, t'es trop con !

Tous les enfants se retournent pour la regarder.

L'éducatrice : Annie, j'essaie d'expliquer un jeu ici !

Annie : J'aime pas ce jeu !

L'éducatrice : Tu n'as jamais joué à ce jeu-là. Je t'en prie assieds-toi et écoute.

Annie choisit une place, c'est-à-dire un tout petit espace entre deux enfants qui sont amis et s'assoit à terre. Ils expriment avec force leur opposition.

L'éducatrice : Annie ! Qu'est-ce que tu fais ?

Annie : Tu m'as dit de m'asseoir, alors je m'assois.

L'éducatrice ne sait plus quoi faire. Les autres enfants ont carrément perdu tout intérêt et certains d'entre eux commencent à être dissipés.

ENCADRÉ 10.2 · STRATÉGIE POUR SATISFAIRE LE BESOIN D'ATTENTION

Situation : comme plus haut.

L'éducatrice : ... alors, le but du jeu consiste à traverser la ligne sans...

Annie pousse dans le dos Claudine de ses deux doigts. Claudine se met à crier.

L'éducatrice : (Établit un contact visuel avec Annie.) Tu peux soit participer avec le groupe ou bien t'en aller ; tu as le choix. Pour l'instant, j'aimerais que tu t'assoies là-bas au fond (loin de Claudine et à une distance suffisante pour l'empêcher de pousser qui que ce soit d'autre). Je veux que tu restes assise là parce que j'aurai besoin que tu fasses une démonstration tout à l'heure, mais seulement si tu restes tranquille et que tu te comportes comme un membre du groupe.

La perspective de faire une démonstration devant tous les enfants intrigue Annie (rappelons-nous qu'elle a besoin d'attention). Elle sait également qu'elle aura la chance de le faire seulement si elle reste tranquillement assise et qu'elle participe au jeu du groupe. Cela fait d'ailleurs deux fois que l'éducatrice mentionne cette dernière phrase à Annie afin de lui suggérer subtilement qu'un comportement approprié se traduira par un sentiment d'appartenance au groupe.

L'éducatrice : (Parlant aux enfants) Alors, vous essayez de traverser la ligne sans être touchés. Annie, est-ce que tu vois la ligne ?

Annie : Oui.

L'éducatrice : Tu devras reconnaître cette ligne pour ta démonstration, d'accord ?

Annie : (Tout excitée) D'accord.

L'éducatrice : (S'adressant à tout le groupe) Maintenant, une fois que vous aurez traversé la ligne sans avoir été touchés, vous attrapez un cône orange et retournez à votre ligne. Ce dont nous avons besoin maintenant, c'est de quelqu'un qui a bien écouté depuis le début. Cette personne pourra montrer comment traverser la ligne et attraper le cône.

Annie : (Se levant d'un bond) Moi !

L'éducatrice : Assieds-toi, je te prie. J'ai dit quelqu'un qui avait bien écouté depuis le début. Tu as poussé Claudine et tu l'as fait crier. Carl, pourrais-tu nous faire la démonstration ? Annie, tu feras la prochaine démonstration à condition que tu me prouves que tu es capable d'écouter attentivement parce que ce jeu deviendra plus compliqué. Carl, tu as bien écouté, pourrais-tu traverser la ligne au ralenti et attraper le cône ?

Carl : Bien sûr ! (Le garçon mime comiquement une course au ralenti, fait rire tout le monde, finit sa démonstration et se rassoit.)

L'éducatrice : Maintenant… (Elle fait une pause, puis s'adresse au groupe, mais se tourne lentement et établit un contact visuel avec Annie) … voici pourquoi les choses se compliquent… (Elle parle lentement et clairement) … et j'ai besoin que vous soyez très attentifs.

En raison du suspense et de la perspective de faire la démonstration de la prochaine partie du jeu, Annie affiche un comportement des plus attentifs. Elle sait que, de cette façon, elle pourra satisfaire directement ses besoins d'attention, de statut et de reconnaissance.

Dans ce dernier scénario, l'éducatrice a réussi à retourner la situation en sa faveur. À l'origine, c'était Annie qui monopolisait l'attention et l'éducatrice était forcée de réagir à ses comportements. La tournure des événements contribue à modifier l'idée fausse d'Annie qui croit pouvoir obtenir l'attention qu'elle désire en se comportant de façon inappropriée. De plus, elle découvre qu'il peut être avantageux d'écouter et de bien se conduire. La perspective de recevoir ainsi de l'attention constitue un renforcement positif.

Bien sûr, il y a un certain risque qu'Annie associe le geste de pousser Claudine au fait de devenir le centre d'intérêt en faisant une démonstration devant tout le monde. C'est la raison pour laquelle la première démonstration est exécutée par Carl, lequel a été très attentif durant toute la durée des explications. C'est seulement une fois qu'elle aura démontré les comportements attendus qu'Annie pourra elle-même obtenir ce qu'elle désire.

Une autre stratégie pour venir à bout d'un enfant qui recherche l'attention consiste à satisfaire son besoin exactement au moment où il ne s'y attend pas. Par exemple, s'il arrive souvent à Annie d'avoir ce genre de comportement, d'être dissipée et indisciplinée, mais qu'elle soit à un moment donné absorbée à dessiner, l'éducatrice devrait saisir cette occasion pour lui poser quelques questions sur son dessin. De cette façon, l'éducatrice se trouve à renforcer une bonne conduite et à satisfaire le besoin d'attention de l'enfant.

10.3.2 LA RECHERCHE DU POUVOIR

L'enfant qui échoue dans ses tentatives d'attirer l'attention passera tout probablement à une autre forme plus sérieuse de mauvaise conduite : la recherche du pouvoir. Le besoin de domination se manifeste par des actes tels que refuser systématiquement de suivre les règles et de satisfaire les attentes, faire des remarques désobligeantes à propos de l'éducatrice, adopter une attitude de défi et refuser de se conformer aux demandes raisonnables des autres enfants et du personnel.

L'enfant qui éprouve le besoin de dominer agit selon la fausse croyance qu'en défiant l'autorité il réussira à obtenir ce qu'il veut. Il a besoin de sentir qu'il peut contrôler les gens. Par exemple, si Paulo, âgé de 8 ans, sait qu'en se tenant debout sur le divan, cela provoquera une réaction hostile de la part d'une éducatrice, alors il le fera. Si l'éducatrice réagit comme Paulo l'avait prévu, alors ce dernier a effectivement réussi à contrôler l'éducatrice. Cette dernière peut croire que, parce qu'elle a l'autorité d'ordonner à Paulo de descendre du divan, elle contrôle la situation. Dans l'affirmative, elle a malheureusement sous-estimé l'enfant.

Si Paulo refuse d'accéder à la demande de l'éducatrice, une vraie lutte de pouvoir peut se développer. Et comme dans la plupart des conflits, personne ne gagne vraiment. Voyons comment cet affrontement pourrait se dérouler avec une éducatrice inefficace.

ENCADRÉ 10.3 • PERTE D'AUTORITÉ

Situation : Paulo saute sur le divan, ses chaussures dans les pieds.

L'éducatrice : Paulo ! Descends du divan.

Paulo :   Pourquoi ?

L'éducatrice : Parce que tu as tes chaussures et que, de plus, tu n'es pas censé mettre tes pieds sur le divan.

Paulo :   Pourquoi ?

L'éducatrice : (Espérant être plus futée que Paulo) Est-ce que tes parents te laissent monter sur les meubles comme ça chez toi ?

Paulo :   (Encore sur le divan) Oui.

Il y a un moment de silence, mais on sent la tension dans l'air.

L'éducatrice : (D'une voix forte) Paulo, je t'avertis de descendre du divan !

Pendant ce temps, les autres enfants surveillent l'affrontement avec un mélange de curiosité et d'anxiété. Paulo regarde autour de lui et réalise que, s'il descend du divan, il perdra la face. Une voix intérieure lui dit que des mesures sévères s'ensuivront s'il s'entête, mais cela ne fera que prouver qu'il possède assez de pouvoir pour provoquer des mesures extrêmes ! Alors, il décide de rester où il est, sur le divan.

L'éducatrice : Paulo, je t'avertis !

Paulo regarde l'éducatrice avec hostilité. Il éprouve le vague sentiment que la situation aurait pu être différente si l'éducatrice avait réagi autrement ; alors, il lui en veut et il la rend responsable de la tournure des événements. D'une certaine façon, il a réussi à se convaincre qu'il avait raison d'agir ainsi. Pour sa part, l'éducatrice réalise qu'elle est dans une impasse. Si elle veut être cohérente avec ses avertissements, il faut qu'elle trouve le moyen de faire descendre l'enfant du divan. L'entêtement de Paulo la contrarie énormément, sachant qu'il a si manifestement tort. Elle sent que son autorité est menacée. Elle cherche du regard quelque soutien…

Maintenant, revoyons la même situation, mais exploitée différemment.

ENCADRÉ 10.4 • TACTIQUE POUR ÉVITER UNE LUTTE DE POUVOIR

Situation : Paulo est debout sur le divan. L'éducatrice le voit et essaie d'évaluer s'il agit ainsi par défi.

L'éducatrice : (Se dirige vers lui et parle d'une voix interrogative) Paulo ?

L'éducatrice réalise que si Paulo ne descend pas du divan immédiatement, ou bien il n'est pas conscient des consignes ou bien il essaie de se mesurer à elle. Elle décide alors, dans son propre intérêt et dans celui de Paulo, de présumer qu'il n'est pas au courant des consignes.

L'éducatrice : Est-ce que tu connais nos consignes concernant l'utilisation de l'ameublement ? (À cet instant, elle n'exige rien de Paulo. Elle n'utilise aucun pouvoir.)

Paulo : (D'un ton provocateur) Oui.

Les regards des autres enfants commencent à converger vers les deux protagonistes. L'éducatrice réalise que Paulo recherche l'affrontement. Dans une tentative pour désamorcer la situation, elle se tourne vers un des enfants se tenant tout près.

L'éducatrice : Julie ! Est-ce que ce sont de nouvelles espadrilles ?

Julie : Ouais ! Ma mère me les a achetées hier.

L'éducatrice : Elles sont superbes !

Julie : Merci. (Elle regarde Paulo, puis l'éducatrice) Pourquoi Paulo est-il debout sur le divan ?

L'éducatrice : Excellente question ! Dis donc Paulo, pourquoi es-tu debout sur le divan avec tes espadrilles aux pieds ?

Paulo :   Parce que j'en ai envie !

Paulo sent que sa réponse n'est pas ce qu'il y a de plus génial. Il est un peu déstabilisé en raison de la réaction imprévue de l'éducatrice. Il ne la contrôle pas et, en plus, elle semble éviter toute lutte de pouvoir. Résultat, Paulo ne gagne pas le pouvoir qu'il recherchait. Il commence à remettre en question son comportement.

L'éducatrice : Qu'aimerais-tu faire… Je veux dire au lieu de rester debout sur le divan avec tes chaussures dans les pieds ?

Paulo :   Rien.

L'éducatrice : Que dirais-tu d'une partie de hockey sur table ? Aimerais-tu jouer une partie de hockey sur table ?

Paulo :   (Saisit cette perche inespérée qui lui permet de se tirer de ce mauvais pas) OK. (Et il descend du divan).

À cet instant, Paulo et les autres enfants risquent de croire que ce comportement lui vaut la récompense de jouer au hockey sur table.

L'éducatrice : (D'un ton enthousiaste) OK, alors on joue au hockey sur table. On jouera aussitôt que tu auras nettoyé tes traces de chaussures sur le divan. Je vais t'aider à sortir l'aspirateur.

Alors qu'ils se dirigent tous deux pour sortir l'aspirateur, l'éducatrice parle à Paulo sur un ton naturel.

L'éducatrice : J'ai entendu dire que tu étais un excellent joueur de hockey sur table. (pause)… Si on y réfléchit bien, les espadrilles sont utilisées pour marcher sur le plancher des vaches. Les divans sont faits pour… hum !

Paulo :   S'asseoir ?

L'éducatrice : Exactement !

Paulo :   Oui, j'sais.

Paulo passe l'aspirateur sur le divan.

L'éducatrice : Merci d'avoir nettoyé tes traces sur le divan. Maintenant, allons jouer !

Notez comment, dans ce scénario, l'éducatrice a toujours refusé de s'engager dans la lutte de pouvoir. L'une des stratégies les plus efficaces dans ce genre de situation consiste à faire quelque chose de complètement inattendu. Cela amène l'enfant qui recherche le pouvoir à remettre en question tous ses schèmes de comportement. Remarquez également comment l'éducatrice a offert à Paulo une issue lui permettant de sauver la face et de quelle façon elle a sanctionné son comportement inadéquat. Une fois que Paulo est descendu du divan, elle a mentionné les conséquences à ce manquement sur un ton naturel. Elle a présumé tout naturellement qu'il nettoierait le divan avant de jouer au hockey sur table. Elle lui a communiqué cette attente sans utiliser quelque pouvoir que ce soit. En temps utile, elle a renforcé l'attente positive. Elle a souligné également les efforts de Paulo pour nettoyer le divan.

10.3.3 LA VENGEANCE

Si un enfant a échoué dans ses tentatives de se faire accepter en utilisant les canaux normaux, en attirant l'attention ou en recherchant le pouvoir, il risque d'en venir à éprouver des sentiments de vengeance. La croyance de l'enfant évolue maintenant vers le sentiment qu'il ne peut se sentir important que dans la mesure où il peut nuire aux autres. Nuire aux autres compense pour ses propres souffrances. Les comportements de vengeance se manifestent par un langage abusif, des agressions physiques, des actes de provocation irraisonnables et des accusations à l'égard du personnel.

Il est important de souligner que, dans la majorité des cas, ce n'est pas l'éducatrice qui est responsable de l'hostilité d'un enfant qui ressent des besoins de vengeance. Il a probablement subi de pénibles expériences dans sa jeune vie, lesquelles sont à la source de son ressentiment. Toutefois, il arrive que certaines actions de l'éducatrice déclenchent un besoin de vengeance. Lorsqu'un enfant réagit avec une émotivité disproportionnée par rapport à une situation banale, il y a lieu de pressentir un comportement vengeur.

Le scénario suivant offre l'exemple d'une éducatrice qui doit faire face à ce genre de situation, mais dont la stratégie s'avère pour le moins inefficace.

ENCADRÉ 10.5 • PERTE DE CONTRÔLE

Situation : un groupe d'enfants joue au soccer et l'éducatrice arbitre la partie. Carl et Jasmine courent après le ballon près des lignes de touche, à mi-terrain. Le ballon traverse tout juste les lignes. L'éducatrice siffle pour arrêter le jeu et elle indique un hors-jeu en faveur de Jasmine.

Carl : (S'adressant en fulminant à l'éducatrice) Quoi ? La balle n'a jamais traversé la ligne !

L'éducatrice : Elle l'a traversée. Le ballon est à Jasmine.

Carl : C'est quoi ton problème ? Tu vois pas bien ou quoi ?

L'éducatrie : (Élevant la voix) J'ai une très bonne vue, merci ! Le ballon a traversé la ligne et je l'ai bien vu.

Carl : Non, il ne l'a pas traversée ! Tu es une très mauvaise arbitre (Carl s'approche de Jasmine et lui prend le ballon des mains. Il crie alors à ses coéquipiers). Allons-y !

L'éducatrice : Mais qu'est-ce qui te prend ? Le ballon est à Jasmine (elle se dirige vers Carl). Allez, donne-moi le ballon maintenant !

Carl : Non ! (Ils luttent pour s'arracher le ballon et l'éducatrice finit par avoir le dessus et l'enlève des mains du garçon.)

Carl : (Criant) T'es rien qu'une conne ! (Il se met à pleurer et à l'inviter.) T'es la pire des éducatrices qu'on n'a jamais eue. Tout le monde le dit. Personne ne t'aime ici !

Carl se rend compte en lisant le langage non verbal et l'expression du visage de l'éducatrice que ses mots l'ont choquée, ce qui ne fait que l'encourager à la blesser davantage.

Carl : Qui veut jouer au soccer quand c'est toi qui arbitre ? Avec toi, c'est vraiment chiant !

Non seulement l'éducatrice est-elle blessée, mais elle veut maintenant s'en prendre à Carl qui déjà se dirige hors du terrain.

L'éducatrice : (Criant) Carl ! Reviens ici tout de suite… ou … ou je t'expulse de l'équipe !

Carl : Fiche-moi la paix ! Je te déteste.

Dans ce scénario, trois indices peuvent nous avertir que nous avons affaire à un comportement vengeur. Le premier est l'intensité de la réaction de Carl concernant la décision, relativement insignifiante, que le ballon avait dépassé la ligne. À l'évidence, il se passe autre chose qui n'est pas relié à la décision du jeu. Le deuxième indice se rapporte à la réaction de Carl lorsque l'éducatrice lui demande de retourner au jeu. Les émotions de Carl s'avivent. Le troisième indice a trait aux remarques de Carl qui, en l'espace de très peu de temps, deviennent méchantes et dégénèrent en attaques personnelles contre l'éducatrice. Carl veut blesser quelqu'un affectivement. Il veut se venger pour ses souffrances passées, se défouler sur quelqu'un de sa colère et de ses frustrations et il a choisi cet incident pour le faire.

Maintenant, voyons comment la même situation trouverait une issue favorable si l'éducatrice employait les stratégies appropriées.

ENCADRÉ 10.6 • ILLUSTRATION DU POUVOIR DE L'ATTITUDE POSITIVE POUR CONTRER L'HOSTILITÉ

Situation : la même que plus haut.

Carl :   (Criant) Quoi ? Le ballon n'a jamais traversé la ligne.

L'éducatrice : Je l'ai très bien vu traverser la ligne.

Carl :   C'est quoi ton problème ? Tu vois pas bien ou quoi ?

L'éducatrice s'aperçoit de l'intensité de la réaction de Carl. Elle décide de se concentrer sur les perceptions de Carl et sur le rôle d'un arbitre au lieu de répondre à l'insinuation de Carl sur l'état de sa vision.

L'éducatrice : Carl ! Tu es manifestement contrarié.

Carl :   Bien sûr que je suis contrarié ! Tu viens d'adopter une décision stupide !

L'éducatrice : Tu n'es pas d'accord avec ma décision.

Carl :   Pas du tout.

L'éducatrice : Bien. Il m'arrive d'avoir tort. Dis-moi ce que tu as vu.

Carl :   Le ballon n'a pas traversé la ligne, c'est complètement débile.

Carl se dirige vers Jasmine avec l'intention manifeste de lui enlever le ballon des mains. L'éducatrice s'interpose entre les deux. La tension monte. Il est évident que Carl cherche querelle. L'éducatrice réfléchit rapidement. Dans un éclair, elle décide quelque chose. Elle souffle dans son sifflet.

L'éducatrice : Réunion générale ! Tout le monde ici. Jasmine, peux-tu me donner ton ballon s'il te plaît ?

Cette réaction inattendue contribue à mettre en suspens les ambitions hostiles de Carl. Il ressent encore le besoin de blesser quelqu'un. Cependant, l'affrontement direct qu'il espérait avoir avec l'éducatrice s'en trouve différé. Carl réprime son envie de maugréer, car il est curieux de voir à quoi rime cette réunion. L'éducatrice veut-elle se venger en présence de tout le groupe ? Peut-être a-t-il une chance de la discréditer devant tout le monde ?

L'éducatrice : (S'adressant à tout le groupe) Nous avons un problème ici. J'ai bien vu le ballon traverser la ligne, alors j'ai sifflé. Carl pense que le ballon n'a pas traversé la ligne. Il est fâché. Quels sont nos choix ici ?

Claire : Eh bien, c'est toi l'arbitre.

L'éducatrice : Que veux-tu dire par là ?

Claire : Je veux dire que, si l'arbitre siffle parce qu'elle a vu le ballon traverser la ligne, alors les joueurs doivent respecter la décision. C'est la raison pour laquelle nous avons des arbitres.

Pierrot : Qu'on donne le ballon à Jasmine pour un lancer et qu'on continue le jeu.

Jasmine : Carl a dit que ta décision était bête et que le jeu était stupide. Est-ce qu'il va être puni pour cela ?

Carl : La ferme ! C'est pas tes oignons !

L'éducatrice : Carl, tu es contrarié et, en plus, tu es hostile. Quand l'arbitre prend une décision en toute bonne foi, tous les joueurs doivent se soumettre à cette décision (pause). Mon avis, c'est que tu as deux choix. Tu peux continuer à jouer et, plus tard, toi et moi, nous aurons une petite conversation. Ou bien, tu peux quitter le terrain et, toi et moi, nous aurons quand même notre petite discussion.

Il se fait un long silence au cours duquel Carl ne répond pas. Il est assis par terre et arrache le gazon. L'éducatrice continue…

L'éducatrice : Personnellement, j'aimerais que tu continues à jouer. Tu fais de bonnes passes et tu cours vite. Je compte bien, au cours de notre conversation plus tard, arriver à savoir ce qui te dérange, mais pour l'instant j'aimerais bien que nous puissions tous ensemble continuer à jouer au soccer. Qu'est-ce que tu en dis ?

Carl retourne sur le terrain à contrecœur. L'éducatrice intensifie ses efforts pour déceler et encourager les comportements appropriés. Durant le reste de la partie, elle s'assure de commenter positivement les exploits de Carl et des autres joueurs.

Dans ce scénario, l'éducatrice a posé plusieurs gestes significatifs. Premièrement, elle a vu que la réaction de Carl était très hostile. Deuxièmement, elle l'a écouté et elle a tenu compte de son opinion. Même si cela n'a pas eu les résultats escomptés, cela a servi à montrer à Carl qu'elle était disposée à entendre ce qu'il avait à dire. Troisièmement, l'éducatrice a créé une manœuvre de diversion en décidant inopinément de rassembler le groupe, alors que Carl continuait à démontrer de l'hostilité. De cette façon, elle a détourné l'attention de Carl lui-même. Au lieu de réagir tout simplement à ses attaques, elle a adopté une attitude positive. Quatrièmement, elle a utilisé efficacement le groupe pour aider Carl à comprendre le rôle d'un arbitre, ce qui fait partie du contrat social en sports. Cette tactique a contribué à désamorcer le conflit entre Carl et l'éducatrice et les autres. La logique évidente de la situation n'a échappé à personne. Cinquièmement, tout au long de l'incident, l'éducatrice l'a toujours traité avec respect. Toutes ces stratégies ont amené Carl à remettre en question sa croyance selon laquelle son attitude revancharde lui permettrait de satisfaire son besoin de domination. S'il continue à être accepté et traité avec respect, en dépit de son attitude hostile, il finira par comprendre que son comportement n'a plus sa raison d'être.

10.3.4 LE REPLI SUR SOI

L'enfant qui échoue dans ses tentatives de se faire accepter par son entourage en viendra éventuellement à se replier sur lui-même. Ce genre d'enfant essaie désespérément d'être invisible, de ne pas se faire remarquer et de ne pas participer. Bien sûr, il n'y a rien de mal à ce qu'un enfant soit timide. Nous faisons ici référence à l'enfant qui se renferme à un degré d'inadaptation sociale, à un degré qui l'empêche d'apprécier les joies et la magie de l'enfance. Le repli sur soi se manifeste par un désintérêt chronique à l'égard des activités, par des comportements révélant des complexes évidents, par le refus de nouvelles expériences et par la peur du défi.

L'enfant qui éprouve ce problème croit faussement que s'il s'isole des autres, refuse de participer et se montre craintif, il sera dispensé de la lourde tâche de se faire accepter par son entourage. Il est convaincu qu'il échouera lamentablement s'il tente de se faire accepter par les autres. Ce repli n'est pas seulement un comportement indésirable, c'est aussi une sérieuse forme d'inadaptation. Il est pour le moins tragique de constater qu'un enfant renonce déjà à la vie.

Quelles stratégies une éducatrice peut-elle utiliser pour convaincre un tel enfant de changer son attitude ? Alors qu'il évite les situations sociales, cet enfant éprouve en même temps un grand besoin d'être accepté, apprécié et estimé, bien que ces sentiments soient enfouis au fond de lui-même. Par voie de conséquence, il est important de lui faire sentir qu'il est apprécié. Le meilleur moyen est de le lui dire tout simplement : « Justine, je t'apprécie beaucoup » ou « Gilbert, tu es un membre important du groupe ».

Une autre stratégie consiste à observer attentivement cet enfant renfermé afin de savoir ce qui le passionne. Il collectionne peut-être les timbres ou bien il s'intéresse à Internet. Cela peut s'avérer une tâche difficile étant donné que ce genre d'enfant refuse toujours de participer aux activités. Cependant, chaque enfant aime au moins une chose ou deux (une émission de télé, un jouet, un vêtement, etc.). L'éducatrice peut se faire un point d'honneur de donner de l'attention à un enfant renfermé et de lui faire des commentaires pertinents sur un sujet qui le touche. De cette façon, elle fait plus que simplement s'intéresser à lui : elle partage son intérêt. Elle confirme ainsi qu'il est une personne digne d'être estimée. Lorsqu'elle dit : « Mireille, comment ce jeu vidéo est-il différent de celui que tu as chez toi ? » et « Vincent, je vois que tu portes ta chemise préférée aujourd'hui ! », elle leur fait savoir qu'ils comptent pour elle, qu'ils sont dignes d'attention et qu'elle les valide à plusieurs niveaux.

Le contact visuel peut aussi être un moyen efficace. Il peut être utilisé pour envoyer le message : « Eh ! Je suis contente de te voir, j'apprécie ta présence ici. » Encore une fois, cela peut sembler facile à dire quand on sait que ce genre d'enfant évite habilement de regarder quelqu'un dans les yeux. Cela peut exiger de la part de l'éducatrice une certaine adresse.

Une autre stratégie efficace consiste à « avoir absolument besoin » de l'aide de l'enfant. Par exemple, durant une activité d'arts plastiques, il serait facile pour l'éducatrice de dire : « Est-ce que quelqu'un pourrait m'apporter la boîte de peinture qui se trouve dans le placard ? » Il est douteux qu'un enfant qui est renfermé se porte volontaire. L'enfant qui a le plus besoin de se sentir valorisé et important est celui qui est le moins susceptible d'offrir ses services. Une éducatrice habile voudra probablement formuler sa question autrement : « Olivier, nous aurions vraiment besoin de la boîte de peintures. Pourrais-tu nous rendre un grand service et aller la chercher ? » Si l'enfant montre des signes d'anxiété et essaie de se défiler, l'éducatrice peut tout simplement lui demander : « Est-ce que tu aimerais que j'aille la chercher avec toi ? » Cela contribuera à soulager toute crainte, puisque l'enfant saura qu'il ne peut échouer s'il peut compter sur l'aide de l'éducatrice. Alors qu'ils se dirigent vers le placard, l'éducatrice pourrait en profiter pour lui poser une question sur un sujet qui lui tient à cœur, comme sa peluche, son jeu favori ou sa collection. Une fois qu'Olivier a accompli sa tâche, l'éducatrice peut mettre un point d'honneur à le remercier pour sa contribution.

Dans ce genre de situation, Olivier sera obligé de remettre en question son idée fausse voulant que le repli sur soi lui permettra d'obtenir ce qu'il désire, soit éviter les interactions sociales. En acceptant de s'engager dans une situation ou un événement social qui ne présente aucun risque (puisqu'il peut compter sur le soutien de l'éducatrice), il en viendra progressivement à se sentir accepté.

10.4 AIDER L'ENFANT À COMPRENDRE QUE BIEN AGIR DÉCOULE D'UN CHOIX

Le fait de dire aux enfants de bien se conduire ne signifie pas qu'ils le feront automatiquement. Ils ont le devoir d'adopter des comportements appropriés parce qu'ils sont partie prenante du contrat social. Cela veut dire qu'on peut légitimement s'attendre à ce qu'ils soient en mesure de faire les choix conformes à ce que l'on attend d'eux.

Pour être motivé à prendre régulièrement de bonnes décisions, l'enfant doit en arriver à anticiper le résultat de son choix. D'où l'importance de renforcer le comportement de celui qui a pris la bonne décision. Lorsqu'il choisit la mauvaise, il devrait en subir les conséquences logiques et raisonnables. Si une mauvaise décision permet à l'enfant de satisfaire son désir (par exemple, tricher dans un jeu en vue de gagner), ce comportement indésirable risque de se répéter. Une éducatrice compétente structurera les activités afin de s'assurer que les enfants qui prennent de bonnes décisions soient reconnus et gratifiés, alors que ceux qui font des choix discutables soient traités avec autorité, mais avec respect. L'objectif consiste à faire comprendre aux enfants qu'ils ont des choix à faire et qu'il existe un lien entre leurs décisions et leurs valeurs personnelles.

Aider un enfant à adopter un comportement à la lumière des choix qui s'offrent à lui, c'est le traiter avec respect. Cela démontre que nous avons confiance en lui. L'enfant a la capacité de prendre des décisions avec discernement en conformité avec les règles, à condition qu'il les connaisse bien. Nous le respectons pour sa capacité d'utiliser son libre-arbitre.

Attention cependant : il peut arriver qu'un enfant se conduise mal simplement parce qu'il ne connaît pas d'autres façons d'agir autrement. L'encadré 10.7 en est une bonne illustration.

ENCADRÉ 10.7 • AIDER UN ENFANT À IDENTIFIER LES DIFFÉRENTES LIGNES DE CONDUITE QUI S'OFFRENT À LUI

L'éducatrice : Bernard, tu étais en train de frapper Maxime ?

Bernard fait la moue et fixe le sol. Il a les bras croisés. La colère et la frustration crispent sa figure.

L'éducatrice : Est-ce que tu te rappelles de la règle du SGMS concernant les coups et les bagarres ?

Bernard : (Avec colère) C'est Maxime qui a commencé ! (Il continue à bouder.)

L'éducatrice : (Calmement) Alors, selon toi, c'est Maxime qui a commencé hein ?

L'éducatrice n'essaie pas ici de savoir qui a réellement commencé la bataille. Elle s'efforce, en fait, de montrer qu'elle écoute. Elle espère ainsi que Bernard va se confier à elle.

Bernard : Oui, c'est lui. Il a dit que ma coupe de cheveux était laide.

L'éducatrice : (Sur un ton naturel) Il a dit que ta coupe de cheveux était laide, alors tu l'as frappé ?

Bernard : Oui.

L'éducatrice : Était-ce la seule chose que tu pouvais faire dans cette situation ?

Bernard : Oui.

Il apparaît maintenant à Bernard qu'il aurait peut-être pu agir autrement. Cette pensée ne le réconforte pas et il se met sur la défensive. Son corps se raidit et il semble vouloir se renfermer sur lui-même pour cesser toute communication.

L'éducatrice : (Regarde l'enfant dans les yeux) Bernard, je t'aime bien. J'aime bien Maxime aussi. Tu es un bon joueur de baseball. J'apprécie tes travaux pleins de couleurs et je te trouve toujours drôle… (pause)… enfin, presque toujours drôle.

Bernard sourit. Son langage non verbal indique qu'il commence à se décontracter.

L'éducatrice : (Sourit à Bernard) Au baseball, tu as des choix n'est-ce pas ?

Bernard : (Semble un peu déstabilisé) Quoi ?

À présent, la façon dont Bernard se tient indique qu'il est beaucoup plus détendu et ouvert. Il est réceptif. Il adore parler de baseball.

L'éducatrice : Eh bien, lorsque tu vas au bâton, tu as plusieurs choix dans ta tête n'est-ce pas, comme de frapper en direction du champ droit, du champ gauche, frapper fort ou légèrement et ainsi de suite, c'est vrai ?

Bernard : (Fièrement) Il m'arrive aussi de décider que je frappe un coup de circuit.

L'éducatrice : (Emballée) C'est ça, tout à fait ! Et lorsque tu dessines, tu as la possibilité aussi de choisir le sujet, la couleur, le matériel et tout ça ?

Bernard : Oui c'est vrai.

L'éducatrice : Et dans d'autres circonstances, tu pourrais décider de me raconter une de tes histoires drôles ?

Bernard : Oui.

L'éducatrice : Alors, tu as des choix quand tu joues au baseball, quand tu dessines et quand tu racontes une farce. Ce que j'essaie de te dire, Bernard, c'est que tu as aussi d'autres possibilités quand quelqu'un rit de ta coupe de cheveux.

Bernard : Tu veux dire à la place de le frapper ?

L'éducatrice : Oui.

Bernard : Mais si je lui dis de se la fermer, il ne le fera pas. Il continuera à m'embêter.

L'éducatrice : Existe-t-il d'autres possibilités à part le frapper ou lui dire de se la fermer ?

Il y a une pause au cours de laquelle Bernard réfléchit.

Bernard : Je pourrais le rapporter ?

L'éducatrice : Allons chercher une feuille de papier et faisons la liste de tous les choix que tu as, au cas où la situation devait se représenter. OK ?

Bernard : OK.

L'éducatrice : Voyons voir, nous avons : 1. Le frapper ; 2. Lui dire de se la fermer ; 3. Le rapporter. Autres choses ?

Bernard : Je suppose aussi que je pourrais tout simplement l'ignorer.

L'éducatrice : (Écrivant) C'est juste ! Numéro 4, l'ignorer. Quoi d'autre ?

Bernard : Je pourrais rire de ses cheveux à lui.

> L'éducatrice : (Écrivant) Numéro 5, rire de ses cheveux. Autre possibilité ?
>
> Bernard :   Je pourrais le rapporter, puis aller jouer au baseball.
>
> L'éducatrice : (Écrivant) Numéro 6, le rapporter, puis jouer au baseball. Autre chose ?
>
> Bernard :   Y'a rien d'autre qui me vient à l'esprit.
>
> *L'éducatrice exhibe la liste à Bernard.*
>
> L'éducatrice : Alors, nous avons au moins six attitudes possibles si quelqu'un décidait de rire de toi à l'avenir. Est-ce qu'il y a des choix qui sont meilleurs que d'autres ?
>
> Bernard :   Bien, si je le frappe comme je viens de le faire, alors j'ai des problèmes.
>
> L'éducatrice : Est-ce la meilleure option ?
>
> Bernard :   Pas vraiment, il rit de moi et, en plus, j'ai des ennuis.
>
> L'éducatrice : Et si tu lui dis de la fermer ?
>
> Bernard :   Je ne pense pas que ce serait une bonne chose non plus.
>
> L'éducatrice : Maintenant, regarde la liste et dis-moi quelle est la possibilité qui pourrait être la plus efficace ?
>
> Bernard :   Si je le rapporte et que je vais jouer au baseball, c'est lui qui a des problèmes. Ce serait le meilleur choix.

Cultiver la capacité d'imaginer différentes possibilités et de choisir judicieusement parmi ces options fait partie du développement de l'enfant. Il arrive que notre survie en tant qu'individu et en tant que société dépende de cette capacité d'effectuer de sages décisions. En aidant les enfants à trouver des solutions de remplacement à leurs comportements inappropriées, l'éducatrice se donne une importante mission.

10.5 SUSCITER LES RÉACTIONS DES ENFANTS

Il est important de se rappeler que les enfants peuvent contribuer de façon importante à la création, à la mise en œuvre et à l'évaluation de la gestion des comportements. L'éducatrice peut demander aux plus grands comment ils veulent que les règles de conduite soient appliquées, lesquelles sont essentielles au SGMS. Elle peut aussi leur demander quelles sont les sanctions, à leur point de vue, qui sont les plus raisonnables et les plus logiques. Avec un peu d'aide de sa part, les enfants peuvent fournir leurs propres réponses à ces questions.

Le fait de s'enquérir de l'opinion des enfants aide à dissiper le mythe selon lequel la gestion des comportements constitue nécessairement une situation de conflit, une situation dans laquelle les adultes ont toujours raison, alors que les enfants cherchent toujours une occasion de mal se conduire. Ce n'est tout simplement pas le cas.

Dans de bonnes conditions, les enfants, en général, préfèrent adopter des comportements appropriés. Pour réussir à enseigner efficacement aux enfants à se maîtriser, il est nécessaire que l'éducatrice soit bien informée afin de faire appel à divers moyens incitatifs appliqués avec respect et sur lesquels elle et eux se sont entendus mutuellement. Plus les enfants auront eu la chance de donner leur point de vue, plus ils sentiront que les règles, les attentes et les sanctions sont leurs règles, leurs attentes et leurs sanctions. Dans ces circonstances, ils les intérioriseront et ils seront disposés à apprendre à se contrôler. Le fait d'encourager les enfants à exprimer leur point de vue démontre qu'on tient à entendre ce qu'ils ont à dire et qu'on apprécie leurs commentaires.

Comment peut-on facilement encourager les enfants à donner leur opinion sur les règles de conduite ? Deux moyens s'offrent à eux : les rencontres individuelles et les réunions de groupe.

COMMENTAIRES RECUEILLIS LORS D'UNE RENCONTRE INDIVIDUELLE

Il arrive parfois qu'on dise à l'enfant qui se conduit mal « Tais-toi » et, ensuite, qu'on le force à écouter un sermon qu'il n'est vraiment pas disposé à écouter favorablement. En fait, les commentaires d'un enfant à la suite d'un incident peuvent s'avérer très éclairants. Cela peut permettre à l'éducatrice de vérifier s'il comprend bien les attentes et les sanctions et cela peut être une bonne occasion pour que la confiance et le respect s'établissent entre eux. Lorsqu'un enfant se conduit mal, l'éducatrice devrait chercher à obtenir sa version des faits. Si elle en a le temps, elle devrait s'informer pour savoir si l'enfant sait quel règlement il a transgressé ou à quelle attente il n'a pas répondu. Une fois l'incident passé, elle devrait aussi tenter de savoir si l'enfant trouve que la règle est justifiée, quelles actions pourraient servir de solutions de remplacement au comportement inadéquat, etc.

L'enfant sait-il à quoi ressemble le comportement attendu ? Que pense-t-il des conséquences ? Les réponses à ces questions ne peuvent être vérifiées que si l'on recueille les commentaires de l'enfant.

ENCADRÉ 10.8 • SONDER L'OPINION D'UN ENFANT EN RENCONTRE INDIVIDUELLE

Situation : l'éducatrice surveille depuis un petit moment un groupe d'enfants qui jouent de façon informelle au hockey.

L'éducatrice :　Julien, je t'ai vu frapper Jacques. Je voudrais te parler.

Julien :　　　Mais, il le fait exprès !

L'éducatrice :　Il le fait exprès ?

Julien :　　　Ouais ! (Il se croise les bras sur la poitrine et fixe le mur avec colère, s'attendant au pire.)

L'éducatrice :　(Fait brièvement une pause afin de permettre à Julien de se calmer.) Julien, est-ce qu'on peut parler de la querelle qui vient d'avoir lieu ?

Julien :　　　(Presque en larmes) Il m'a agacé et, maintenant, c'est sur moi que ça tombe.

L'éducatrice :　Je comprends que Jacques t'ait mis en colère et j'ai l'intention d'y voir après que nous aurons eu notre petite conversation. (Pause) Julien, est-ce qu'il y a une règle à propos des bagarres ?

Julien :　　　Oui.

L'éducatrice :　Est-ce que tu comprends la règle ? Peux-tu me l'expliquer ? (Ici l'éducatrice n'essaie pas de culpabiliser l'enfant. Elle tente d'établir si oui ou non l'enfant comprend véritablement la règle.) La règle est… ?

Julien :　　　La règle, c'est qu'on n'est pas supposé frapper quelqu'un, qu'on n'est pas supposé blesser quelqu'un. (Pause) Mais il m'a mis tellement en rogne !

L'éducatrice :　Je comprends qu'il t'ait mis en colère. Mais, pour l'instant, je ne veux parler que de la règle elle-même. Est-ce que cela te va ?

Julien :　　　Je suppose. Mais il fait mieux de se faire réprimander lui aussi !

L'éducatrice :　Présentement, toi et moi, nous discutons du problème qui nous concerne. Quand nous en serons venus à un accord, alors ce sera le tour de Jacques.

Julien :　　　OK. La règle, c'est qu'on n'est pas censé frapper les autres.

L'éducatrice :　Et quel est le comportement attendu ?

Julien :　　　Qu'est-ce que ça veut dire ?

L'éducatrice : Dans ce cas-ci, cela veut dire qu'au lieu de frapper quelqu'un parce que tu es fâché, que faut-il que tu fasses ? Quelles sont mes attentes face à cette situation ?

Julien : Je ne le sais pas.

L'éducatrice : (Elle accepte cette réponse comme une réaction honnête.) Au lieu de frapper quelqu'un, je m'attends à ce que tu fasses deux choses. Premièrement, que tu lui dises que ce qu'il fait te fâche et, deuxièmement, que tu me fasses savoir ce qui se passe quand quelque chose ne fonctionne pas à ton goût.

Note : dans ce cas-ci, Julien, honnêtement, ne comprenait pas quelles étaient les attentes. Il n'avait aucune idée de ce qu'il aurait pu faire d'autre que de frapper son camarade pour exprimer sa colère. Punir Julien parce qu'il ne comprenait pas les comportements attendus aurait été une erreur. Il fallait, au contraire, l'aider à saisir ce qu'on attendait de lui et, ensuite, l'aider à accepter les conséquences de ses actes.

Apprendre à un enfant à donner son avis concernant son propre comportement peut s'avérer l'une des expériences d'apprentissage les plus puissantes qu'une éducatrice peut transmettre. Au cours de son passage à l'âge adulte, l'enfant trouvera très profitable de comprendre la façon dont sont façonnées les règles, comment elles l'affectent et comment il peut influencer le processus tout entier par ses commentaires. Vue sous cet angle, la gestion du comportement n'est pas perçue comme un mal nécessaire, mais plutôt comme une série d'occasions d'aider l'enfant à comprendre de mieux en mieux le fonctionnement de notre société.

ENCADRÉ 10.9 • ENCOURAGER LES ENFANTS À S'EXPRIMER DANS UNE RÉUNION

Situation : l'éducatrice préside une rencontre de groupe

L'éducatrice : Quelqu'un aurait-il un autre point à soulever ?

Benjie : Oui moi ! Je trouve qu'il y en a qui se servent trop à l'heure de la collation.

Joanne : Oui, c'est vrai. Hier, j'ai vu Bern...

L'éducatrice : Une minute ! Pas de nom s'il vous plaît, du moins pas encore. Pour l'instant, parlons du problème lui-même. Combien parmi vous croient que certains se servent trop à la collation ? Levez la main, s'il vous plaît. D'accord, la majorité d'entre vous pensent qu'il y a réellement un problème. Quelle est la consigne en regard de la collation ?

Claude : C'est que chacun de nous prend sa part et, après que tout le monde s'est servi une fois, on nous avertit qu'on peut faire la file pour se servir une deuxième fois si on a encore faim.

L'éducatrice : À votre avis, ce système est-il juste ?

Jean-Pierre : Je ne suis pas sûr que ce soit juste. Nous qui sommes âgés de 11 ou 12 ans, nous sommes plus grands que les petits de 7 ans. Je peux manger deux fois plus que Sam ici.

L'éducatrice : Je vois (elle approuve de la tête). Est-ce que tu essaies de nous dire que nous devrions permettre aux plus grands de se servir plus que les autres ?

Majorité des enfants : Non !

L'éducatrice : (Temporise de la main) Je veux savoir ce que Jean-Pierre en pense. Nous devrions écouter ce qu'il a à dire.

Jean-Pierre : Je ne veux pas dire que les plus grands devraient avoir plus de collation la première fois… bien que nous ayons généralement plus faim. Peut-être une deuxième ou une troisième part.

L'éducatrice : On pourrait continuer avec le présent système en s'assurant que tout le monde puisse avoir sa première part et qu'on distribue la deuxième part d'une façon juste. Puis, si quelqu'un a encore faim, je peux essayer d'obtenir plus de nourriture. Je ne voudrais pas qu'il y ait quelqu'un qui commence les activités affamé.

Hughes : Et s'il y avait quelqu'un qui continuait à prendre plus que sa première part ?

L'éducatrice : Excellente question ! Quelles sont les conséquences normalement ?

Hughes : Il devrait être exclu du club !

L'éducatrice : Je ne te demande pas ce que tu crois que devraient être les conséquences, mais bien ce qu'elles sont normalement ?

Benjie : Si quelqu'un est pris sur le fait de prendre trop de collation, il est habituellement obligé de prendre une pause de dix minutes et d'aller s'asseoir dans la cuisine.

L'éducatrice : À votre avis, est-ce une sanction raisonnable ?

Jacqueline : Pas vraiment. Je ne vois pas ce qu'une pause de dix minutes a à voir avec le fait de prendre trop de collation.

L'éducatrice : Je comprends ce que tu veux dire. Qu'est-ce qui serait plus logique comme sanction ?

Catherine : Je sais ! Celui qui prend plus que sa part de collation devrait être obligé d'aider à servir les collations le lendemain. (Pause) Vous savez, il pourrait être surveillé par le personnel, mais ce serait à lui de voir à ce que la distribution soit juste. Alors, c'est sûr qu'il comprendrait les règles et les attentes et tout le truc. C'est lui-même qui contrôlerait la règle.

L'éducatrice : Cela me semble une sanction tout à fait raisonnable. Est-ce que tout le monde est d'accord ? (Pause) S'il y a quelqu'un qui n'est pas d'accord et qui voudrait en parler en privé ou même si vous avez d'autres commentaires, venez m'en parler cet après-midi, s'il vous plaît. Merci pour cette excellente rencontre.

Note : dans ce scénario, l'éducatrice valide et encourage sans cesse les commentaires des enfants. Elle tente également de leur démontrer que les règles, les attentes et les conséquences peuvent être modifiées si tout le monde est d'accord. D'une façon plus subtile, l'éducatrice essaie de suggérer l'idée que chacun a le droit d'exprimer ses idées, même si d'autres personnes ont des opinions différentes, et elle s'efforce de modeler la capacité d'écoute qui contribue à rendre la communication efficace.

10.6   LA RÉUNION COMME TECHNIQUE D'INTERVENTION

Les réunions de groupe (désignées conseils de coopération, conseils coopératifs, conseils de classe ou cercles magiques dans certains milieux) peuvent vraiment être efficaces et constituer une bonne méthode pour régler des problèmes collectifs. Elles permettent aux enfants de comprendre le processus démocratique d'une assemblée. Il est peut-être plus facile de faire des réunions avec les plus vieux qui, étant plus matures intellectuellement, sont plus susceptibles de prendre ce processus au sérieux et d'exprimer leur opinion. Avec les plus jeunes, le défi consiste à captiver leur attention assez longtemps et à les intéresser suffisamment pour qu'ils écoutent et participent. Une réunion de groupe efficace, c'est une discussion entre plusieurs personnes sur des questions et des problèmes qui les affectent directement. Trois sujets devraient figurer à l'ordre du jour : l'exploration des problèmes, les suggestions de solutions et la mise en œuvre d'un plan d'action.

Il y a plusieurs avantages à tenir régulièrement des assemblées. Premièrement, la réunion brise la relation de dualité qui existe trop souvent entre l'éducatrice et le groupe. Deuxièmement, elle constitue pour les enfants un formidable exercice d'autodétermination et de coopération. Loin d'être une séance de bavardage, la rencontre doit être structurée et comporter des objectifs précis.

Les réunions sont plus efficaces lorsqu'elles ont lieu à intervalle fixe et sur une base régulière. La disposition des chaises est très importante. Les deux meilleures façons sont le cercle où tout le monde peut se voir et le fer à cheval, l'éducatrice faisant face à l'assistance.

Il est également important de minimiser les distractions et de donner quelques consignes afin de s'assurer que les enfants se conduisent bien au cours de la réunion. Au début de chaque rencontre, l'éducatrice (ou un enfant possédant une expérience des réunions) devrait réviser les règles s'y rapportant (par exemple, aucun commentaire désobligeant) et les attentes (la parole est accordée à une personne à la fois et tout le monde doit la laisser parler et l'écouter respectueusement). La réunion devrait commencer à temps, être menée rondement (sans dépasser une demi-heure approximativement) et se terminer selon les règles. Son objet devrait être pertinent et spécifié au début de la rencontre.

La discussion devrait être menée de façon à éviter de jeter quelque blâme que ce soit sur quelqu'un, de trouver des coupables ou de chercher à punir ou à humilier. La réunion devrait se dérouler d'une manière positive, constructive et orientée vers la recherche de solutions. Bien que la controverse positive et que la diversité des opinions soient souhaitables, elles devraient être soigneusement dirigées. L'éducatrice doit insister sur le fait que chacun a le droit de s'abstenir si, par exemple, un enfant préfère ne pas répondre à une question ou donner son opinion parce qu'il est gêné de le faire. Voici un exemple d'une réunion de groupe positive.

ENCADRÉ 10.10 • SCÉNARIO D'UNE RÉUNION EFFICACE

Situation : un groupe de 15 enfants, âgés entre 9 et 12 ans, ont été convoqués à une réunion avec une éducatrice. Chacun a été averti la journée précédant la tenue de la rencontre et avisé de l'heure, de l'endroit et du sujet. Les enfants concernés ont assisté à plusieurs réunions auparavant. Ils sont donc expérimentés. La rencontre a lieu dans une pièce où ils ne risquent pas d'être dérangés. Le sujet de discussion concerne le système de supervision utilisé par le SGMS. Quelques incidents sont survenus au cours desquels certains parmi les plus grands ne se sont pas conformés à un règlement du service de garde.

L'éducatrice : Je déclare la séance ouverte. Le sujet à l'ordre du jour concerne notre politique de supervision. Mais, avant de commencer, j'aimerais spécifier quelques règles de base. Est-ce que quelqu'un peut me dire ce qu'il est interdit de faire dans une réunion ?

Angela : Nous n'avons pas le droit de faire de commentaires désobligeants.

L'éducatrice : Merci Angela. Est-ce que tout le monde ici sait ce qu'est un commentaire désobligeant ? (Pause) Est-ce que quelqu'un ignore ce qu'est un commentaire désobligeant ? Bon. Maintenant, est-ce que quelqu'un peut me dire ce à quoi nous nous attendons en termes de comportements acceptables au cours de la rencontre ?

Joey : Nous sommes censés parler ?

L'éducatrice : Tous ensemble ?

Joey : (Riant) Non. Je veux dire que nous sommes censés dire aux autres ce que nous pensons, notre opinion et tout ça.

L'éducatrice : Même s'il y en a parmi nous qui ne veulent pas s'exprimer ?

Joey : Ah euh… on a le droit de s'abstenir.

Pendant que cette discussion se déroule, Bobby et Claire causent ensemble et ne sont pas attentifs.

L'éducatrice : (D'une voix posée et naturelle) Bobby, peux-tu me citer une autre attente ?

Bobby : (Quelque peu surpris) Quoi ? (Pause). Je regrette, je n'écoutais pas.

L'éducatrice : Peux-tu nous dire à quel autre comportement nous devons nous attendre pour que la réunion soit efficace ? Nous avons déjà parlé des commentaires négatifs et du droit de s'abstenir. Peux-tu me citer une autre attente ?

Bobby :   Euh ! J'sais pas !

Certains enfants rigolent.

L'éducatrice : (Utilisant le même ton neutre et calme) Si tu ne connais pas les comportements attendus durant les réunions, alors peut-être que tu ne devrais pas assister à celle-ci.

Bobby :   (Un peu nerveux) OK, on est censé de… de… on est censé écouter quand quelqu'un d'autre parle.

L'éducatrice : Merci Bobby… Claire, une autre attente ?

Claire :   On doit discuter de problèmes et de solutions, sans blâmer personne.

L'éducatrice : (Sourit à Claire et établit un contact visuel) Merci. Alors, pour commencer, nous allons explorer les diverses facettes du problème. Ensuite, nous allons tenter de trouver différentes solutions. Avant la fin de la réunion, nous aurons établi un plan d'action et nous aurons une liste des choses que nous avons à faire et des personnes qui y seront affectées. Essayons de finir dans une demi-heure, même plus tôt si possible. Qui veut commencer ?

Gabrielle :   (Lève sa main) Je trouve que cette histoire de supervision est injuste pour les plus grands.

L'éducatrice : (À tout le groupe) Combien d'entre vous pensent que la politique de supervision est injuste ?

Les enfants majoritairement lèvent allègrement la main.

Denis :   Ouais, comment ça se fait qu'on est surveillé de la même manière que les petits ?

L'éducatrice : À quels petits fais-tu référence ?

Denis :   Les petits de 1re et 2e années.

Sophie :   Oui, pourquoi est-ce qu'il n'y a qu'une… qu'une machin chouette pour tout le monde ?

L'éducatrice : Politique ?

Sophie :   Oui. Pourquoi n'y a-t-il qu'une politique pour tous les enfants alors qu'il y a toute une histoire à propos des différentes activités pour différents groupes d'âge ? Je veux dire, vous dites tout le temps qu'on est plus grand et que c'est pour ça qu'on a plus de responsabilités que les plus jeunes, mais, finalement, on subit la même politique de supervision.

L'éducatrice hoche la tête en signe d'approbation et aussi pour indiquer qu'elle apprécie les commentaires de Sophie.

L'éducatrice : Peut-être serait-il utile à ce moment-ci que quelqu'un nous rappelle la politique de supervision. De cette façon, nous pourrions comparer ce qu'elle est avec ce que nous voudrions qu'elle soit.

Simon : Présentement, il faut toujours rester à la vue d'un membre du personnel.

L'éducatrice : C'est tout à fait exact. Peux-tu élaborer encore plus Simon ?

Simon : Ben ! Genre, si on joue dans la cour et qu'il y a une éducatrice, ça va. Mais, si on veut aller en arrière de l'école pour jouer au soccer ou au baseball, on ne peut pas, à moins qu'il y ait une éducatrice qui vienne avec nous. Mais habituellement, il n'y a pas assez de personnel pour que quelqu'un vienne avec nous, alors il faut rester avec les autres !

Pierre-Olivier : Ouais. Et si on n'est que trois ou quatre, ils disent : « Pas question, vous n'êtes pas assez pour mériter une éducatrice. » C'est stupide !

Quelques enfants rient.

L'éducatrice : Pierre-Olivier, quelle est la règle concernant les commentaires négatifs ?

Pierre-Olivier : (Mi-sérieux) Désolé ! Désolé !

L'éducatrice : (D'une voix neutre et posée) Je ne t'ai pas demandé si tu étais désolé, je t'ai demandé quelle était la consigne ?

Pierre-Olivier : (Sérieusement cette fois-ci) Les commentaires négatifs sont interdits.

L'éducatrice : C'est une règle importante pour que nos réunions soient efficaces.

Gabrielle : Finalement, qu'est-ce qu'on va faire à propos de cette politique ?

L'éducatrice : Bonne question, merci de nous ramener à l'ordre Gabrielle. Je crois que nous avons assez d'informations à présent pour résumer les deux facettes du problème : 1) la politique stipule que tout le monde doit rester à la vue du personnel ; et 2) en général, les plus grands sont plus responsables et aimeraient, par conséquent, qu'on utilise avec eux un système de supervision différent et plus flexible.

Est-ce que tout le monde est d'accord avec cette récapitulation ? Est-ce que quelqu'un s'objecte ou désire ajouter quelque chose ? (Pause)

La majorité des enfants indiquent qu'ils sont d'accord avec ce résumé comme il a été formulé.

L'éducatrice : Prenons maintenant un moment et essayons de découvrir quelles raisons se cachent derrière chacune des positions que je viens d'énoncer. Je pense qu'il est important de voir et de comprendre les deux côtés du problème.

Bobby commence à montrer de nouveau des signes d'agitation.

L'éducatrice : Pour quelle raison crois-tu que nous avons cette politique qui oblige les éducatrices à ne pas perdre de vue les enfants en tout temps, Bobby ?

Bobby : Par mesure de sécurité (pause), et je pense aussi parce que c'est ce que nos parents veulent, que vous nous surveilliez. Je veux dire, ils paient pour nous faire garder, alors ils s'attendent à ce qu'on se fasse garder.

L'éducatrice : Je trouve que ce sont des raisons tout à fait légitimes et j'apprécie la façon dont tu nous les as exposées. Merci Bobby.

Julien : Oui mais bon ! Qu'est-ce qui arrive pour notre problème de super-vision ?

L'éducatrice : C'est vrai. Quelles raisons justifieraient un règlement plus flexible pour les plus grands ?

Julien : Nous voulons être capables d'aller et de jouer partout sur le terrain de l'école. Après tout, c'est ce qu'on fait aux récréations et à l'heure du dîner et c'est ce que je faisais avant d'être inscrit ici.

L'éducatrice : Alors, vous voudriez avoir plus de liberté ?

La plupart des enfants : Oui !

L'éducatrice : Et vous pensez que vous êtes assez responsables pour assumer cette flexibilité additionnelle ?

La plupart des enfants : (Avec moins d'enthousiasme) Oui.

L'éducatrice : Existe-t-il un moyen pour que les deux parties obtiennent satisfaction ? (Pause) Y a-t-il un moyen pour que la sécurité soit assurée, que les parents sentent qu'ils en ont pour leur argent, que le personnel sache où se trouve chaque enfant et que les plus vieux, ceux qui sont assez responsables, puissent bénéficier d'un système de supervision plus flexible ?

Laurence :   J'ai une idée !

Quelques enfants montrent des signes d'inattention.

L'éducatrice : (Se levant et parlant d'une voix neutre et posée) Laurence a une idée et j'aimerais que tout le monde l'écoute. Le but de cette réunion consiste à recueillir les opinions de tous et chacun dans un effort pour arriver à résoudre un problème. Je m'attends à ce qu'on soit assez mature pour écouter attentivement les autres. Je réalise que cela peut s'avérer difficile de demeurer assis durant une longue période, mais je pense que ce que nous faisons présentement est important. Laurence, j'aimerais entendre ton idée.

Laurence :   Que diriez-vous si on avait une feuille de présence à signer sur laquelle on indiquerait où on a l'intention d'aller jouer, disons la cour arrière ou le terrain de basket ou ce que vous voulez, et nous devons rester à l'endroit qu'on a dit jusqu'à ce qu'on ait enlevé notre nom. Un membre du personnel, peut-être toi, pourrait toujours venir vérifier de temps en temps.

L'éducatrice : Merci Laurence. (À tout le groupe) Est-ce que la suggestion de Laurence a des chances de satisfaire les besoins des deux parties : la sécurité et la liberté ?

Julien :   Je pense que oui.

Gabrielle :   Moi aussi. c'est une bonne suggestion Laurence.

Simon :   Essayons-le !

Sophie :   Oui, essayons-le pour quelque temps pour voir si ça fonctionne… pour voir si les deux parties en sont satisfaites.

L'éducatrice : OK. Je pense que j'aurai besoin de quelques volontaires afin de m'aider à élaborer la politique pour qu'on puisse la présenter à la directrice par la suite. (Plusieurs enfants offrent leurs services.) Il y aura une autre réunion, même jour, même heure, la semaine prochaine, pour transmettre la réponse de la directrice et pour que nous puissions expliquer le nouveau système. Je tiens à vous remercier tous pour votre patience et vos commentaires. J'ai bien aimé travailler avec vous. Ceux qui se sont portés volontaires, je vous demanderais de rester. La séance est maintenant levée.

Vous aurez remarqué comment l'éducatrice utilise les attentes à plusieurs reprises pour ramener les participants à l'ordre, comment elle valorise chaque commentaire et comment elle précise les concepts dont les enfants ont besoin afin de participer pleinement à cet exercice d'autodétermination. Elle présente aussi quelques stratégies de résolution de problèmes en incitant les enfants à voir les deux facettes du problème et en leur demandant si les deux parties peuvent satisfaire leurs besoins. Cela leur permet de constater qu'il est possible de résoudre un problème en utilisant une stratégie convenant aux deux parties en cause. L'éducatrice précise également que cette liberté accrue exige en retour une plus grande responsabilité. Finalement, elle aide le groupe à formuler un plan d'action.

Diriger une réunion avec des enfants n'est pas toujours facile. Cela exige de l'expérience et de la patience, mais les bénéfices en valent amplement la peine. C'est un excellent exercice d'autodétermination pour les enfants.

10.7 AGIR AVEC AUTORITÉ

Agir avec autorité, cela signifie s'affirmer. Cela veut dire se montrer calme et ferme avec un enfant qui se conduit de façon répréhensible. L'éducatrice qui fait preuve d'autorité est sûre d'elle, tenace, cohérente et elle sait insister pour obtenir ce qu'elle veut. Elle communique les attentes clairement, insiste pour que les enfants se comportent de façon appropriée et se montre cohérente en matière de sanctions positives ou négatives. Parallèlement, elle accorde aux enfants le soutien et la sollicitude dont ils ont besoin.

Lorsqu'on veut imposer son autorité, il faut faire appel largement au langage non verbal, comme le fait d'établir un contact visuel, de projeter l'image d'une personne pleine d'assurance ou d'afficher une attitude non menaçante. Une éducatrice sûre d'elle et qui sait s'affirmer communique avec clarté et fermeté les principales clauses du contrat social ainsi que le caractère logique des règles, les attentes positives et les conséquences raisonnables. Une éducatrice capable de s'affirmer transmet à l'enfant le message qu'elle le respecte trop pour le laisser mal agir, qu'elle a confiance en ses capacités et que, par conséquent, elle s'attend à ce qu'il se comporte en conformité avec ses valeurs positives.

Les réactions d'une personne sûre d'elle-même contrastent avec celles d'une personne hostile ou d'une personne incapable de s'affirmer. Une éducatrice qui ne sait pas s'affirmer et qui manque d'assurance transmet à l'enfant le message qu'elle n'a pas la volonté de faire respecter les attentes par des gestes ou des sanctions et qu'elle croit l'enfant incapable d'avoir un comportement approprié. Voyons quelques exemples :

ENCADRÉ 10.11 • SCÉNARIO D'UNE ATTENTE CONFUSE

Situation : quelques enfants font du bruit durant l'allocution donnée par un ambulancier.

L'éducatrice : Les enfants ! Vous faites trop de bruit. (Aucun changement.) S'il vous plaît, tout le monde, vous faites encore trop de bruit ! (Le vacarme persiste.) Vous n'écoutez pas du tout !

Le problème ici c'est que l'éducatrice souligne seulement ce qui ne va pas au lieu d'affirmer clairement ce qu'elle attend des enfants. Elle n'a aucune autorité, aucun ascendant sur les enfants.

ENCADRÉ 10.12   SCÉNARIO D'UN LAISSER-ALLER

Situation : il est tard dans la journée. C'est l'heure de la corvée du rangement au SGMS.

L'éducatrice : OK les amis, c'est le moment de ramasser maintenant.

L'éducatrice se dirige vers une autre partie de la pièce. Les enfants se lèvent et s'en vont sans avoir ramassé. Cinq minutes plus tard...

L'éducatrice : Christophe ! Vous étiez censés ranger.

Christophe : Je suis en plein milieu de ma partie de Nintendo ! En plus, c'est Jennifer et Catherine qui ont fait le plus de dégâts et elles sont parties chez elle. Je ne vais quand même pas ramasser et nettoyer à leur place !

L'éducatrice accepte ces arguments et décide que ce sera moins compliqué si elle le fait elle-même. C'est la fin de la journée et elle n'a pas du tout envie de discuter.

La prochaine fois que l'éducatrice demandera à Christophe, à Jennifer ou à Catherine de ramasser, il est probable qu'ils ne la prendront pas au sérieux. Sa crédibilité est sérieusement minée par la faiblesse de sa réaction.

Les attitudes hostiles sont aussi très inefficaces. Les personnes qui réagissent ainsi exigent que les enfants se comportent bien, mais sans se soucier de leurs besoins et de leurs sentiments. Lorsqu'une éducatrice fait preuve d'hostilité, elle envoie à l'enfant le message suivant : « Je ne t'aime pas, je me fiche de toi. » Les critiques, les menaces et les punitions, de même que les cris et les réprimandes, sont des réactions inefficaces parce qu'elles révèlent un manque de contrôle de la part de l'éducatrice et parce qu'elles donnent à l'enfant le mauvais exemple. L'agressivité provoque inévitablement des sentiments négatifs entre l'éducatrice et l'enfant. Les exemples suivants permettent de comparer trois types de réactions.

ENCADRÉ 10.13 • QUELQUES EXEMPLES DE RÉACTIONS DIFFÉRENTES

Premier scénario

Situation : Justin et Carl se disputent près de l'ordinateur. Leurs voix de plus en plus agressives emplissent l'atmosphère.

L'éducatrice, peu sûre d'elle : Qu'est-ce qui se passe ici ?

L'éducatrice, hostile : Arrêtez de vous disputer ! Vous deux, il faut toujours que vous semiez le trouble !

L'éducatrice, sûre d'elle : Les enfants, nous sommes à l'intérieur. Je m'attends à ce que tout le monde se parle d'une voix normale dans cette pièce. Je m'attends également à ce que tout désaccord soit réglé d'une manière rationnelle et respectueuse.

Deuxième scénario

Situation : quelques enfants sont trop bruyants au cours de la présentation d'un invité.

L'éducatrice, peu sûre d'elle : Les enfants, vous faites trop de bruit !

L'éducatrice, hostile : Vous êtes incapables de faire preuve de courtoisie quand quelqu'un vous parle. Maintenant, fermez-la et conduisez-vous de façon civilisée !

L'éducatrice, sûre d'elle : Quand quelqu'un vous parle, je m'attends à ce que vous écoutiez tous attentivement.

Troisième scénario

Situation : c'est presque l'heure de partir. Christophe, Jennifer et Catherine ont fait un vrai désordre dans le coin des jeux dramatiques.

L'éducatrice, peu sûre d'elle : Les enfants, voudriez-vous ramasser à présent ? (Elle ne s'assure pas que les enfants donnent suite à sa demande.)

L'éducatrice, hostile : Vous autres, vous foutez tout en désordre et vous ne ramassez jamais rien ! Essayez de faire un effort pour une fois !

L'éducatrice, sûre d'elle : (Cinq minutes avant que l'ordre de ramasser ne soit donné) Christophe, Jennifer et Catherine, dans cinq minutes, nous avons besoin que ce coin soit parfaitement en ordre. Je m'attends à ce que chacun de vous fasse sa part avant de partir. Je serai de retour dans quelques minutes pour vérifier si c'est fait.

Quatrième scénario

Situation : les enfants attendent l'autobus à la file. Il y a un début de bousculade. Steve, frustré, se met en colère. Il donne un coup de pied au jarret de Simon-Pierre.

L'éducatrice, peu sûre d'elle : (Mollement) Voyons ! Les enfants ! Voyons ! Soyez sages !

L'éducatrice, hostile : Steve ! Tu as frappé Simon-Pierre ! Tu devrais avoir honte ! (Tire rudement Steve en dehors du groupe) Reste ici et tiens-toi tranquille ! J'en ai vraiment assez de ton comportement agressif !

L'éducatrice, sûre d'elle : (Tape gentiment sur l'épaule de Steve. Quand il se retourne, elle établit un contact visuel.) Nous avons un règlement qui dit que les bagarres sont défendues et qui interdit de faire du mal aux autres. Je voudrais te parler là-bas près de la clôture. (Ils se retirent à l'écart des autres.) Donner des coups de pied aux autres est inacceptable, tu sais ? Même si ce n'est pas toujours facile, je m'attends à ce que tout le monde attende patiemment l'autobus. Tu dois décider tout de suite si tu as envie de venir avec nous en excursion ou si tu préfères rester ici. C'est à toi de décider.

Lorsque nous examinons attentivement les réactions de l'éducatrice sûre d'elle, nous nous apercevons qu'elles communiquent toutes un aspect fondamental du contrat social. Chacune exprime une vérité essentielle nécessaire pour assurer la qualité d'un SGMS.

Lorsqu'une éducatrice s'affirme, qu'elle respecte les autres, qu'elle fait preuve de fermeté, de soutien et de sollicitude, elle apprécie son métier davantage, éprouve moins d'épuisement et travaille plus efficacement. Lorsqu'une éducatrice s'affirme, tout le monde y gagne.

10.8   L'ISOLEMENT COMME DERNIER RECOURS

L'isolement constitue un autre moyen de dissuader un enfant qui manifeste un comportement agressif. Il est retiré de l'activité et tenu à l'écart de ses camarades, pendant une certaine période de temps, habituellement dans un autre local. Il est laissé seul afin de se tranquilliser et de réfléchir à ses gestes.

Cette stratégie comporte certains avantages. L'enfant n'a plus la possibilité d'extérioriser son agressivité. Par ailleurs, s'il se comporte ainsi dans le but d'attirer l'attention, son attitude n'est pas renforcée. En plus, l'éducatrice évite d'être entraînée dans une escalade d'agressivité, encourant ainsi le risque d'être emportée elle aussi par la colère.

Par contre, cette solution présente aussi des désavantages. L'enfant reste tout seul dans un état d'animosité extrême où il a l'occasion de nourrir son ressentiment à l'égard du personnel et de ses camarades. De plus, il peut se sentir marginalisé et interpréter cette exclusion comme une sorte de rejet, un refus de communiquer. Ce genre de punition ne va certes pas lui apprendre à établir de bonnes relations avec son entourage.

Pour que cette solution soit efficace, elle doit être bien planifiée. Il est important de laisser à l'enfant suffisamment de temps pour lui permettre de se calmer. Idéalement, il est dans un endroit tranquille et à l'écart des autres. Ensuite, on peut avoir avec lui une sérieuse discussion (non pas un sermon ou une leçon de morale) visant à rétablir la communication. L'enfant peut retirer beaucoup de son entretien avec l'éducatrice, surtout si celle-ci est experte dans ce genre de situation. Elle peut amorcer la discussion par une exploration de la situation telle que perçue par l'enfant, mais jamais par la question « Pourquoi as-tu fait cela ? » Après une pause et un dialogue constructif, l'éducatrice devrait donner suite en valorisant l'enfant chaque fois qu'il pose des gestes positifs.

10.9   LE SOUTIEN PROFESSIONNEL

Nous avons vu une grande variété de techniques d'intervention pour gérer les comportements. Toutefois, il faut souligner que, pour maîtriser ces techniques, il faut de la patience, de la pratique et une volonté de réussir. L'utilisation de ces outils ne constitue pas un réflexe naturel chez toutes les personnes qui commencent dans ce domaine. Souvent, lorsqu'une nouvelle éducatrice essaie l'une ou l'autre des techniques, elle ne fonctionne pas. Cela ne signifie pas nécessairement que la technique est inefficace, mais tout simplement que « c'est le métier qui rentre ». L'éducatrice doit garder confiance et persister. Il arrive qu'elle se sente prise au dépourvu et qu'elle doive faire appel aux autres membres de l'équipe. Elle y trouvera certainement le soutien requis et des personnes-ressources pour la conseiller. De concert avec ses collègues, elle pourra déterminer si un enfant en particulier a besoin d'une aide extérieure.

Il est important de se rappeler la devise latine des médecins, *Primum non nocere*, qui signifie : « Premièrement, ne pas nuire ». Elle est applicable à l'éducatrice qui doit gérer des comportements. Si elle se trouve dans une situation où elle ne sait tout simplement pas quoi faire, alors il est important qu'elle garde cette devise à l'esprit. Un mauvais comportement peut être le symptôme d'un faible sentiment d'estime de soi, d'un besoin désespéré d'amour ou d'une hostilité refoulée. La dernière chose à faire serait d'empirer cette situation en affaiblissant encore davantage le sentiment d'estime de soi d'un enfant, en niant ses émotions ou en lui manquant de respect. Lorsqu'on doit gérer le comportement inapproprié d'un enfant, il est essentiel de maintenir à tout prix sa dignité et son intégrité.

QUESTIONS DE RÉVISION

1. Énumérez les cinq techniques de gestion du comportement que vous utilisez le plus couramment dans votre travail avec les enfants en SGMS.

2. Décrivez les conséquences ou les sanctions raisonnables qui devraient résulter des comportements suivants :

   a) Deux enfants se sont poussés et se sont frappés durant une partie de hockey.

   b) Un enfant a juré durant une séance d'arts plastiques.

   c) Au cours de la collation, une fillette a émis un commentaire raciste à l'endroit de deux autres enfants.

3. Dites comment vous réagiriez aux scénarios suivants et identifiez les principes ou les techniques que vous utiliseriez.

   a) Thomas frappe Jennifer parce qu'elle a pris la balle avec laquelle il jouait.

   b) Véronique, âgée de 6 ans, accuse Johanne, âgée de 8 ans, d'avoir volé 1 $ dans sa boîte à lunch. Johanne admet qu'elle a ce montant dans sa poche, mais nie l'avoir volé. Trois autres enfants affirment avoir vu Johanne prendre quelque chose dans la boîte de Véronique. Cette dernière est dans tous ses états et elle pleure. Johanne est, elle aussi, irritée.

   c) Jérémie a, comme toujours, de la difficulté à s'entendre avec ses amis. Alors que Samuel s'amuse, il commence à se disputer avec lui et il se met à lui lancer des blocs. Au moment où vous intervenez, il se met à vous crier après, vous insultant et vous donnant des coups de pied dans les mollets.

4. Expliquez pourquoi le fait de comprendre la recherche d'attention, la recherche du pouvoir, la vengeance et le repli sur soi qui entraînent souvent des comportements répréhensibles aide dans le travail avec les enfants.

5. Dans vos propres mots, décrivez la différence entre les réactions d'une éducatrice qui s'affirme, celle du type laisser-faire et celle qui est hostile.

6. Pourquoi la sanction consistant à isoler l'enfant doit-elle être utilisée seulement en dernier recours ?

7. Expliquez dans quel cas on a recours au soutien professionnel.

Bibliographie

ABRAHAM, A., *Le monde intérieur des enseignants*, Paris, Epi, S.A., 1972.

ARTAUD, G., *L'adulte en quête de son identité*, Ottawa, Presses de l'Université d'Ottawa, 1981.

ARTAUD, G., *L'intégration éducative : au-delà de l'autoritarisme et du laisser-faire*, Presses de l'Université d'Ottawa, 1989.

Association des services de garde en milieu scolaire, *Entre l'école et la maison*, guide d'organisation d'un service de garde en milieu scolaire.

Association des services de garde en milieu scolaire, *Gardavue, bulletin d'information*.

Association des services de garde en milieu scolaire du Québec, Entre l'école et la maison, document audiovisuel : organisation et fonctionnement d'un service de garde en milieu scolaire, 1986.

Association des services de garde en milieu scolaire, *La conjoncture des services de garde en milieu scolaire au Québec : aujourd'hui et demain*, 1986.

Association des services de garde en milieu scolaire, *Situation des services de garde en milieu scolaire au Québec en 1986-1987*.

Association des services de garde en milieu scolaire, *Gestion financière d'un service de garde en milieu scolaire*, 1987.

Association des services de garde en milieu scolaire. *Actes du colloque sur la reconnaissance des services de garde en milieu scolaire*, 1987.

Association des services de garde en milieu scolaire, *Actes du 3e colloque sur la reconnaissance des services de garde en milieu scolaire*, Bibliothèque nationale du Québec, 1988.

Association des services de garde en milieu scolaire, *Analyse des tâches du personnel de garde en milieu scolaire*, 1988.

Association des services de garde en milieu scolaire, *Aperçu historique des services de garde en milieu scolaire au Québec, 1989.*

Association des services de garde en milieu scolaire, *Critères favorables pour un service de garde en milieu scolaire de qualité*, 1989.

Association des services de garde en milieu scolaire, *Mémoire sur l'énoncé de politique sur les services de garde à l'enfance*, présenté à la Commission des affaires sociales, 1989.

Association des services de garde en milieu scolaire, *Guide d'aménagement d'un service de garde en milieu scolaire, 1991*.

Association des services de garde en milieu scolaire, *Document de soutien à l'implantation du service d'activités éducatives pour les enfants de 4 ans en service de garde en milieu scolaire, 1997*.

Association des services de garde en milieu scolaire, *Aménagement et équipement du service de garde en milieu scolaire. Incidences sur le développement de l'enfant*, 1991.

BAILLARGEON, Lise et Diane BINETTE, *Vivre en harmonie avec les 9-12 ans : conception d'un programme d'activités, guide et outils*, ASGEMSQ, Longueuil, 1991.

BAILLARGEON, Lise et Diane BINETTE, *La qualité en dix dimensions*, critères favorisant la qualité de vie en service de garde en milieu scolaire, ASGEMSQ, 1994.

BÉDARD-HÔ, Francine, *Les services de garde en milieu scolaire en 1988*, MEQ, Direction générale de la recherche et du développement, 1989.

BERGER, Diane et Manon RODRIGUE, *Le terrain de jeu à l'aventure... une aventure possible ?*, UQUAM, 1990.

BERGER, Diane, *La garde en milieu scolaire, Le développement psychomoteur de l'enfant, Élaboration de programmes éducatifs, Observation et ses méthodes, Atelier d'intégration et stages 1 à 3*, recueils de textes des cours, Collège Édouard-Montpetit, 1990 à 1999.

BERGER, Diane, Andrée BUREAU et Michelle PROULX, *Recevoir une stagiaire*, Collection Collège Édouard-Montpetit, 1994.

BERGER, Diane, Andrée BUREAU et Michelle PROULX, *Recevoir une stagiaire*, fascicule 2, *Profil de l'élève et de l'éducatrice-guide*, Collège Édouard-Montpetit, 1994.

BERGER, Diane, Andrée BUREAU et Michelle PROULX, *Recevoir une stagiaire*, fascicule 3, *Rôles de l'éducatrice-guide*, Collège Édouard-Montpetit, 1994.

BERGER, Diane, Andrée BUREAU et Michelle PROULX, *Recevoir une stagiaire*, fascicule 4, *Les éducatrices-guides s'interrogent*, Collège Édouard-Montpetit, 1994.

BERGER, Diane, Andrée BUREAU et Michelle PROULX, *Recevoir une stagiaire*, fascicule 5, *La communication entre l'éducatrice-guide et la stagiaire*, Collège Édouard-Montpetit, 1994.

BÉRIAULT, Michel, *Le bon larron*, vidéo sur le vol, série À Plein Temps, Montréal, Société Radio-Canada, 1986.

BETSALEL-PRESSER, Raquel, *Grandir avec toi. Actes du 4e congrès sur les services de garde en milieu scolaire*, allocation d'ouverture, ASGEMSQ, Longueuil, 1990.

BETSALEL-PRESSER, Raquel *et al.*, *Continuité de l'expérience éducative et d'adaptation de l'enfant de maternelle qui fréquente un service de garde. Services de garde et maternelle : sélection, qualité et continuité*, 1995.

BOUCHARD, Camil, *Un Québec fou de ses enfants*, rapport du Groupe de travail pour les jeunes, Gouvernement du Québec, 1991.

BRESSON, Thérèse et Jean-Marie BRESSON, *Les espaces de jeux et l'enfant*, Paris, Éd. du Moniteur, 1980.

BRISSON, Véronique et François ROYER, *Le développement de l'estime de soi et de la volonté*, Montréal, Hôpital Sainte-Justine, 1990.

CAOUETTE, Charles, *Si on parlait d'éducation. Pour un projet de société*, Montréal, VLB, 1992.

Centre de communication en santé mentale, Hôpital Rivière-des-Prairies, *Les enfants qui s'ennuient ou Quand survient la solitude chez les enfants*, Distribution CECOM, 1991.

CHALVIN, Dominique, *Faire face au stress de la vie quotidienne*, Paris, ESF, 1982.

CHARLES, C.M., *La discipline en classe : de la réflexion à la pratique*, ERPI, 1997.

CHERRY, Clare, *Crée le calme en toi : guide de relaxation à l'école*, Québec, Éd. du Renouveau pédagogique, 1991.

CLOUTIER, R. et L. DIONNE, *L'agressivité chez l'enfant*, Saint-Hyacinthe, Edisem/Le centurion, 1981.

CLOUTIER, R. et A. RENAUD, *Psychologie de l'enfant*, Gaëtan Morin éditeur, 1990.

Collectif, *Terrains d'aventures francophones. Définitions des caractéristiques et originalité des terrains d'aventures*, Liège, 1989.

Comité organisateur d'événements pour les services de garde à l'enfance, *Actes du colloque québécois sur les services de garde à l'enfance. Nos enfants c'est sérieux*, Québec, 1992.

Commission scolaire des Manoirs, *Les parents et vous : garder le lien. Comment établir une communication positive et efficace entre la famille et le service de garde*, adaptation de Diane Berger, 1990.

Comité patronal de négociation des commissions scolaires pour catholiques (CPNCC) et Syndicat canadien de la fonction publique (SCFP) affilié à la fédération des travailleurs et travailleuses du Québec (FTQ), *Entente* (intervenue entre), 1991-1992.

Commission des écoles protestantes du grand Montréal (CEPGM), *Des écoles qui en offrent un peu plus*, document audiovisuel : différents modèles de services de garde en milieu scolaire, 1986.

Commission royale d'enquête sur l'enseignement dans la province de Québec, rapport, 1964.

Commission scolaire de l'Argile Bleue, *Politique relative à la gestion des services de garde en milieu scolaire*.

Commission scolaire de Trois-Rivière, *La gestion de classe à l'éducation préscolaire : le développement de l'estime de soi*, vol. 5.

Conseil supérieur de l'éducation, *Rapport annuel 1987-1988 sur l'état des besoins de l'éducation. Le rapport Parent vingt-cinq ans après*, Québec, Les Publications du Québec, 1988.

CÔTÉ, Charles, *La discipline en classe et à l'école*, Montréal, Guérin, 1992.

COTÉ, François, *Où t'as pris ça ?*, vidéo, Montréal, Société de Radio-Télévision du Québec, 1984.

CÔTÉ, Raoul, *La discipline scolaire : une réalité à affirmer*, 3e édition, Éd. Agence d'Arc inc., 1991.

D'ALLAINES-MARGOT, Dominique, *Terrain d'aventure et enfants des cités nouvelles, aperçu d'une expérience*, Paris, ESF, 1976.

DESJARDINS, Claude, *Ces enfants qui bougent trop ! Déficit d'attention-hyperactivité chez l'enfant*, Montréal, Éd. Québecor, 1992.

DITISHEIM, M., « Le travail de l'histoire de vie comme instrument de formation en éducation », *Éducation permanente*, nos 72-73, 1984.

DITISHEIM, M., « L'utilisation du savoir d'expérience dans la formation des enseignants », *Éducation permanente*, no 96, 1988.

DOLTO, Françoise, *La cause des enfants*, Paris, Robert Laffont, 1985.

DUCLOS, Germain, Louis GEOFFROY et Danielle LAPORTE, *Du côté des enfants*, tome 1, Hôpital Sainte-Justine et le mensuel *Enfants*, 1990.

DUCLOS, Germain et Danielle LAPORTE, *Du côté des enfants*, tome 2, Hôpital Sainte-Justine et le mensuel *Enfants*, 1992.

DUCLOS, Germain, Danielle LAPORTE et Jacques ROSS, *Les besoins et les défis des enfants de 6 à 12 ans. Vivre en harmonie avec des apprentis sorciers*, Saint-Lambert, Éd. Héritage inc., 1994.

ESBENSEN, Steen, *An Outdoor Classroom*, Michigan, Éd. High Scope Press Ypsilanpi, 1987.

FALARDEAU, Isabelle, « Les besoins des enfants en services de garde en milieu scolaire », *Actes du colloque sur la reconnaissance des services de garde en milieu scolaire du Québec*, ASGEMSQ, Longueuil, 1987.

FALARDEAU, I. et R. CLOUTIER, *Programme d'intégration éducative famille-garderie*, vol. 2, Montréal, Office des services de garde à l'enfance, Collection Diffusion, 1988.

FOREST, Serge et Marie-Christine POISSON, « Les écoles de Montréal : une petite société des nations », *Vie Pédagogique*, 1990.

FORMANEK, Ruth et Anita Gurian, *Les pourquoi de nos enfants : comment bien y répondre pour favoriser leur développement*, trad. de *Why ? Children's Questions : What They Mean and How To Answer Them*, Montréal, Stanké.

FUGITT, Eva D. et André PARÉ, *C'est lui qui a commencé le premier : activités d'entraînement au choix, à l'autodiscipline, à la responsabilité et à l'estime de soi*, trad. de Jules Dumas Éditeur, précédé de A. Paré, *Psychosynthèse en éducation*, Sainte-Foy, Centre d'intégration de la personne, 1984.

GALYEAN, Beverly-Colleene, *Visualisation, apprentissage et conscience*, Sainte-Foy, Centre d'intégration de la personne, 1986.

GHAZAL, Michel, *Mange ta soupe et... tais-toi ! Une autre approche des conflits parents-enfants*, Seuil, 1992.

GLASSER, William, *La thérapie de la réalité : nouvelle approche thérapeutique par le réel*, trad. de Marie Thérèse D'Aligny, Paris, EPI, 1965.

GORDON, Thomas, *Parents efficaces : une méthode de formation à des relations humaines sans perdants*, Montréal, Éd. Le jour, 1977.

GORDON, Thomas, *Comment apprendre l'autodiscipline aux enfants : une nouvelle approche constructive*, Montréal, Éd. Le jour, 1990.

GOURD, Daniel, *Le racisme à l'école*, vidéo, Montréal, Société Radio-Canada, 1988.

Gouvernement du Québec, *L'école québécoise : énoncé de politique et plan d'action*, MEQ, 1979.

Gouvernement du Québec, *Guide d'aménagement de la cour d'école (primaire)*, Québec, 1981.

Gouvernement du Québec, *Questionnaire sur les besoins en ressourcement du personnel d'un service de garde en milieu scolaire*, MEQ, Direction régionale des réseaux, 1983.

Gouvernement du Québec, *Pour les familles québécoises* (Livre vert), document de consultation sur la politique familiale, 1984.

Gouvernement du Québec, *Faire garder ses enfants au Québec, toute une histoire*, MEQ, Office des services de garde à l'enfance, 1984.

Gouvernement du Québec, *Huit récits d'aménagement de cours d'école*, Québec, 1984.

Gouvernement du Québec, *Actes du colloque sur la qualité des services de garde*, MEQ, Office des services de garde à l'enfance, 1986.

Gouvernement du Québec, *Organisation d'un service de garde en milieu scolaire*, document d'information, MEQ, Direction de la coordination des réseaux, 1987.

Gouvernement du Québec, *Énoncé de politique sur les services de garde à l'enfance*, Bibliothèque nationale du Québec, 1988.

Gouvernement du Québec, L'école et les familles d'aujourd'hui, document audiovisuel réalisé par le MEQ à la veille du colloque sur la politique familiale, 1989.

Gouvernement du Québec, *Guide d'aménagement des services de garde en milieu scolaire, éducation préscolaire et enseignement primaire, Québec*, 1989.

Gouvernement du Québec, *L'aménagement d'une garderie*, édition revue et corrigée, Québec, Les Publications du Québec, 1989.

Gouvernement du Québec, *L'alimentation dans les services de garde en milieu scolaire*, MEQ, 1990.

Gouvernement du Québec, *Organisation des services de garde en milieu scolaire*, document d'information, MEQ, 1991.

Gouvernement du Québec, *La mise sur pied et le fonctionnement d'un service de garde en milieu scolaire*, guide à l'intention des commissions scolaires et des directeurs et des directrices d'école, MEQ, Office des services de garde à l'enfance, 1991.

GROULX, Sylvie et Nathalie BRINCK, *Grandir : une introduction à la sexualité. Moi, je viens d'où ? Mon nouveau moi. Le cœur qui bat*, vidéo, Montréal, Office national du film du Canada, 1991.

HARMS, Thelma, Ellen VINEBERG Jacobs et Donna Romano White, *Échelle d'évaluation. Environnement de garde scolaire*, Québec, Presses de l'Université du Québec, 1998.

HENDRICK, Johanne, *L'enfant : une approche globale pour son développement*, traduction-adaptation de Gilles Cantin, Québec, Presses de l'Université du Québec, 1993.

HÉRAUD, L., *L'enseignant face au changement*, VIIe congrès de l'AIRPE, Salamanca, 1992.

HÉTU, J.C. et S. BOYER, « Recherche-formation et pratiques holistiques », dans P. Gauthier (dir.), notes de recherche, *Actes du colloque Mouvement, corps et conscience*, 55e congrès de l'ACFAS, Montréal, 1988.

HÉTU, J.C., « L'intéraction comme source de changement dans l'organisation de la pratique éducative à l'école », dans R. Tessier et Y. Tellier (dir.), *Changement planifié et développement des organisations. Changement planifié et évolution spontannée*, tome VI, Québec, Presses de l'Université du Québec, 1991.

HÉTU, J.C., « Le récit de ma pratique et de ma formation de praticien », dans *Échos du 25ᵉ anniversaire de la faculté des sciences de l'éducation (1965-1990)*, tome 2, Colloque Pratique et formation pratique, Montréal, Faculté des sciences de l'éducation, Université de Montréal, 1991.

HÉTU, J.C., *Pratique réflexive, démarche de sens chez des novices : vers un mode d'accompagnement d'un processus de transformation*, communication présentée au symposium du REF sur l'insertion professionnelle des enseignants, Montréal, 1996.

High Scope Foundation, *A Closer Look at Adult-Child Interactions*, 1998.

HOHL, Janine, *Les enfants n'aiment pas la pédagogie*, Montréal, Université du Québec à Montréal, 1982.

JASMIN, Danielle, *Le conseil de coopération : un outil pédagogique pour l'organisation de la vie de classe et la gestion des conflits*, Montréal, Éd. de la Chenelière, 1994.

LALONDE-GRATON, Micheline, *La réalité des jeunes de 9 à 12 ans dans les services de garde en milieu scolaire du Québec*, rapport de recherche, MEQ, 1992.

LAPORTE, Danielle et Lise SÉVIGNY, *Comment développer l'estime de soi de nos enfants : journal de bord à l'intention des parents*, Montréal, Hôpital Sainte-Justine, 1993.

LAPORTE, Danielle, Germain DUCLOS et Louis GEOFFROY, *Du côté des enfants*, Montréal, Hôpital Sainte-Justine, 1992.

LAUZON, Francine, *L'éducation psychomotrice : source d'autonomie et de dynamisme*, Québec, Presses de l'Université du Québec, 1990.

LAVALLÉE, Carole, « Du code de vie au conseil coopératif... une autre façon de gérer les conflits », *Gardavue*, février 1997.

LAVALLÉE, Carole et Michelle MARQUIS, *Éducation interculturelle et petite enfance*, Sainte-Foy, Les Presses de l'Université Laval, 1999.

LAVOIE, Carole et Johanne PAINCHAUD, *Les compétences professionnelles de l'éducateur en service de garde dans une perspective de développement continu*, tome 1, Collège Édouard-Montpetit, 1992.

LAVOIE, Carole et Johanne PAINCHAUD, *Un cadre d'interprétation de la pratique de l'éducateur en service de garde : le processus dynamique de réalisation professionnelle*, tome 2, Collège Édouard-Montpetit, 1992.

LEGAULT, Jean-Pierre, *La gestion disciplinaire de la classe*, Éd. logiques, 1993.

LEGAULT, M. et A. PARÉ, « Analyse réflexive, transformations intérieures et pratiques professionnelles », *Cahiers de la recherche en éducation*, 2 (1), 1995.

MARTIN, Richard et Pierre H. TREMBLAY, *Les enfants qui s'ennuient témoignent, la solitude de l'enfant en milieu scolaire*, vidéo, Montréal, Hôpital Rivière-des-Prairies, 1991.

MELANÇON, Line, Claire TRUCHON-GAGNON et Murray HODGSON, *Stratégies architecturales pour éviter les problèmes de bruit dans les locaux de services de garde à l'enfance*, 1988.

NADEAU, Francine, « J'ai besoin de me sentir vivant tout de suite, tout le temps », *Gardavue*, mai 1996.

OSTERREIETH, Paul, *Introduction à la psychologie de l'enfant*, PUF, 1973.

PAPALIA. D.E. et S.W., *Le développement de la personne*, Éd. Études vivantes, 1989.

PAQUETTE, Claude, *Intervenir avec cohérence : vers une pratique articulée de l'intervention*, Montréal, Québec/Amérique, 1985.

PAQUETTE, Claude, *Une pédagogie ouverte et intéractive*, tome 2, Montréal, Québec/Amérique, Montréal, 1992.

PARÉ, A., *Le journal : instrument d'intégrité personnelle et professionnelle*, Sainte-Foy, C.I.P, 1984.

PARÉ, A., *Changement personnel et pratique pédagogique*, conférence prononcée lors du VIe colloque du GOLEAN organisé conjointement par l'Association des écoles alternatives du Québec et le Département de psychopédagogie et d'andragogie de l'Université de Montréal, 1989.

PERRENOUD, Ph., « La formation au métier d'enseignant : complexité, professionnalisation et démarche clinique », dans E. Mainguy, R. Tousaint et H. Zianko (dir.), *Compétences et formation des enseignants*, Trois-Rivières, Coopérative universitaire de Trois-Rivières, 1992.

PHANEUF, Lynn, *Les mots qui tuent*, vidéo, Montréal, Idéacom, 1992.

PROULX, Michelle, *Un service de garde en milieu scolaire pour les 9-12 ans : qu'en disent les concernés ?*, 1988.

REASONER, Robert W., *Comment développer l'estime de soi : guide du directeur*, trad. de *Building Self-Esteem in the Elementary Schools*, Psychometrics Canada, Edmonton, 1995.

RIVEST, Élise, *Le service de garde en milieu scolaire : un défi éducatif*, document de référence, ASGEMSQ, Longueuil, 1997.

ROBERT, Jocelyne, *Ma sexualité de 6 à 9 ans*, nouvelle édition, Éd. de l'homme, 1986.

ROBERT, Jocelyne, *Ma sexualité de 9 à 12 ans*, Éd. de l'homme, 1986.

ROBERT, Jocelyne, *Parlez leur d'amour : accompagnez vos enfants et adolescents dans la découverte de leur sexualité*, Éd. de l'homme, 1989.

ROGERS, Carl R., *On Becoming A Person. A Therapist's View of Psychotherapy*, Boston, Houghton Mifflin, 1961.

SHÉRIDAN, Danielle, *Guide de préparation pour un entretien éducatrice-parent*, notes de cours, Département de TESG, Collège Édouard-Montpetit, 1995.

SHÖN, Donald A., *Le praticien réflexif. À la recherche du savoir caché dans l'agir professionnel*, Éd. logiques, Collection Formation des maîtres, 1994.

Société centrale d'hypothèque et de logement (SCHL), *Aires de jeux pour enfants d'âge préscolaire*, Canada.

Société centrale d'hypothèque et de logement (SCHL), *Terrains de jeux à l'aventure*, cahier de documentation 2.

ST-ARNAUD, Yves, *Connaître par l'action*, Montréal, Presses de l'Université de Montréal, 1992.

TANKIEM, Brigitte, *Stress Attention Action*, Nathan pédagogie, 1995.

TARDIF, M., « Savoirs et expériences chez les enseignants de métier », dans H. Hensler (dir.), *La recherche en formation des maîtres. Détour ou passage obligé sur la voie de la professionnalisation*, Sherbrooke, Éd. du CRP, Université de Sherbrooke, Faculté d'éducation, 1993.

WITHMORE, Diana, *Psychosynthèse et éducation*, Sainte-Foy, Centre d'intégration de la personne, 1988.

Marquis imprimeur inc.

Québec, Canada
2010